地球とあなたにラクな方法見つかります

# シンプルライフをめざす基本のそうじ＋住まいの手入れ

# はじめに

「限られた時間と労力の中で、住まいをきれいに保つには?」――「シンプルライフをめざす」シリーズ、前2冊と同様、１００人以上の暮らし上手の方々に、おそうじの考え方やスタイルについてうかがうことから、この本の制作もスタートしました。

25年前に発刊したそうじの本(『住まいの手入れ』)の時代と大きく変わったのは洗浄剤のこと。重曹そうじのノウハウが『婦人之友』に掲載されたのをきっかけに、重曹、石けん、クエン酸などをとり入れた方、使いこなしている方の割合は予想以上でした。そうじ道具も高機能な特殊繊維クロスが普及。手軽なモップ、ほうき、ハタキを使った静かで単純な方法が、若い世代に見直されてきていることもわかりました。

この本では、環境に配慮したシンプルなそうじ方法をていねいに解説するとともに、そのためにぜひ必要な「何を、いつ、どのくらい」したらよいかの目安を「きれいをキープガイドライン」として掲載したことが、大きな特長となりました。また、ひとつの家と長くつきあうためには、そうじとともに時期に適ったメンテナンスが大切で、それは広い意味でのシンプルライフにつながるという考えから、巻末に住まいの手入れに関する章も設けています。

子どもが小さいとき、仕事やその他の活動で家事時間が少ないとき、体力的に限度のある高齢期など、状況に応じて対処できるように、家族の巻き込み方、プロへの依頼の仕方など、経験者のことばや工夫も参考にしていただけると思います。

アンケート、そうじ方法の研究、撮影など、さまざまな場面でご協力をいただきました全国友の会はじめ、多くの皆さまに心より感謝いたします。

そうじは元来楽しいことのようです。自分で調合した洗浄剤や選んだ道具で、気になっていたところがきれいになった！　そんなことではずみがつくと、誰でもいつの間にか、そうじ好き、そうじ上手です。

まずは重曹水のスプレーボトルと、1枚の布を手に。あなたもはじめてみてください！

２００６年5月　婦人之友社編集部

＊「全国友の会」は、月刊誌『婦人之友』の愛読者から生まれた団体です。現在会員は2万2000人。各地で生活講習会、家事家計講習会などを開催しています（ http://www.zentomo.jp/ ）

# この本のめざす「おそうじ」は？

## あなたにラク

体にやさしい洗剤や道具選び、汚れをためない
システムづくりで、楽しく・気持ちよく！

予定表をつくる。そうじの見通しがたつからイライラしなくなります(p.50～)

がんこ汚れも落とせる自信がつくと気がラク(p.84、98)

よい道具を選ぶと、疲れにくい(p.30～)

手の届かないところもハタキでぬぐうから、大そうじいらず（p.41）

「きれいをキープガイドライン」でそうじしすぎず、汚れもためず(左)

家族も楽しく参入。無理なところはプロの力も

# 地球にラク

**電気や石油、紙製品のムダづかいをせず、**
**環境にやさしいそうじ方法を！**

そして…いつもキレイな気持ちのよい暮らし

生態系に負担をかけない
資源・エネルギーの節約


電気そうじ機をかける時間を減らしてモップ、半乾きぞうきんを活用！

環境を汚さない水・お湯・重曹主体のそうじです（p.26）

アクリルたわし、フキペットなどを使うと、洗剤なしでも汚れが落ちます

住まいのメンテナンスを定期的に行って、ひとつの家と長く気持ちよくつき合いましょう（p.124～）

古着、ストッキング、古ぼうきなどは、リサイクルして立派なそうじ道具によみがえります！（p.38～）

リビングダイニング


**シンプルそうじのポイント**

各部屋別、場所別に「そうじする人がラクになる」ことと、「環境にとってよい」ことをピックアップしました。シンプルライフをめざすなら、まずはここから……。

**きれいをキープガイドライン**

“1年間そこそこキレイ・大そうじなし”が実現できるそうじ頻度の目安を考えてみました。
基本的に「4人家族・3LDK」の場合を想定しています。状況に合わせてアレンジしていきましょう。

# 目次

## シンプルライフをめざす基本のそうじ
## ＋住まいの手入れ

## 「ムリなくきれい」私のスタイル

## シンプル＆エコそうじの基本

## 汚れをためないシステムづくり

## 場所別「そうじ頻度・手順・コツ」

## 知恵と設備とプロの力で あなたのそうじを賢く合理化！



## メンテナンスで快適長もち

# 索引

## 場所・もの別そうじ法

## 道具

## 洗浄剤など

## 洗浄剤など



## 汚れ



## テクニック

## 材質



## メンテナンス

## 工夫 予定表など

# 「清潔」だけではありません カラダとキモチによい そうじの効用

そうじは家がきれいになる上に、心身によい影響もあるようです。どんなとき気持ちよく感じるか、アンケートの声をまとめてみました。

## 最近、半乾きぞうきんの威力を知りました。

一枚のぞうきんをかたくかたくしぼって、乾いたぞうきんを合わせてもう一度かたくかたくしぼる。二枚の半乾きぞうきんができる。それを使って拭きそうじをする。汚れがとれ、しかも洗剤を使っていないので、すすぎもかんたん。床を拭くときは、モップの下に敷いて一方向に進む。ホコリや汚れがよくとれます。そのほかガラス窓も半乾きぞうきんで拭いた後、乾いた布で拭くと短時間で拭き上がる。

## あちこちこんな調子で拭いていくと短時間でそうじがすみ体もよく動くようになりました。

丹羽佳也子（奈良）

## カラダによい

床にワックスをかけてピカピカになったとき。

## はだしで歩いて足の裏がすがすがしいとき。

川﨑綾子（静岡）

## そうじ機やモップよりもぞうきんがけで股関節の運動力を維持できる

健康のためには「…いかにこまめに体を動かすことが大切か、そしてその生活を習慣づけることが必要」と『女性のための健康と運動』（婦人之友社刊）で読んでから、体操をするような気持ちでそうじしている。ハタキがけすることで腕を高く上げたり、頭を天井にそらせることで、脳の血流がよくなって、うつも防げる気分。ぞうきんをしぼることで手首を強くしたり、握力の維持。

など、いささかの抵抗はしている。すっきりときれいに心地よく暮らし続けたい。

渡部英子（新潟）

そうじ時間の平均
週4時間！

●アンケートにみる「そうじ時間」
あなたは増やしたい？ 減らしたい？

＊回答者78名

**妥当と思っている人49名**
**平均4時間3分**
全員の平均（3時間58分）と、「妥当と思っている人」の平均がほぼ一致しました。

**増やしたい人22名**
**平均3時間17分**
理由は「子どもが小さくて汚れは多いのに、充分できない」「行き届かないところがある」など。

**短くしたい人7名**
**平均5時間33分**
最長は週9時間。「そうじ好きでついしたくなるが、外出機会も増え、どこで納得するか気持ちの問題」「勉強や家族の時間がほしい」など。

# キモチよい

## きれいになっている部屋、片づいている部屋に帰ってくるとホッとします。

反対に散らかっているところへ帰ると、疲れが出ます。（片づけからはじめることが、後戻りするような気がしたり、あわただしく出かけたあと、悔いのようなものが同時に出るためでしょうか。）一仕事、一片づけを極力守るようにしています。

平井妙子（武蔵野）

## 部屋が明るく、スッキリするのは嬉しい。汚れが落ちるのは快感。

きっちりおそうじしたあとは、空気もさわやか、光るべきものが光っているのは気持ちがいい。　熊澤博子（横浜）

昼間、ゆったりとソファに座っていて、庭の草木が床に映ったとき。窓から庭木が手にとるように感じたとき。部屋にいて外の空気と一体に感じられる家に居られるとき、

## とても豊かで落ち着き、あーそうじをして気持ちよかった

と感じる。

金井智子（三木）

忙しくておそうじができないとき、心が落ち着かず何事もいい加減になっているように思います。朝起きてきれいに片づいた台所で朝食をつくる。

## 気持ちのよい朝を過ごすことができ、家族にかける一言も違ってきます。

住むところは人を育てると私は思っています。最寄りの人たちと、「寝る前にシンクの水けをきり拭き上げる」ことを励みました。その後、どの人も「ピカピカになったシンク」を何度ものぞきに行ったことを、みな嬉しそうに話していました。そうじをしてきれいになることは楽しいことだと確信しました。

吉比美智子（船橋）

**週4時間の割り振りは？**

平日20～30分で、週末多めに時間をとる人、外出予定などに合わせて週に何日か長めに時間をとる人、と大きく2つのパターンがありました。
週末は夫や子どもと分担するなど、ライフスタイルや体力に合わせて、「あなたの家の基本」をつくってみましょう。（p. 50～51参照）

### まとめ派

平日は外出または仕事の前に20分基本そうじ。土曜日に集中そうじ。

| 月 | 火 | 水 | 木 | 金 | 土 | 日 |
|---|---|---|---|---|---|---|
| 20分 | 20分 | 20分 | 20分 | 20分 | 120分 | 20分 |

### 分散派

毎日のそうじは15分。平日3日は45分のていねいそうじをプラス。

| 月 | 火 | 水 | 木 | 金 | 土 | 日 |
|---|---|---|---|---|---|---|
| 60分 | 15分 | 60分 | 15分 | 60分 | 15分 | 15分 |

# 効率的なそうじ方法は？

「そうじがおっくうにならないため」や、「そうじの効率を上げるため」の工夫についてききました。

家具の配置は、そうじ機のノズルが入るくらいすき間をあけるか、壁にぴったりつけるか、のどちらかがよい。

川崎綾子（静岡）

## 「汚れたらする」のでなく「する日（曜日）」を決めておく。

汚れが目立つ前にすると、結局は楽。最近まで、浴室の床、壁（タイル）のそうじを汚れてからしていたが、金曜の夜にすると決めると、「いつもきれい」がキープでき、そうじタイムが楽しみになる、ということがわかった。

滝　映子（名古屋）

そうじが得意でなく、最低基準でいつもきれいでいたいので、汚れをためない、

## ついでにする、目についたらするなど、大げさに考えない。

ものを出さずに見た目がすっきりしていると、そうじをしていなくてもきれいに見える。

古谷豊美（相模原）

台所レンジまわりは、後片づけのあと、サッと湯拭きすると、いつまでも新居のときのままいられると思います。

## ためないことの一言に尽きます。

見えていない汚れも日がたつにつれホコリを呼び、とれない汚れになってゆきます。料理をするときも、手をこまめに洗うことを心がけています。

高尾宏子（高槻）

ためてからでは、強力な洗剤が必要となる↓経済的にも不可。時間と労力が多くなる↓疲労してしまう。

「その場そうじ」の場合は、水↓湯↓重曹ていど。たわし、スポンジ、ぞうきんもほとんど汚れません。

新井良子（大和）

## 物事すべて後始末、衣服を着れば洗たくし、食べた食器は洗う。使った部屋はそうじする、など、後始末がたいせつ。

美しく住むとは、清潔できれいなだけではなく、住んでいる人のあたたかさや、愛情が感じられる家がほんとうの美しい家だと思う。家は飾りものではない。住む人が自分の手で美しくつくり上げていくことである。これを求めていきたい。

前　みち（東京）

# 「ムリなくきれい」私のスタイル

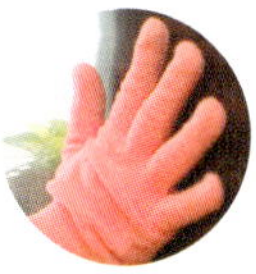

育児真っ最中のわが家は…

# 「ついでそうじ」でキレイをたもつ

島田ゆう子（31歳・東京）

## まとめて時間ができない今は…

ほどよくきれいに整った家で子育てをしたい。日頃そう願っていても、子どもの小さいうちほど、まとめてそうじをする時間がなかなかとれません。平日は長女を幼稚園に送り、長男の機嫌のよい午前中に、約15分そうじ機をかけるくらいでしょうか。その他、日中は長男に手が放せないので、汚れがたまらないように「ついでそうじ」で対応しています。

夜、子どもたちが寝静まったあとは、自由になる唯一の時間。朝食のパンを焼くのはこの時間で（週2、3日）、生地を発酵させている間は、たまった家事をこなす時間でもあります。子どもがいるとできないアイロンがけや、繕いもの、家計簿、そうじも床拭きなど時間がかかるものは、優先順位をつけて前日や当日に予定をたてておきます。今日はアイロン、今日はそうじ、たまにはお休みしてテレビを見たり、ゆっくり新聞を読んだりと、夜は次の日に影響しないていどにします。今は子どもの生活を最優先に考えていますから、「できなかったらまた今度」と、割りきります。

**食事＆寝る前にリセット**
きちんと片づけて食事、そして気持ちよく一日が終われるように、子どもたちといっしょに片づけます。

### 1日の予定とふだんのそうじ

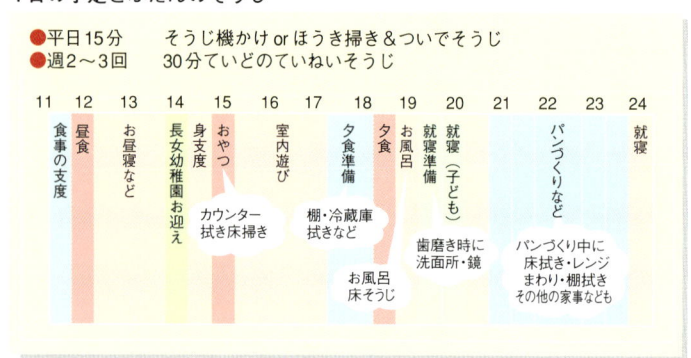

●平日15分　そうじ機かけ or ほうき掃き＆ついでそうじ
●週2～3回　30分ていどのていねいそうじ

11　12　13　14　15　16　17　18　19　20　21　22　23　24

食事の支度／昼食／お昼寝など／長女幼稚園お迎え／身支度／おやつ（カウンター拭き床掃き）／室内遊び／夕食準備（棚・冷蔵庫拭きなど）／夕食／お風呂（お風呂床そうじ）／就寝準備（歯磨き時に洗面所・鏡）／就寝（子ども）／パンづくりなど（パンづくり中に床拭き・レンジまわり・棚拭き その他の家事なども）／就寝

幼稚園に通う娘と、やんちゃ盛りの1歳の息子、30代の夫の4人家族。帰宅の遅い夫も最後にお風呂そうじをして出てきてくれます。

**歯みがきタイムに蛇口みがき**
蛇口がピカピカになると空気まですがすがしく感じられ、気持ちいいもの。おそうじは私にとってストレス発散にもなっています。

## 行動とそうじをあらかじめセットにする

ついでそうじを実行しやすくする私の工夫は、「これをしたあとはこの場所をひと拭き」などというように、あらかじめそのときにする行動とそうじを頭の中でセットにしておくこと。そしてそうじ道具を手にとりやすい場所にまとめて置き、したいときにサッと出してすぐとりかかれるようにすることでしょうか。

ときには、子どもにもほうきやぞうきんを渡します。大人と同じことができると喜んでそうじをはじめるので、私もパパッとそうじができます。

**好奇心には**
**上手に応えたい**
子どもたちにも、きれいにすることの気持ちよさを伝えたいと思っています。興味の出たときがそのチャンスと思っています。

**私のついでそうじ**

- 料理をしながら
  - ・冷蔵庫拭き　・レンジまわり、壁面を拭く
- 食卓を片づけるついでに
  - ・ソファ掃き　・床掃き
- 歯みがきをしたら
  - ・鏡、洗面ボウルをみがく
- その他
  - ・コーヒーを入れながらカウンター拭き
  - ・パンを発酵させながら台所まわりのそうじ
  - ・窓そうじは夏、子どもの水遊びといっしょに

「ついでそうじを助ける」
### 私のそうじ道具 Best3

手近な場所に置いて、パッととりかかれるようにします。

ほうき・子どもの寝静まったあとも気兼ねなく使えて便利。フローリングもマットも、意外に掃くところを選びません。

小ぼうき・子どもの食べカスをサッと処理。

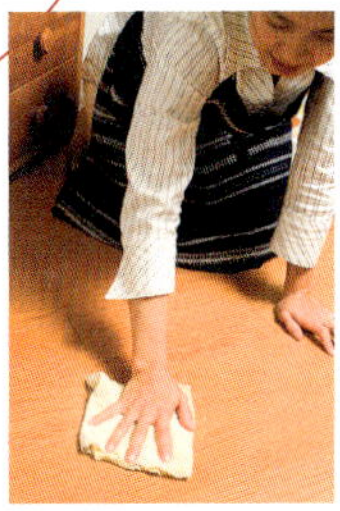

ミニタオル・使い古したものを。汚れたら洗いながら、口拭き→台拭き→床拭き→最後は玄関に使っておしまい。

**レンジ台の前に立ったら……**
煮ものをしながらレンジ周辺や壁面をサッと拭いてしまいます。

忙しい共働き家庭の
# ものを減らしてシンプルそうじ

柴原早苗（39歳・さいたま）

**そうじの時間も手帳に書き込む**
「あれをしておこう」と思ったときに、スケジュールの空き時間を探し、手帳に書き込んでしまいます。

## ものの厳選で、そうじ時間が減る

少女期、学生時代、そして社会人のスタートをイギリスで過ごしたせいか、私自身の生活も、英国流のシンプルな価値観に影響を受けているようです。出産して4年前に帰国し、現在2人の幼児がいる生活なので、きれいさに神経質になるのでなく、必要以上にものを増やさず、清潔感のある暮らしを心がけたいと思っています。

賃貸のわが家（54㎡）は決して広くはありません。今は仕事場としても使っているため、書類・資料がすぐいっぱいになり、子どもたちが幼稚園から持ちかえる作品なども加わるので、どちらかといえば常にものを減らすように意識をしています。

そうしてものを減らすことでいちばんよかったのは、迷う時間が減り、生活のさまざまな場面で時間短縮につながったことです。服を厳選したことで、忙しい朝に組み合わせで迷わなくなりましたし、そうじ道具と洗剤も最小限にと決めて、いちいち用途別に変えたり、買い揃える煩わしさから解放されたのです。今は、洗剤は台所用と風呂用の2種類だけですんでいます。また、出しっぱなしになるものも減り、片づけに費やす時間や、ハタキ、ほうき、そうじ機かけに費やす時間も短縮されました。

以前は、使い捨ての換気扇カバーやコンロ下のアルミマットを使っており、「もっと汚れてから替えよう」と、薄茶色に汚れ

**家族に人気のスクイジー**
不要なものを減らす一方、必要なものは迷わず導入。入浴後の水滴とりは楽しい作業なのか、息子も夫も徹底的にやってくれます。換気扇をまわす時間も、水アカも減りました。

**装飾スペースも限定**
イギリスでは、日本と比べてホコリが少ないことから、そうじの頻度がとても減りました。今は装飾小ものを厳選し、並べるのは一カ所に。ハタキかけに手間がかからなくなりました。

放送通訳をしていたイギリスの職場で夫と出会い、結婚。帰国後も夫と共働きでフリーの通訳者として活動しています。4歳の息子、2歳の娘と。

たカバーを気にしながらも、長いこと、そのままにしていました。しかし、これは見た目も衛生的にもよくないので、カバーそのものをやめてこまめに拭くようにすると、結果的に清潔で気分的にも楽になりました。

## カンペキを目指さない

仕事と家事をカンペキにこなさなければと、気持ちが空回りし、落ち込みそうになることも多くありました。しかし最近は、そうじができなくても自分の負けだなどと思わず、家庭としての快適さを満たせればよいのだとわかりました。それぞれの家庭に合ったそうじ法というのは一朝一夕にできるものではなく、長い月日をかけて築き上げればいいと今は思っています。

**きれいな部屋で気持ちよく仕事開始**
朝、子どもたちを送り出し、片づけをしたあとが基本的な仕事時間。そうじなどの家事を合理的にすませることは、時間的にも気分的にも仕事に影響するので重要です。

### 「シンプルそうじを助ける」私のそうじ道具 Best3

ほうき、ハタキ、チリトリは場所を選ばないそうじ道具のオールラウンドプレーヤー。便利そうなものを吟味し、インターネットで入手。基本の道具はこれらとそうじ機、ぞうきんくらいでしょうか。以前は洗剤も重曹とお酢で手づくりしていましたが、手がかけられなくなり市販品に切り替えました。またつくってみたいと思っています。

### そうじも合理的に　ものを減らすシステムをつくる

**ものの要・不要は即断即決で**
自分なりのルールを決めておきます。たとえば洋服は、クローゼットにつるす際、ハンガーを奥から引っかけ、1度でも着用したら逆に手前からかけます。シーズンが終わってハンガーの向きが変わっていなければ、1度も着なかった証拠。翌年も同様にして、2シーズン着用しなければ障害者支援をするリサイクルショップへ。

**子どもの作品はその日に撮影**
子どもが幼稚園でつくった作品は、持って帰ってきた日に写真撮影しアルバムに。しばらく遊んだり、壊れてきたりしたら、子どもといっしょにいるものいらないものを選り分けます。

**宅配前日に**
週1回、生協の届く前日に冷蔵庫が空くので、台ふきんで庫内を水拭きします。

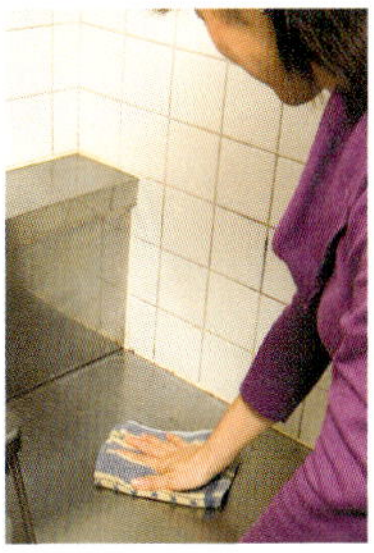

**よけいなカバーは使わない**
コンロ下のアルミカバーや換気扇のカバーをして、安心してしまうのは×。こまめに拭いて清潔を保ちます。

どんどんはかどって楽しい！

# おすすめです「予定そうじ」

猪木《いぎ》真由美（37歳・神戸）

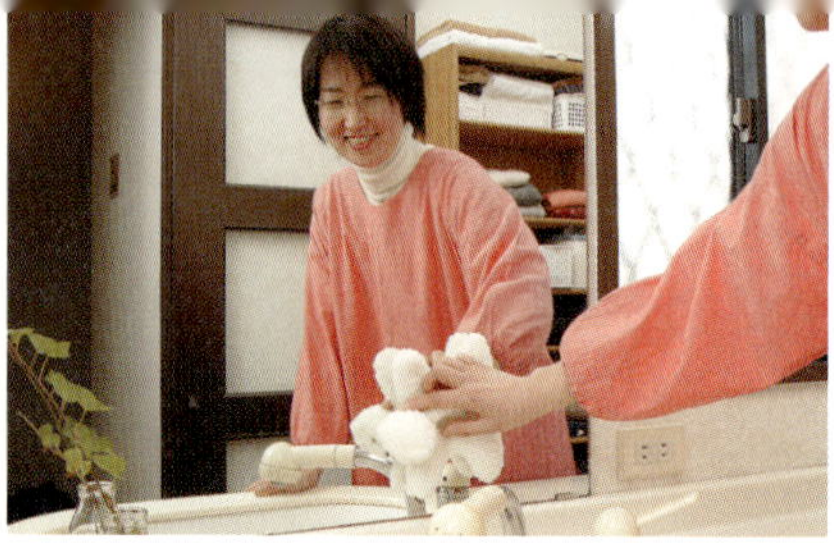

**鏡拭きはシロクマくんで**
置いておいても汚らしくないシロクマのぬいぐるみ。そうじ用にいつも鏡の前に座っています。

## 友の会入会がそうじを見直すきっかけに

どちらかといえばそうじ好きな私は、以前は「楽に、早く、とことん美しく」なるようなそうじを心がけていました。

自分なりに工夫をしながらやっていたのですが、そうじ時間はいつも行き当たりばったり。風呂そうじをしていて換気扇の汚れに気づくと、他の用事も忘れて終わるまで換気扇そうじをしてしまうなど、思いつきでとことんやってしまう質《たち》だったようです。

6年前に現在の家に引越し、ご近所の方に誘われて神戸友の会に入会。最寄会で集まると、衣食住についてベテラン会員の方に教わることが多く、そうじについても、自分の習慣でやってきたことを見直すよいきっかけとなりました。

## 「思いつき」から「予定そうじ」へ

とくに新鮮だったのは「予定生活」という考え方。家事も1年、1カ月、1日の予定を立て、そうじの時間はそうじのプロとして手順よく、献立を立てるときは栄養士のつもりで、料理をつくる時間は料理のプロをめざして、時間を区切ってベストをつくすと、漠然とやっていたときより楽しい！　自分の立てた予定が自分の励みになるし、どんどん仕事がはかどり、たまった仕事がなくなると心も軽やかです。試行錯誤しつつ、思いつきそうじから予定そうじに変わっていきました。

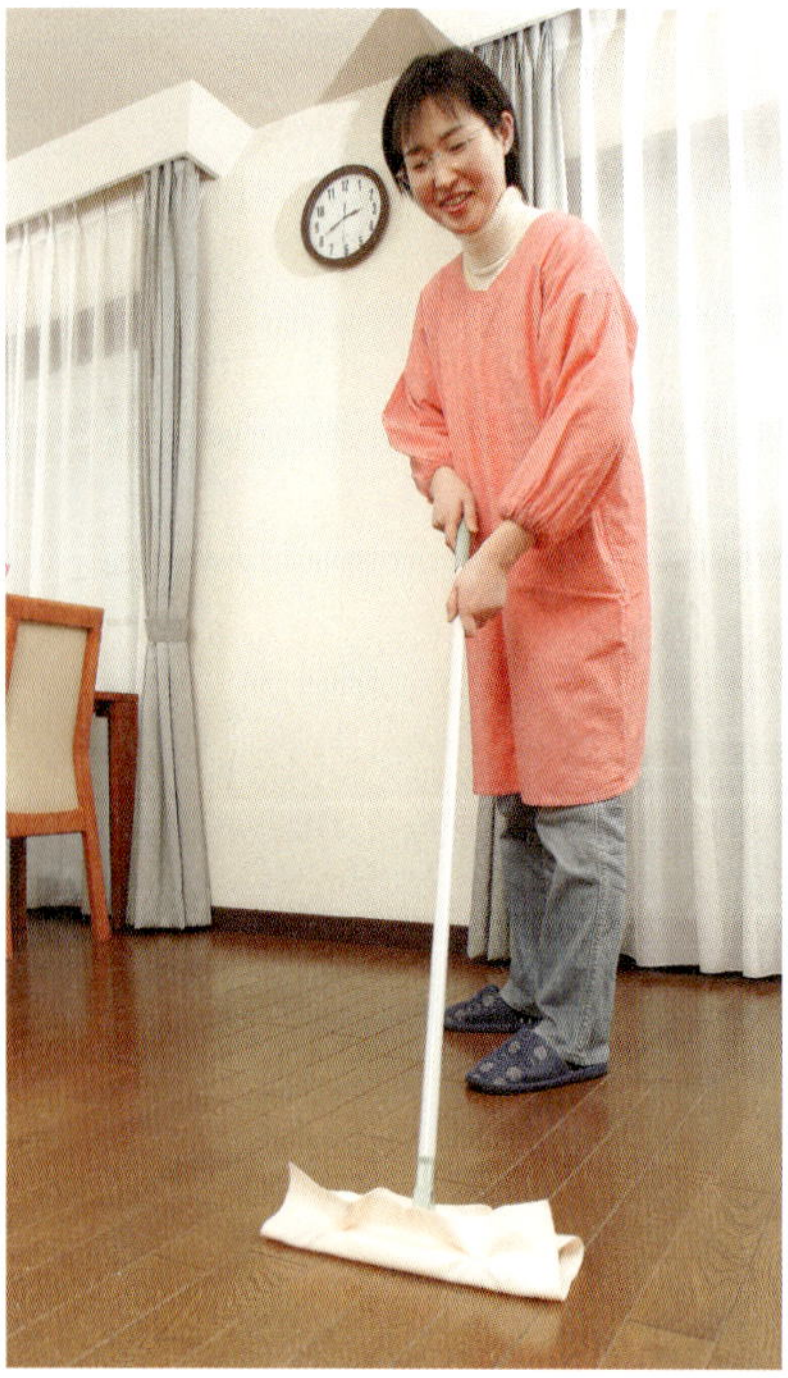

**モップとほうきを交互に使って**
床には、そうじ機の代わりにモップとほうきを1日交替で使うようになりました。かるく手早くそうじができて、こまめにするにはもってこい。長続きの秘訣はこの気軽さにあるといっていいでしょう。そうじ機は来客前のみに。

朝4時半に起き、おべんとう・朝食づくり、洗たく、テレビ体操、そして、そうじをするのが日課。心地よい朝の時間が、1日のスタートにはずみをつけます。

「こまめそうじを助ける」
## 私のそうじ道具 Best3

### モップ、ほうき、ぞうきんの3つ。
モップには使い捨ての不織布でなくネルの布を用い、使い終わったら歯ブラシでゴミをとり、かるく洗います。ぞうきんは家族で色ごとに使い分けている古くなった浴用タオルを利用。3つに切り分けて半分に折り、輪になるよう長い辺を1カ所縫います。乾きやすく、二つ折りにすると手のひらサイズで使いやすい大きさです。

先輩会員の話をうかがっていると、なるほどと思うことが多くありました。5月の連休の気候のよいころに、家の外の排水マスそうじをすることとか、換気扇は夏の暑さで汚れがゆるむときにとか、お風呂あがりにはバスタオルで風呂の床を拭くとカビが生えにくいとか、朝食片づけ後には排水口までそうじするとか。うかがったことを自分の生活にとり入れていくと、自然とこまめにそうじするようになりました。予定そうじはこまめそうじ。こまめにそうじすると汚れがたまらないので、少ない力で、洗剤なしできれいに保てます。結果的にしぜんにエコな暮らしになってきました。

そうじ機も以前は毎日のようにかけていましたが、ほうきとモップで充分きれいです。電気の力もすごいけど、自分の力もわりとすごいな、もっと使わなきゃと思います。

「目に見える家事にばかり興味を持って、精神的方面の経営をおろそかにするのは、あぶない崖の上に大きな家を建てるようなものですが、目に見えることからはじめて、目に見えないことにおよぼしていくのは順序です」（羽仁もと子著作集『家事家計篇』）

私自身、そうじをしてキレイになると、そこで終わってしまいがちでしたが、この言葉のように、そうじの先に目に見えない地球環境や、家庭や社会の営みがあることをいつも意識していたいと思います。

### そうじを軽くする工夫

揚げもの時は新聞紙を敷く。

子ども部屋につづくフリースペースをカーペットからコルクに。そうじ、手入れが楽に。

在宅日もお弁当にすると、台所を使わずにすみます。食べ過ぎも防げて一石二鳥！

### 排水口もヌメリ知らず
バスルームの壁や小ものは専用に用意したバスタオルで拭き上げ、排水口も入浴後、手でぐるっとこすっておくだけ。ヌルヌルやイヤなにおいとは無縁です。

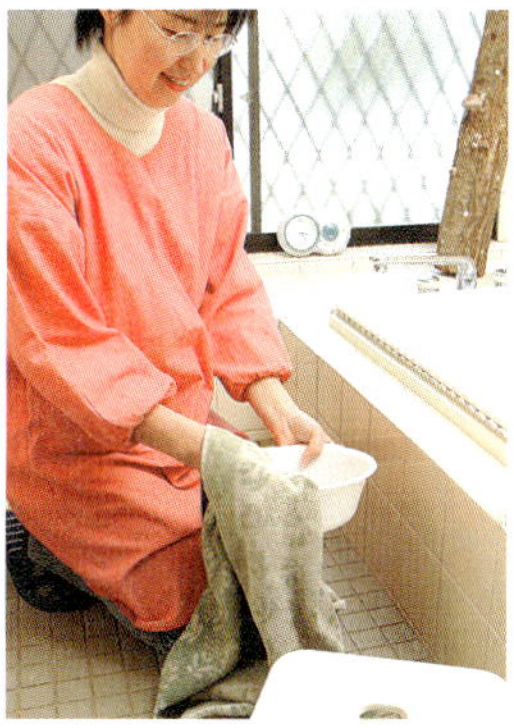

### ●猪木さんのおそうじ予定表
私の場合、1日、1440分のうち60分もあればあるていど美しさを保てることがわかりました。

| | いつ | どこを |
|---|---|---|
| ふだん | 朝仕事で | 床のモップorほうきかけ（1日交替で・15分） |
| | | 台拭き（5分） |
| | | 外・玄関そうじ（10分） |
| | | 台所（床以外は使う都度） |
| | 寝る前 | 風呂拭き上げる（5分） |
| | 入浴前 | トイレ（5分） |
| | 1日1カ所 | 押入、クローゼット、引き出しなどの拭きそうじ |
| ていねい | 来客予定日 | 窓みがき、ドアノブみがき、玄関ドア拭く |
| | | そうじ機かけ、トイレそうじ |
| | 月初め | 床のワックスかけ |
| 季節 | 3月 | 窓みがき |
| | 5月・7月 | 網戸そうじ |
| | 夏 | 換気扇 |

### 手は高性能な「汚れセンサー」
使用後汚れたらすぐトイレットペーパーで拭きます。においの気になるときはクエン酸水をふきかけ、水アカ汚れは素手でこすってチェックしています。

手ぬきで楽しく

# 気がついたら「おそうじ好きでした」

中沢邦代（58歳・川口）

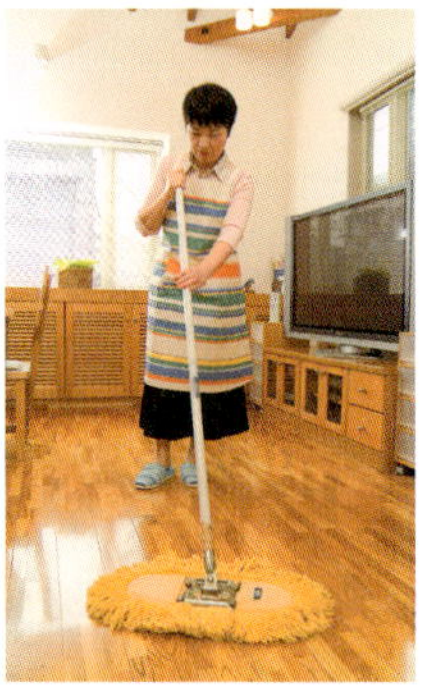

大型糸モップは幅60×35㎝。糸先が隅々まで入り込んでホコリをキャッチ。

## 朝一番の仕事

「おはよー」の声と同時に床用モップの柄をにぎって、私の朝がはじまります。夜のあいだに空中から降りて静かにしていたホコリたちをモップがすいすい集めてくれると、次はハンドモップで棚や机の上をなでてまわり、ついでに吊り照明のかさもクルンとひと拭き。2階からは後ろ向きに下りながら階段にもモップをかけてあげます。ここまでで7分くらい。

庭木の根もとでホコリをふるって土に返し、モップは道具入れに。

そうじ機はめったに出番がなくて、冷暖房機のフィルターと客間の畳のそうじで使うくらいです。

吹きぬけの居間は14個の照明と自然光がアクセント。

## 簡素を旨として

家具や飾りものが少ない暮らし方は、「六畳と台所」が最初の住居だったために、はじめは必要に迫られてのことでした。その後は引越し・転勤時に梱包が楽なように家具は折りたためるもの、学習

形の違うモップを使い分けて。ハンドモップ（台や階段）、丸形化繊バタキ（縦型ブラインドの間にも便利）、わが家の“すき間モップ”長形化繊バタキ（テレビの裏、椅子の後ろなど）。

毎回、外でパンパンッとはたいてホコリ落とし。

「あなたのベストワンのおそうじ道具は？」「なんといってもそれはこのワタシ！」。手ぬきの仕方を工夫するのが楽しくて、熱心におそうじする結果に。息子2人が独立して、今は夫と2人暮らし。

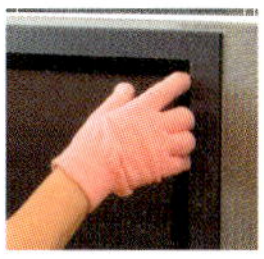

〝あっちこっち手袋〞と〝アクリルたわし〞はスッととり出せるテレビ脇の小引きだしに。手袋をはめた手のひらでさっと画面をぬぐい、隅っこや筋目は指先を立ててスーッと。

2.5ｍ高にある梁にも届くらくらくモップ。

机も組み立て式にしました。持ち家に住む今も、生活ぶりは変わりません。歌舞伎の舞台で見る江戸の民家は、削ぎ落としたように簡素な造りの中にほんとうの美しさが感じられて、私の「理想の家」です。なんでも片づけてくれる黒子がいると完璧です。現実では私の役ですが。

## 今ではだんぜん粉石けん派に

以前は、汚れがよく落ちるので住宅用洗剤を、引越しのときはもちろんふだんにも重宝に使っていました。ところが、苦手で汚れ放題にしていた換気扇を、見かねた妹が粉石けんであっという間にきれいにしてくれたのです。

こびりついた油汚れがひと拭きでとれていくのを見てからは、ステンレス器具・床など室内はもちろん、窓サッシやベランダの手すりの黒ずみに至るまであらゆる汚れを、熱い湯で溶いた粉石けんでとるようになりました。まさに粉石けん革命です。

## 性能アップにアンテナをはって

道具もそうじ方法を劇的に変えてくれます。伸縮して、先が１８０度曲がるモップを売り場で見つけたときのうれしかったこと。高い天井そうじは年一度、脚立に乗っての大仕事でしたが、今ではこれで気軽にいつでもできます。道具はだいじと肝に銘じて、その後は定期的にお店を見てまわるようになりました。

これからも、家族が安心して気持ちよく暮らせるよう大工さんたちが精魂込めて建ててくれたこの家を、大切にしてゆきたいと思います。

### 私のそうじ道具

大型糸モップ、すき間モップ（化繊バタキ）、重曹、粉石けんと石けん水。
重曹の容器には切りぬいた使い方説明書も入っている。

ウォークインクローゼットの壁にアクセサリー置き場を。銀製品はジッパーつきのビニール小袋に入れて変色を防ぐ。一覧できるので選びやすい。夫も「ものの置き場所が決まっていると家族も使いやすく、能率がよい。今の暮らし方を基本にすればよいから、きっと老後も安心…」と。

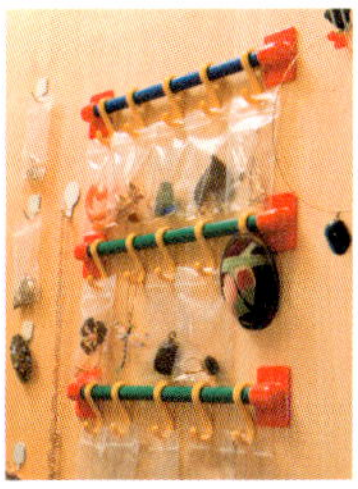

とり出し頻度を考えて整理した家事戸棚。右側の壁にモップ類をさげ、その奥にそうじ機。２段目の棚に重曹、粉石けんなど。

進化する網戸拭きから

# 体験的掃除考

百瀬和元（61歳・東京）

6階の居室から望む富士の姿を200mmの望遠レンズで撮影。年間100日ぐらい楽しめるだろうか。

住んでいるマンションの窓からは晴天の日、はるかかなたに富士山の小さな姿を眺めることができる。その光景を楽しむうち、気づいたのが窓ガラスと網戸のよごれだった。窓はハイサッシで、高さが2メートル以上ある。その掃除には、踏み台などが必要だ。ガラスや網戸の大きさからいって、ちょっとした力仕事でもある。「これは男の仕事かな」と、この掃除に挑戦することになった。おのずと腕や体をのばす作業になるから、散歩などでは得られない「身体の体操」の機会にもなる。

　さっそく、近くのスーパーでガラス掃除道具を仕入れてきた。ところが、道具への不満がすぐにでた。洗剤入りの水でガラスを洗って、水をふきとるだけの簡単な作業がなかなか思うようにいかない。もう少し使いやすくて効果的な道具がないのか。網戸の掃除をやるとなると、すぐれた道具への欲求はいちだんと高まってくる。市販の道具で満足できるものがなかなか見当たらない。

　それなら「掃除の達人」の知恵を拝借したい、とインターネットなどで調べてみた。だが、ここでも納得いく方法は容易にみつからない。結局、（1）シャワーのように水をかけてスポンジなどで洗う（2）水を多く使えない状況なら、水を含ませたスポンジや柔らかな布などで両側からふく——といった平凡な方法に落ちついた。

西向きの大窓はプレーンなシェードで光を調節。

テラスの外側にはガラスの手すりつき塀がめぐっている。大気も汚れているのか、このガラスも意外に汚れる。

レースのシェードは1本1本金属の芯を抜いて洗濯機で洗い、元通りにかけて乾かす。（カーテンの手入れをするブリギッテさん）

元朝日新聞記者。ヨーロッパ総局長を経て編集委員に。世界各地の難民、人道支援、地雷の問題や軍縮などの分野で活躍。暮らしに目を向ける余裕をもった今、「からだ・頭・心の体操」のそうじにも挑戦。ドイツ生まれのブリギッテ夫人は、お料理上手、手芸上手。ソファのクッションは母上の帯からのお手づくり。

## 私のそうじ道具

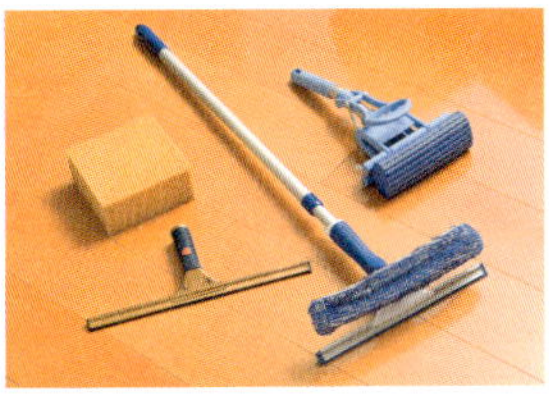

スポンジ（17×16×7cm）、スクイジー（柄が短いから小回りがきく）、長柄スクイジー（タオルブラシとゴムの2種つき）、絞り器つきスポンジ。

しかし、こり性の性格もあって、これではとても満足できない。掃除のたびに「もっと名案があるはず」と思う。身の回りのものをあれこれ利用して、名案はないか試すことになる。考えてみれば、掃除という行動は知恵をしぼりだす「頭の体操」でもあるのだ。

しばしば「チリとホコリで死ぬことはない」という。その通りだと思う。でも一方で、掃除には新しい年を迎えるような、フレッシュな気分をもたらしてくれる効果がある。多くの人が仕事にとりくむとき、まず机の上の整理整頓から始めるにちがいない。同じようなことなのだろう。掃除は心機一転、マンネリ化しがちな暮らしに新たな気持ちをもたらしてくれる。それに、掃除をすませたあとの爽快感。これは「心の体操」の効果とでもいえるだろうか。

こんな「掃除哲学」にひたって、家の中を眺めまわしてみると、挑戦したくなるのは、ガラス窓や網戸の掃除だけではない。次々に知恵をこらしてみたくなる掃除の対象がみつかる。いつのまにか「油がべっとり」となる台所のレンジフード周辺、ふだんは掃除を手がけにくいバスタブの下などなど。

こうした「男の掃除」…目下のところ、多くの家で掃除をひきうけているにちがいない女にとって、「家事への歓迎すべき参加」ということになるだろう。でも、そのうちに、いささか警戒心をもって迎えられる時代になるかもしれない。掃除の知識と経験を誇る男がふえはじめ、「女の掃除」の仕方やでき具合について、あれこれ口やかましく論じはじめるかもしれないから。

キッチンのシロッコファンも手ごわい相手。

網戸を洗ったあとはスクイジーでガラス拭き。タオルブラシ側で汚れを落とし、クルリと返してゴムパッドで水けを拭きとる。端から端までスゥーッと。ゴムパッドの固さがスクイジーの善し悪しを決めるようだ。

2

3

4

〝絞り器つき〟に惹かれて買った特大スポンジ。スポンジは乾いて固くなるとぴくりとも動かない。

1

**網戸洗いの手順**

1 シャワーで全体に水をかける。
2 大きなスポンジにうすい洗剤をつけてこすり洗い。
3 汚れと洗剤をシャワーで洗い流す。
4 さいごにスポンジを水に浸してしぼり、網戸の仕上げ拭き。

来客の多い家

# くたびれずにきれいにする秘訣は？

北川佑子（64歳・東京）

## ものが出ていなければそうじはかんたん

おそうじがおっくうにならないためには、まず部屋にものを散乱させないことだと思います。十年前にこの家を建てるとき、持ちものの収納と家具の配置を十二分に考えながら、設計をお願いしましたのでものの出しっぱなしはなくなりました。そして床にものを置かない、使ったものは指定の場所にもどす、私物をリビング、ダイニングルームなどのパブリックスペースに置きっぱなしにしないなど気をつけると、毎日のおそうじは意外にスーッとはかどるものです。

夫の仕事関係、私の関係、家族共通の友人知人、ぐっと若い方々、外国からの泊まり客など、わが家はいろいろなお客様が多いのですが、そうじでくたびれ果ててしまうことはありません。

## 効率よく時間と手間をかけて

わが家のそうじ予定は下記のようになっています。主婦一人でするのでなく、夫が月水金と家中にそうじ機をかけ、火木土とモップでから拭き、私は棚、家具など床より上の部分のそうじをしています。これは会社をリタイアしたとき夫の方から言い出してはじめたことで、丸く、三角にするそうじで今ひとつのところがありますが、してくれることに感謝し

**愛犬との暮らし**
転校がたび重なった24年前、子どもたちと犬を飼う約束をしました。以来いつもわが家の一員として、アメリカン・コッカスパニエルがいます。フローリングの床は彼らとの共同生活のためです。

**吹きぬけの窓は業者に**
外からの方々を迎え入れるところとして、すっきりと明るい雰囲気でありたいと思っています。ふだんの出入りは、犬の散歩もあるので勝手口を使用します。玄関そうじはふつうにそうじ機をかけ、扉やこまかいところを拭きます。高窓のガラス拭きはプロに頼みます。

**健康、安心、おいしい家庭料理を**
「食べることは生きること」という思いから手づくり料理にこだわって、およそ25年前からお料理教室をはじめました。転勤先でも土地の人々とのふれ合いや、新しい発見がありました。若い方たちとの交流もまたうれしい。新しいメニューを考えることは、いまや私にとって頭の体操にもなっています。

転勤で引越しを重ね、海外生活もブラジル、カナダに計10年。
現在は夫、次女、犬2匹と暮らし、料理教室、翻訳ボランティアなどの活動も。（左から2人目）

**家中の床にワックスがけ**
月に1回、家族が誰もいなくて（犬2匹も美容院に）、天気もよさそうな日を見計らってとりかかります。1階のリビングから2階奥の個室まで、和室を除いて家中をまわります。1周目はそうじ機かけ、2周目はぞうきんモップで水拭き、3周目は別のモップでワックス塗りのばし。半日がかりで終えたあとには家全体がよみがえった気がします。

**冷蔵庫も動かして**
以前引越しのときに、冷蔵庫の下、裏、周辺の壁などが汚れていてびっくりした経験から、今ではワックス拭きのときにそうじ。カバーをはずし、キャスターをゆるめると、1人でも動かせます。

て私は片目をつぶっています（夫が仕事で留守のときは、思いっきり隅から隅までそうじをすることも……）。

私は基本的にそうじが好きな方ではなく、ただ汚れた部屋にいるのがいやなので、毎日そうじをしています。いつもピカピカにしていようなどとは思っていません。月1度のそうじ、週1度のそうじ、毎日のそうじ、季節ごとのそうじ、とだいたいのスケジュールを自分の中で決めておくと、必ず汚れの消え去るときが来ます。年末の大そうじをしたくないがために予定を遂行する私は、たいへんな怠け者なのかもしれません。

## 業者に依頼する場所も

窓まわりはいちばん手ぬきをしているところです。大雨のあとなど、表からホースで水をかけて流すようにしていますが、あまりまめにそうじはしていません。年2回、プロに頼んで窓ガラス、サッシ、網戸のそうじをしてもらっています。

エアコンのそうじ、庭の手入れなどもプロに頼みます。50代半ばまでは全部自分たちでしていましたが、近年は無理をせずに、プロに頼んでしっかりきれいにするようにしています。夫いわく、「けがをされても困る」とのことです。

## キッチンはしっかり自分でそうじ

食べることが大好きなことと、長年の転勤暮らしで、その土地土地で手に入る食べものに興味がわき、またご近所との交流も兼ねて、お料理の講習をするようになりました。オリジナルのレシピは400～500、食材に呼ばれるようにあかこうかとおいしいつくり方を試すのは、この上ない楽しみです。そのためのキッチンは、毎日の手入れをした上で、月に1度のていねいそうじを、欠かさずします。そうじが楽にできるちょうどよい頻度で、換気扇もガスレンジもちょょいとすませられます。

**大きな鏡のある洗面所**
水まわりが清潔だと、家全体がすっきりするように思います。浴室（左奥）は、毎夜最後に入る人がすのこを上げ、自分が使ったバスタオルで蛇口と床を拭いて、換気扇をいっぱい（90分）まわして湿気をとるようにしています。

●わが家のそうじ予定表

| | 月 | 火 | 水 | 木 | 金 | 土 | 日 |
|---|---|---|---|---|---|---|---|
| 家中の床（夫がします） | そうじ機 | モップ | そうじ機 | モップ | そうじ機 | モップ | お休み（食事の用意しかしない） |
| バスルーム | ていねいそうじ | | | | | | |
| トイレ | | ていねいそうじ | | | ていねいそうじ | | |
| キッチン大そうじ | | 第2火曜 | | | | | |
| 床のワックスがけ | | | 第2か第4の水か木曜 | | | | |

（約240 m² 5LDK＋和室）

**“スタンバイ” 状態のキッチン**
調味料入れ、ペーパーホルダーなど、これが定位置です。ほとんどが外国暮らしのときに買ったもので、娘と選びに選んだ壁タイルも含め、気に入ったものに囲まれて、台所仕事がますます楽しくなります。

「キッチンそうじに欠かせない」
私のそうじ道具 Best2

愛用のかやぶきんとスプレー。中身は液体石けん2＋重曹3＋酢3＋水10の混合液。かやぶきんは織りのしっかりしたレーヨン100%を選んでいます。アクリル・ポリウレタンとの混紡とは水のきれ具合がぜんぜん違います。

# 第2火曜は〝キッチンそうじ〟の日

**これをするから、ふだんは思いきりお料理が楽しめます**

**毎日のそうじ**
キッチンは、一つ仕事がすんだら一つ片づけるように心がけ、雑然としないようにしています。

**レンジまわり**　料理のとき台ふきんをそばに置いて、こぼしたりとんだりしたときにはすぐ拭きます。夕食の片づけのあと、五徳など部品をとりはずしてお湯で洗い、ぜんたいをそうじします。とくに油を使ったときには、周囲のタイルを拭きます。

**シンク**　夕食の片づけの最後にクリームクレンザーでみがき、ポットに残っている熱湯を流して、その日に使ったふきんで水滴が残らないように拭き上げます。

**1 パーツをシンクにひたす**
まずシンクにお湯をため、五徳、受け皿、ファンフィルターなど、次々はずしては入れていきます。重曹、液体石けん、酢少々をふりかけ、かやぶきんもつけておきます。

**2 換気扇を拭く**
脚立に乗って腰かけて。いつもこの姿勢です。内側、外側、周辺の壁も拭きます。

**3 レンジの中をそうじ**
レンジトップを持ち上げると、ゴミが落ちていたり、ふきこぼれがあったり。かやぶきんで拭きますが、こびりついていたら、スポンジやスコッチブライトでこすります。

汚れがたまりやすいふちの部分も、トップがないと拭きやすい。爪を立てて小刻みに動かします。

**4 つけておいたものを洗う**
汚れがゆるんでいるので、かるくこすればとれます。きれいになったものを順々に、換気扇、レンジにセットします。

**5 棚や壁の拭きそうじ**
食器や器具棚の中や扉、壁をかやぶきんで水拭きします。

およそ1時間半で終了。
終わるとほっと気持ちが落ち着きます。

# シンプル&エコそうじの基本

洗浄剤・用具・テクニック

# 洗浄剤

## これだけあれば家じゅうピカピカ

もっとも安全ですぐれたクリーナーと言えば、まず「水・お湯」ですが、それでとれないときは洗浄剤の力をかりましょう。重曹・石けん・クエン酸を中心にしたエコ洗浄剤は、刺激臭や手あれがない上、河川にもやさしいものぞろいです。

エッセンシャルオイルで香りづけしても楽しい

### 重曹［弱アルカリ性］

ふくらし粉として知られる重曹は、人体にも排水にも無害で、用途の広いすぐれた洗浄剤としても知られるようになりました。汚れを落とす主な作用は①油汚れなどの酸性汚れに弱アルカリ性の重曹がなじんで汚れを落とす②水に溶けたときにできるマイナスイオンで汚れがとれやすくなる③細かい粒子の研磨効果、の3つ。そのほか、水溶液を加熱すると発泡する性質を利用して焦げた鍋を洗ったり、くつ入れなどの狭い場所では脱臭効果も期待できます。住まいのあちこちで活躍する、エコそうじのヒーロー役といえるでしょう。

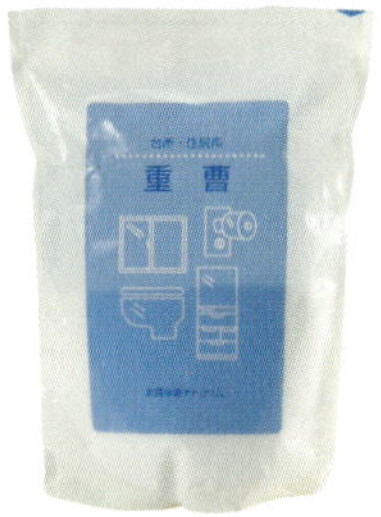

重曹
baking soda
炭酸水素ナトリウム

### 石けん［弱アルカリ性］

人類とは5000年という長いつき合いのある洗浄剤。油になじむ親油基が汚れに付着し、水になじむ親水基が水と結びつくことで汚れをひきはがす「界面活性剤」の一種です。石油化学系の合成洗剤より自然に還りやすいとはいえ、まったく河川を汚さないわけではないので、排水に流す量は抑えたいもの。液性は重曹より少し強いアルカリを示すので、重曹で落ちないときの二番手、または助手として使いましょう。

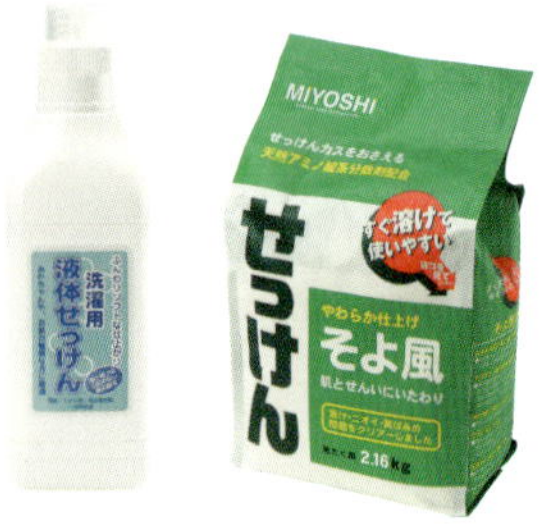

石けん　soap
粉石けん　脂肪酸ナトリウム
液体石けん　脂肪酸カリウム

### クエン酸［酸性］

おもに果実に含まれる酸味成分。工業的には芋などからとった糖を発酵させてつくられます。水アカや石けんカス、尿などのとれにくい汚れを落とすため、水まわりには欠かせないエコ洗浄剤です。同様にそうじに使える酢酸は、強い臭いが難点ですが、揮発して残留しないのに対し、クエン酸水は揮発性ではないので、とくに金属に使った場合、かならずよくすすいで拭きとること。べとつく場合は重曹水で中和した方がよいでしょう。

＊穀物酢（食用）をクエン酸水のかわりに使う場合は原液に2～3倍の水を加えます（酸濃度約2％）

クエン酸
citric acid

### 酸素系漂白剤

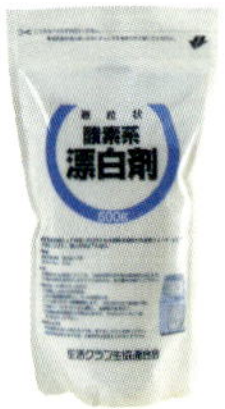

液体（過酸化水素・弱酸性）もありますが、粉末タイプ（過炭酸ナトリウム・弱アルカリ性）の方が効力が高め。水温40℃くらいから効果があがります。カビの漂白に、また、洗たく槽洗い（p.95）にも。塩素系漂白剤（次亜塩素酸ナトリウム）は、クエン酸も含めた酸性洗剤と混ぜると有毒な塩素ガスを発生。皮膚や呼吸器への刺激も強いので、使わずにすませたいものです。

### つや出しオイルなど

つやだし剤には①ホコリとり、②つや出し、③木の老化を防ぐ、の3つのはたらきがあります。家具や楽器用の天然柑橘系オイルは、香りがよく品のよいつやを出します。床には水で薄め、家具は布にしみこませて使います。写真はパーカーレモンオイル(左)、HOWARDオレンジオイル。入手はホームセンター、楽器店など。（つや出し布のつくり方p.33、オイル水p.65）

### 容器いろいろ

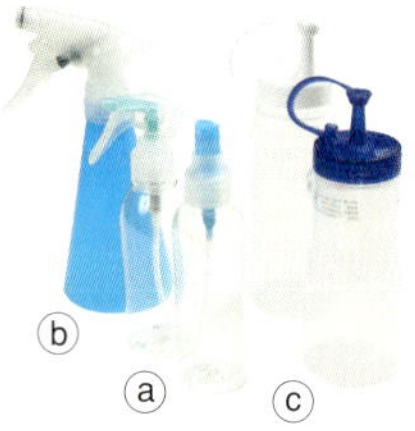


ⓐミストボトル　水溶液用。霧状に出るので使いすぎない。スリムでどこに置いてもスッキリ。
ⓑスプレーボトル　水溶液を広範囲に吹きつけたいときに。
ⓒふり出しボトル　穴の多いタイプより、ピンポイントに使えて便利。写真はドレッシング用。

## 重曹水にして使う

水200ml＋重曹小さじ1

油汚れ、手アカ汚れに。濃すぎるとスプレーが目詰まりするので注意。白いあとが残らないように使用後は水拭きしましょう。

## 重曹粉末で使う

磨き粉として、汚れに直接ふりかけるかアクリルたわしなどにつけて。粉末には吸湿作用があり、ゆるんだ油汚れを吸わせてポロポロにして落とすのにも効果大（＊）。

## クレンザーにして使う

重曹を主体に液体石けんと水を加えてクリーム状にした「重曹石けんクレンザー」（下段）。重曹水ではすぐ流れてしまう壁などの垂直面に、塗りつけて使えます。タイルや目地、シンクや鍋、やかんの汚れ落としなどに。

押し出せるやわらかさ

＊研磨剤としての重曹粒子は、市販のクレンザーに比べるとやや粗いので、傷つきやすいアルミや銅などには使わないこと。

## 石けん水／固形石けんで

水200ml＋粉石けん小さじ1

重曹では落ちにくい油汚れに。ボトルに石けん水をつくってもよいですが、手洗い用に置いてある固形石けんを、フキペットやアクリルたわしにつけて使うのもシンプルでおすすめ。

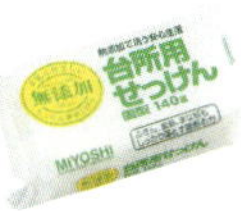


## 石けん粉末で使う

重曹と同じく直接油汚れにふりかけ、油を吸収させたり、重曹に少し粘度を足すにも有効ですが、使いすぎには注意しましょう。

## ペーストにして使う

重曹と粉石けんと水が同量の、油汚れに強い「重曹石けんペースト」。レンジまわり、とくに五徳《ごとく》などに塗りつけて使います。汚れがひどいときは、上からラップフィルムでおおってしばらくおき、汚れをゆるませます。

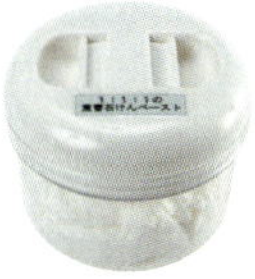

密閉できるものを

## クエン酸水にして使う

水200ml＋クエン酸小さじ1

水アカで白っぽくなった蛇口まわりや鏡、シンクや、尿汚れに、ゆるやかな洗浄能力を発揮。すぐに落ちなくても何日か続けると、するりととれることがあるので、気長に。

## クエン酸粉末で使う

トイレのがんこ汚れに効きめ大。便器の黒ずみに粉のままふりかけて、かるくこすります。

## 湿布して使う

広い面のこびりつき汚れに。トイレットペーパーをはりつけてクエン酸水をスプレーし、しばらくおいてからこすります。

### 10:3:3の重曹石けんクレンザー

壁に張りつく。研磨効果抜群！

重曹に液体石けんと水を加え、よく混ぜる。とろみがあるのでじょうごを使って口細のボトルに入れておくと、使いやすい。

重曹 ……………………10（100ml）
液体石けん ………3（大さじ2）
水 ……………………3（大さじ2）

### 1:1:1の重曹石けんペースト

油汚れに強力パワー

重曹と粉石けんをボウルに入れ、水をそそいでよく混ぜる。広口の容器に入れ、指先で塗りつけて使う。

重曹 ……………………1（100ml）
粉石けん ……………1（100ml）
水 ………………………1（100ml）

### エタノール

（消毒用アルコール）
かるい油汚れも落ちますが、おもな用途は殺菌。雑菌の出やすい冷蔵庫の拭き上げや、カビそうじの仕上げに使うと効果的です。薬局にある消毒用エタノール（80％希釈）を、布などにつけて使います。

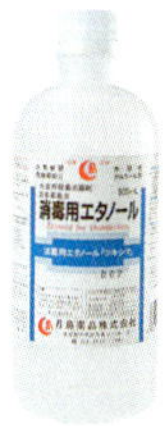

# 汚れ　性質を見きわめて

人の暮らしのあるところに汚れあり。その特徴がわかれば、使う道具や洗剤がわかってきます。

## 住まいの3大汚れ

### ホコリ・ハウスダスト

室内のホコリの成分は、ふとんや衣服の綿ボコリ、抜け毛や皮膚の老廃物、花粉、カビ、微生物、ダニの死骸、砂ボコリなど。このうち空中に浮遊する目に見えないほどの微粒子をハウスダストと言います。

**落とし方の基本**

床や家具の上にかるくのったホコリは、ハタキやモップ、そうじ機、拭きそうじでかんたんにとれます。微粒子はそうじ機の排気や人が動くだけで舞い上がり、何時間も落ちてこないので、朝いちばんにモップがけをするのもよいでしょう。

化繊バタキ、モップ、そうじ機で

### 油汚れ

おもに調理の際に飛散・浮遊してつく油汚れは、脂肪酸と言われる酸性の汚れ。すぐなら拭くだけでとれますが、時間がたってベタつくときは、洗剤の力を借ります。換気扇などに付着して熱で酸化し、ヤニ状になったものや、五徳《ごとく》のような炭化した焦げつき汚れになると、労力も時間も洗剤も大量に必要になります。

皮脂・手アカ・たたみや床につく足の脂もこの仲間ですが、定期的な拭きそうじで除去できます。

**落とし方の基本**

酸性の汚れなので、弱アルカリ性の重曹、石けんで中和されます。ベタつき汚れならそれらをつけて布でこすればとれます。こびりつき汚れは、ヘラや金属ブラシなどの物理的な力でこそげ落としてから、可能なら熱湯につけて汚れを浮かし、重曹、石けん、またはそのペーストをぬりつけて、気長にこすり落とします。最後に水でよく洗い流すか、クエン酸水で中和すると、ヌルつきもなくなりさっぱりします。

石けん、重曹で

### 水アカ・石けんカス

**水アカ**　水道水に含まれるケイ酸やマグネシウム、カルシウムなどの成分が、水の蒸発とともに乾いてこびりついたもの。代表例は、水滴がつきやすい蛇口の下側や根もとにこびりつく白い汚れ、トイレの手洗い器の黄ばみ、黒ずみなど。気づいたときにはかたく相手にとりつき、家の中でもっともガンコな汚れとなります。

**石けんカス**　浴室では、石けんの成分である脂肪酸ナトリウムが、水に含まれるカルシウムと反応して「脂肪酸カルシウム」となり、水アカとあいまって、とれにくい汚れになります。

**落とし方の基本**

水アカ・石けんカスとも酸性のクエン酸が有効。汚れがかるいうちは、から拭きするか、クエン酸水をスプレーして布で拭くていどでOK。ガンコなこびりつきには、クエン酸の粉末をふりかけてブラシでこすったり、水でゆるめてぬりつけて湿布、場所によっては目のこまかい耐水サンドペーパーか研磨スポンジ(p.32)で少しずつこすり落とします。

クエン酸で

## サビ

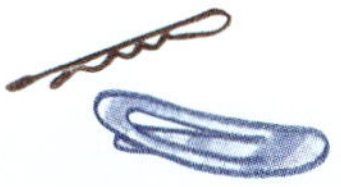

浴室にヘアピンを置き忘れたり、台所シンクにスチールウールを放置してできるもらいサビなど。

**落とし方の基本**

重曹石けんペーストをつけてブラシでこすり落とします。傷をつけるのが心配なときは、湯をかけて温め、還元漂白剤（ハイドロハイターなど）を60〜70℃のお湯でペースト状にし、サビの部分にぬり、20〜30分おいたら水洗いします。

## 尿石

尿が便器内での化学反応で炭酸カルシウムに変化したものです。便器のふち裏や内側にこびりついて、においの原因となっていることもあります。

**落とし方の基本**

専用の除去剤もありますが、非常に強力で素人には扱えません。家庭ではクエン酸湿布（p.96）か、ヘラなどでこそげ落としたり、耐水サンドペーパーでそっとこすり、物理的に落とすのがベターでしょう。

## カビ

ほかの汚れと違い、カビは生きもの。湿度70％以上、温度20〜30℃、適度な栄養源（食品類、皮脂、石けんカス、ホコリなど）が発生の好条件です。浴室に多い黒カビは、菌糸にもメラニン色素があるため、死滅しても黒い色素が残り、漂白が必要になります。

**落とし方の基本**

生えてしまったらまずは重曹粉末をふりかけて、水をつけたブラシでこすります。色素が残るようならさらに漂白剤（酸素系）の濃度をだんだん上げながらこするか、ひどいときはトイレットペーパーなどにしみこませて湿布し、20〜30分おいてからこすります。最後にアルコールをスプレーして殺菌するとよいでしょう。

長く放置されたカビは、カビとり剤（主成分は次亜塩素酸ソーダ）のような強力洗剤でも完全除去はむずかしい上、目地やサッシを傷めます。日頃から、①乾燥 ②低温 ③栄養（汚れ）を残さない、の基本的な予防を心がけましょう。

# 材質 特徴を知って賢くそうじ

住まいの構成素材は多種多様。うっかり傷つけないためにも、その特徴を頭に入れましょう。

**木部**

無塗装のものは吸水性が高いので水を使わない。コーティングしてある床などは、ふだんは乾いた布かつやだし布で拭き、汚れたら半乾きぞうきんで。

**石材**

砂ボコリで傷がつきやすいので、玄関のたたきなどはこまめに掃きそうじ。シミになりやすいので、酸性・アルカリ性の洗剤は使わない。

**プラスティック（合成樹脂）**

浴室や床材（クッションフロア・Pタイルなど）に多い素材。傷がつきやすく、そこに汚れが入り込んでとりにくくなるので注意。重曹粉末やかたいブラシは端の方で試してから。

**ステンレス**

鉄やアルミに比べ丈夫でサビにくい素材だが、もらいサビを受けることも。そうじの基本は水拭き十やわらかい布でから拭き。汚れがひどいときは、練りはみがきをぬれた布につけてこするとよい。

**アルミニウム**

窓のサッシや門扉などに使われる。軽くてサビに強いが、ホコリや排気ガス、海塩などを長い間放置すると、腐食の原因となる。定期的なホコリ払い、拭きそうじや水洗いを忘れずに。

**タイル**

タイルは長石《ちょうせき》、珪石《けいせき》、粘土などを板状に固めて焼いたもの。割れには弱いが表面は丈夫。目地材はセメント、顔料などで、ここに汚れが付着、浸透しやすいが、酸や漂白剤には弱い。目地は色の濃いものや防カビタイプを選ぶと手入れがラクになる。

**ガラス・鏡**

ケイ素が主成分。洗剤には強いが、研磨性の高いクレンザーやたわしの使用、砂のついたまま水拭きする、などで、かんたんに傷がつくので要注意。やわらかい布を使って手入れを。

**塗装面**

レンジフードなどの樹脂やフッ素樹脂加工、ペンキなどの塗装面は、表面が鉛筆硬度で2〜3Hのものが多い。酸、アルカリともに弱く、皮膜をはがす恐れがある。油汚れや熱にさらされるだけでもはがれるので、汚れをためないのがいちばん。

# そうじ道具

## 基本&あると便利

そうじ用だからといって、安易に選んでいませんか？
使いやすく、すぐれた道具を使うことで、
あなたのそうじは今日から一変します！

これだけでもまずはOK！

基本のそうじ道具

### ぞうきん

タオルを縫ってつくる「手縫いぞうきん派」と、使い古したタオルをそのまま使う「タオルぞうきん派」に分かれるようです。

ふつうの浴用タオル（幅30cm、長さ80cmくらい）を四つ折りにした大きさが、手をあてたときにちょうどよく、使いやすいものです（p.33）。タオルぞうきんはこまかな部分や、きれいな面を何度も折り返して使いたいときに。手縫いぞうきんは、しっかりコシのある布で力を入れて汚れを拭いたり、床をみがきあげるときに適しています。

みがくときにはから拭き、汚れをとるには水拭きがよく、使い方によって湿らせ具合も違ってきます。使い勝手がよく、この本でもっともよく登場するのが「半乾き」の湿り具合（p.35）。ちょうどよい湿りけだと汚れがよくとれ、ガラスなどを拭いたあともから拭きが必要ないほどです。使いやすいぞうきんを見つけると、そうじも苦ではなくなります。枚数をたくさん使ったときは、下洗いして洗たく機で洗っても。

浴用タオル
薄手（1枚50～60gぐらい）がよい

手縫いぞうきん（p.33）

### フキペット

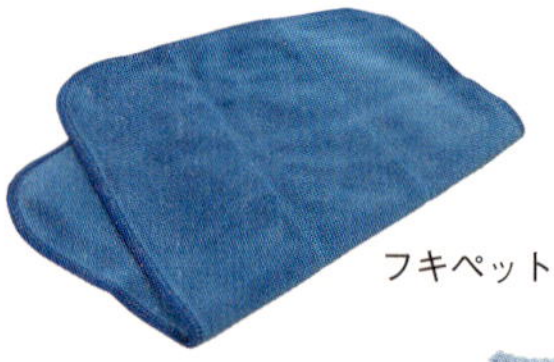

フキペット

アクリルたわし

ナイロンネット

フキペットのような化繊の極細繊維布は、繊維の先が汚れの間に入り込んで、しっかり汚れをつかんで離さない、おすすめのクロスです。水に湿らせてかるくこするだけ、洗剤いらずで素材を傷つけない、その上汚れが再付着しにくい構造なので、キッチンやバスで大活躍。同じような使い方ができるのが「アクリルたわし」や「ナイロンネット」です（つくり方p.38～39）。

### 化繊バタキ

ヘッドの角度が変わるものが使いよい

ポールは伸縮式を
（写真は114～164cm）

現在の住環境に対応して、「はたき落とす」から「ぬぐいとる」に、画期的な変身を遂げたハタキ。週に1回ていど、家の内外を、上から下へ、ホコリのたまりそうな家中の部分をなでておくだけで、拭きそうじの頻度が減ります。1度使いはじめると、手放せなくなること間違いなしです。

### 使い捨て布

レンジのふきこぼれや、ひどい汚れを拭きとるのに。使い古したシャツ、シーツなど、捨ててしまわず10～20cm大に切っておくと使いでがあります。ティッシュボックスなどに入れてとり出しやすく。

### トイレ用ブラシ

洗いにくいふちの裏側や排水口の奥底などにとどくもの。ケースは乾燥しやすく、とり出しやすい、密閉されていないものがおすすめ。

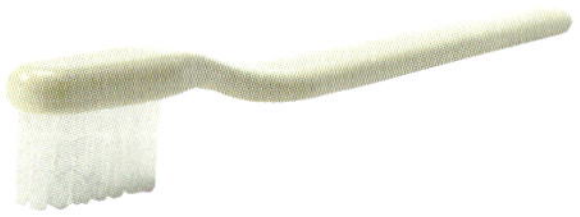

### 歯ブラシ

蛇口の根もとやシンクの継ぎ目など、手の届きにくい場所やちょっとためてしまったこまかな汚れを落とすのに最適。換気扇まわりやレンジまわりなど利用範囲も広い。

## 使いこなせば 楽になる そうじ道具

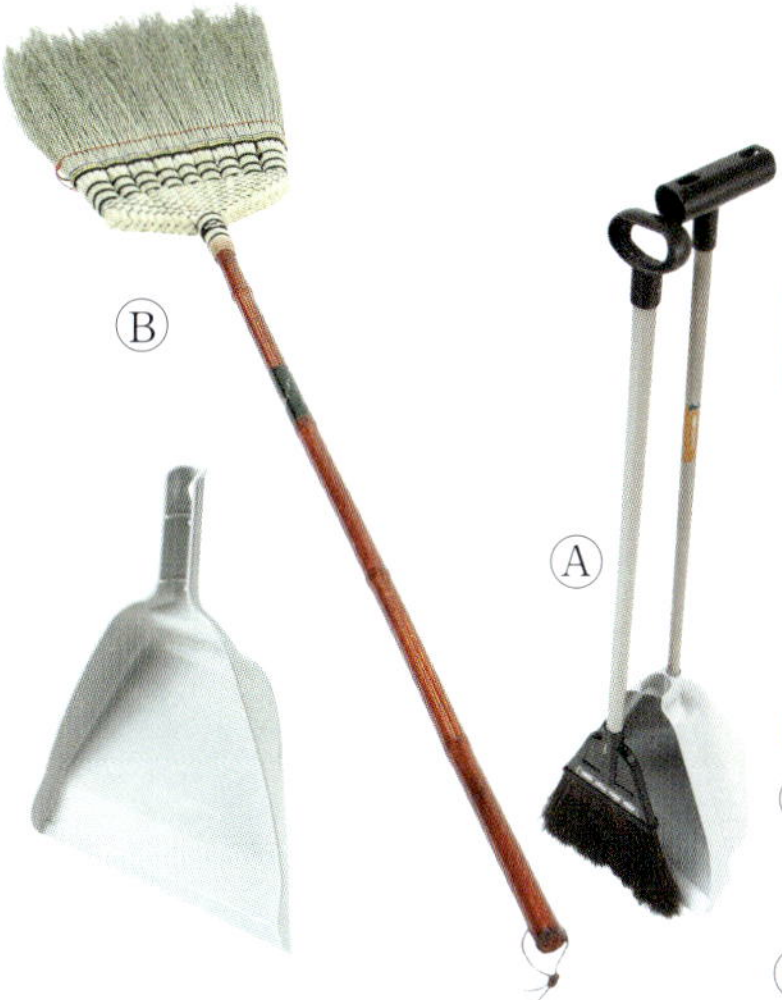
Ⓑ
Ⓐ

### ほうき・チリトリ

Ⓐ玄関・ベランダなどの屋外用に。セットになり、ほうきの置き場所を選ばないタイプが便利。

Ⓑほうき草でつくられる座敷ぼうきも、しなやかな掃き心地が根強い人気。チリトリも必需品です。

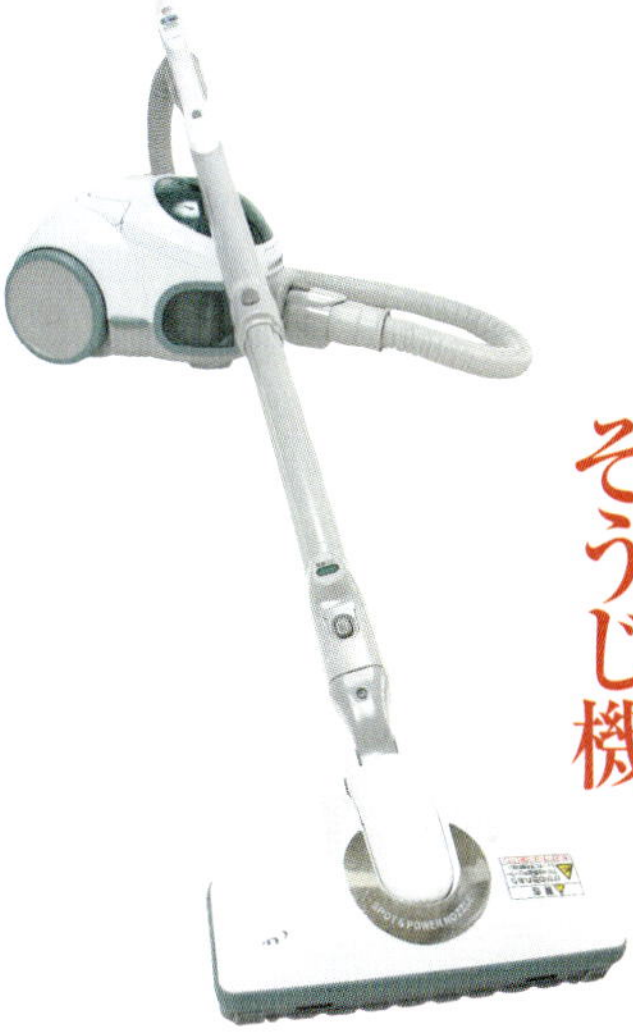

### そうじ機

誕生からほぼ百年。暮らしにあったさまざまな機種が選べる時代になりました。さっととり出せるハンディタイプやスティックタイプ。充電式のコードレス。紙パック式、サイクロン式、布集じん式…など。新機種購入時には、機能だけでなく使い手の体力にあった重さで使い勝手のよいものを選びましょう。

ゴム手袋
軍手
あっちこっち
手袋

### 軍手・ゴム手袋

手を保護するだけではなく、軍手はハタキでとりにくい家具のこまかい場所のホコリとりに。汚れを吸いつける極細繊維手袋も便利。

### ポリバタキ

ガラス、網戸などの外まわり用にも便利なハタキです。目的場所に合わせて柄の長さ、紐の量を決められるのが手づくりのよさ！ （つくり方p.41）

Ⓑバスブラシ
Ⓐ目地ブラシ
Ⓒたわし

### ブラシ・たわし

バス、玄関たたき、キッチンの油汚れ、カーペットクリーニング、網戸など、ブラシやたわしが活躍する場所は意外に多くあります。

Ⓐハード、ソフトが選べるもの。毛先が鋭角になっているものが隅まで届いておすすめ。

Ⓑ持ち手の具合のよいものを。

Ⓒ天然シュロ繊維が長もちしてよい。ミニサイズも便利。

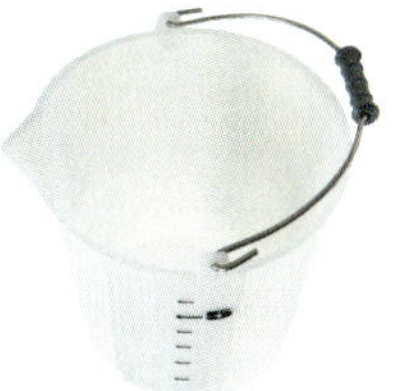

### バケツ

ぞうきん洗い、たたきに水を打つ際などに。軽く割れにくい素材のものが使いやすい。

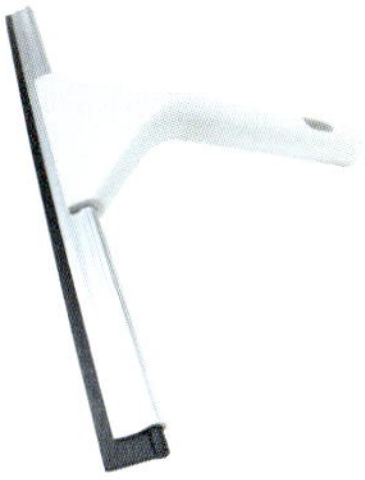

### スクイジー

窓拭きに、風呂の水滴とりなどにたいへん便利な道具。長短の柄が別売のものがよい。ワイパーブレードの交換できるものがおすすめ。

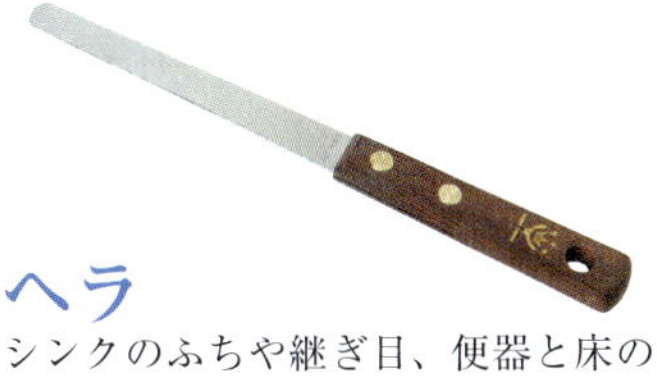

### ヘラ

シンクのふちや継ぎ目、便器と床のすき間など、ぞうきんやブラシがとどきにくい場所、見落としがちな部分の汚れ落としに活躍。

### つやだし布

家具用オイルをしみ込ませた布を袋に用意しておくと、気軽に使えます。家具だけでなくフローリング、ガラスなども、落ち着いた光沢がでます。（つくり方p.33）

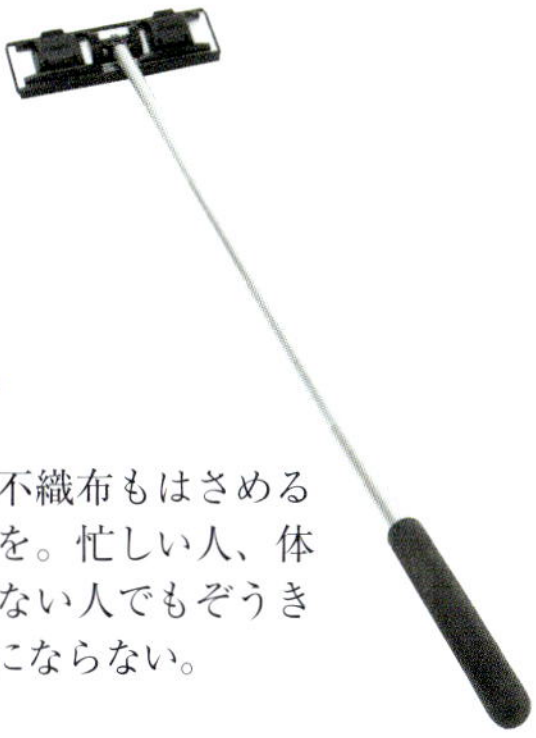

### モップ

ぞうきんも不織布もはさめる万能タイプを。忙しい人、体力に自信がない人でもぞうきんがけが苦にならない。

汚れ落としもプロ級に?!
頼れるそうじ道具

## 柄つきブラシは
## 場所別汚れのスペシャリスト

### サッシブラシ

さんの間にたまったホコリやゴミ、サッシ側面などの汚れ落としに。先が鋭角になっているので、サッシレールの端など、とりにくい汚れを落とせます。

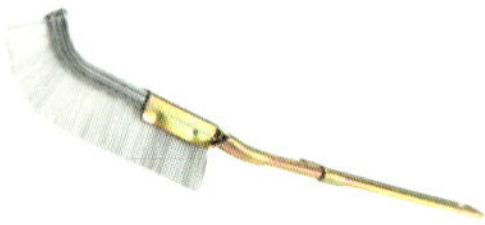

### メンテナンスブラシ（J型）

シロッコファンの１枚１枚の羽根の細いすき間は、これに限ります。換気扇そうじが楽になります。

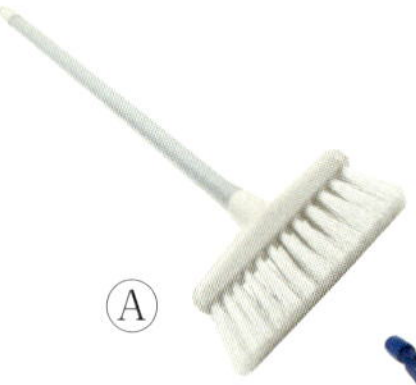

Ⓐ

Ⓒ

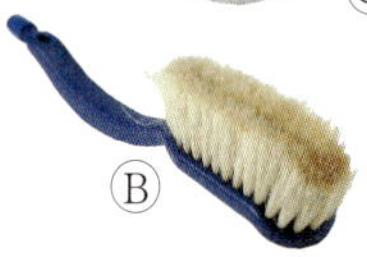

Ⓑ

### Ⓐデッキブラシ
### Ⓑ洗車ブラシ
### Ⓒ柄つきバスブラシ

大型の柄つきブラシは、とくに広い範囲のそうじや、体力的に無理がきかない場合に助かります。デッキブラシは玄関ポーチやベランダなど外まわりに。洗車ブラシはホースをつないで、門扉や塀の水洗いに。バスブラシはバスタブや壁そうじの助けになります。

## ホコリやゴミを効率よくとる
## 「変わり種ホウキ＆モップ」

### すきまモップ

ハエタタキとストッキングでつくります。5mmほどのすき間にも使える薄型。オーディオなどのすき間にも。(つくり方p.39)

### 羽根バタキ

あたりがやさしいので、置物や額などたいせつなものや場所に。天然素材なので、使い心地のいいのも大きな魅力。

### ハンディモップ

ストッキングと針金ハンガーでできるモップ。洗たく機の下やピアノの下、押し入れの下など、何が出てくるかわからないような(?)場所にも。丈夫でゴシゴシ洗えるのが強み。(つくり方p.40)

### ほうきモップ

天井や壁のホコリとり、床やたたみのから拭きなど。モップが入りにくいすき間も大得意。気軽に使えるリサイクルモップ。(つくり方p.40)

### 小ぼうき

食卓やソファの上など、パンくずや小さなゴミ、ホコリなどをとるのに便利。

### 割り箸、綿棒

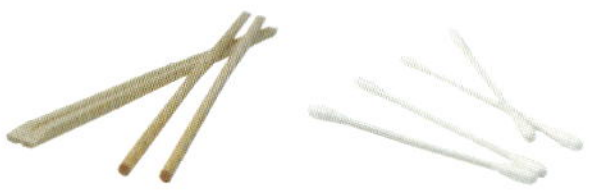

障子のさん、窓ガラスの隅っこ、サッシやレールの溝など、まさにカユイ所に手が届く存在。

### ■水まわりのがんこ汚れの切り札3点

ちょっとやそっとで落ちない水アカ・サビ落としに。こする相手を傷めますから、あくまでも奥の手です。(p.98参照)

**A 耐水サンドペーパー**
2000番の目の細かいもの。水にぬらしながらかるくこすって使います。ホームセンター、画材店で販売。

**B サビ落とし**
商品名「サビトール」消しゴムタイプで、荒目、中目、細目があります。ホームセンター、またはネット販売で。

**C 研磨スポンジ**
商品名「アルタクラフト」鏡面に付着しているホコリを洗い流し、鏡とスポンジ両方をぬらしてからこすります。ガラスにも使用可。(p.99)

## つやだし布 のつくり方

■用意するもの
・化繊布（フリース地、薄手の極細繊維布など）
・植物油主成分の家具用オイル（p.26）
・ポリ袋
・霧ふき

1 布全体にかるく水をスプレーしてたたみ、オイルのびんの口をしっかりあてて手早く上下を返し、少量をしみこませます。これを2、3ヵ所に。

2 布をもんでオイルをいきわたらせます。袋に入れてしばらくおくと、よりなじみます。

＊汚れたら、ゴミをそうじ機で吸ったり、かるく手洗いします。床を拭くときは使い捨て布にオイルをしみこませるのもよいでしょう。

**●オイルと布について**
家具や楽器用のレモンオイル、オレンジオイルなど植物主成分のものがおすすめです（白木は避ける）。粘度の高いものは何カ所か布につけた後、よくもみこんで浸透させます。布は厚さにもよりますが、タオルの半分くらいの大きさが使いやすいでしょう。

## ぞうきんの縫い方

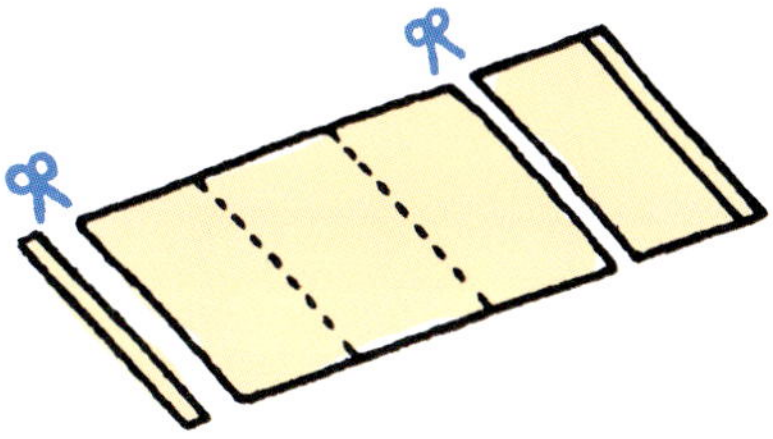

1 薄いタオルの1/4を切り落として、3枚重ねにするのが使いやすい厚さです（余分は使い捨て布に）。
タオルの端は、重なると縫いにくいので裁ち落とします。

2 外側に出る裁ち目を1cmほど二つ折りにして重ね、ふちをぐるりと縫い合わせ、対角線に中を縫います。二つ折りにすると片手がのるサイズに。（約20cm×33cm）

＊子ども用はさらに薄く、1本のタオルを半分に切ったもので二つ折りにすると、小さな手でも上手にしぼれます。
＊手縫いの場合　針は木綿用縫い針9号、糸は木綿の30～40番が適当です。
＊ミシンで縫う場合　糸はポリエステル糸（シャッペスパン）、針は11番、針目は4～5mmで縫います。

## 細かい部分のおそうじコンビ

### つまようじ&コットン（手づくり綿棒）

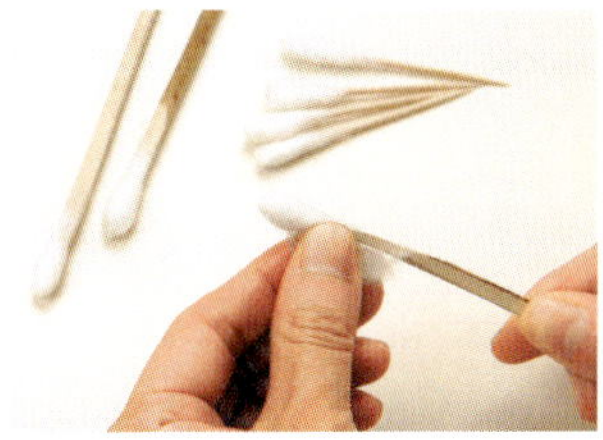

化粧用コットンを薄くはがし、適当な大きさにしてようじの先にこよりをつくる手つきでかたく巻きつけます。太めのようじはとがった方、つまようじはあたまの方を使います。障子のさん、リモコンなど、汚れをそっとぬぐいとりたいときに。

### 割り箸&使い捨て布

溝や隅にたまった汚れをこそげ落とすのに最適です。
割り箸の先を斜めに削り、使い捨て布（p.30）を二つ折りや四つ折りにして巻きつけます。布端を指で押さえて使い、汚れたら面を変えます。輪ゴムで布をとめたものも、せまい場所、届かない場所には便利です。

# 覚えておきたい5つの基本テクニック

「ホコリ払い、掃く、拭く、こそげる、吸いとる」の基本が身につくと、そうじ力は一気に高まります。

指導　前　みち
（東京第一友の会・住研究グループ）

## 1 ホコリ払い（ハタキかけ）

ガラス窓、棚、家具、さんなど、手がとどきにくく、ホコリをためるとあとがたいへんな場所に、これほど便利な道具はありません。ホコリを舞いあげるのでなく、化繊バタキに静電気を起こし、ぬぐいながらホコリを吸着させるのが基本です。

壁にそって右（左）まわりにかけ、最後に照明器具などかけると、落ちなくできます。

使い終わったら戸外でざっとホコリを払います。汚れたら洗たく洗剤をぬるま湯に溶かして（洗たくと同じ濃さ）、バケツの中でふり洗い。すすいで、あと、よく乾かします。

羽根バタキは掛け軸や壊れやすい置物のある棚などに（p.32）、外用ハタキはホコリをはたき出したり、クモの巣を払うのに便利です。

**静電気を起こす**
化繊バタキは、柄を両手でクルクルまわし、静電気を起こしてから、すーっとぬぐうように拭いていきます。

**はたき出す**
戸外では、土ボコリをはたき出す使い方も。

**すき間のごみをかき出す**
そうじ機をかける前に、家具の下などノズルの入らないところのホコリをかき出しておきます。

## 2 掃く

ふとんをあげたあとのたたみのホコリ、食卓まわりのパンくずや洗面所の髪の毛など、重いそうじ機を出すよりほうきが便利。外まわりはとくに、長くゴミを掃きまわしたり、ホコリを舞いあげないように、チリトリでこまめにゴミをとります。

**和室を掃く**
座敷ぼうきはたたみの目にそって動かし、こまかいゴミを掃き出します。ホコリがたつので必ず窓をあけて。

チリトリでこまめにゴミをとります。

**小ぼうきも便利**
小さい子の食べこぼし、洗面所の髪の毛など、気づいたときにさっと掃き寄せます。

## 3 拭く

もっともたいせつなそうじ法です。から拭き、水拭き、洗剤拭きなどがありますが、この本でいちばん使うのは「半乾き拭き」。場所や湿度により違いますが、乾き具合は脱水機でしぼったていど（重さで3〜5割増しくらい）。拭く相手に湿気を与えずホコリや汚れを具合よく吸着します。壁紙、たたみ、カーペット、フローリングなど、たいていのところは使えます。薄手の古タオルでつくって八つに折り、たたみ替えていつもきれいな面を出して拭いていきます。

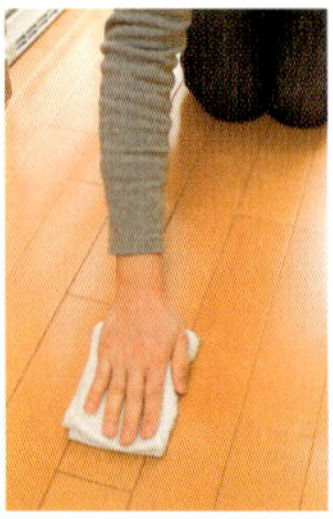

## 4 こそげる・こする

油や手アカなど、こびりついたり薄い膜状になった汚れは、拭くだけではとりきれません。まず、へらなどでこそげ落とし、次にブラシ、使い捨て布などを使ってこすり落とします。少しこすって流し……では洗剤もよけいにいるので、充分にこすって汚れがとれたところで拭きとり、必要な場合は水で流します。

**ブラシでこする**
シロッコファンの油汚れ。やみくもに力を入れず、ブラシを少し浮かすつもりで汚れだけに当たるようにこするのがコツです。

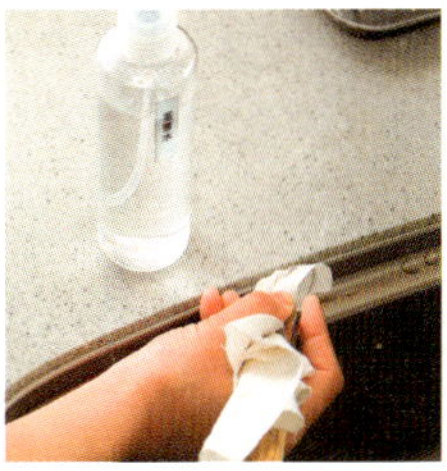

**サッシヘラを使って**
汚れが重なって厚みのあるところは、ヘラでこそげて落とすのが有効です。下地を傷めないように、布を巻いて使います。

### 半乾きぞうきんのつくり方

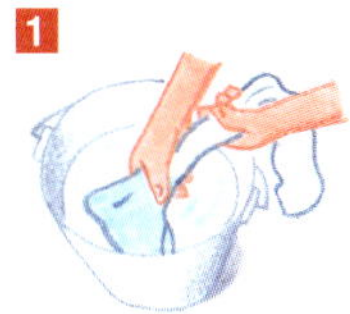

1 二つ折りにした古タオルを半分だけ水でぬらす（輪の方を水に入れると水分がいきわたりやすい）

2 ぬれた部分をしっかりしぼる

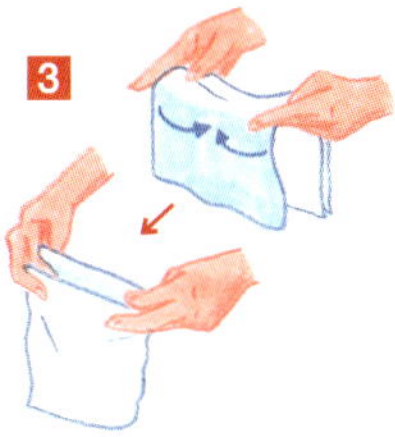

3 湿った半分を広げて乾いた方で包むように重ねる

4 もう1度かたくしぼる

**背中を洗うように**
蛇口まわりの拭きにくいところも、タオルを伸ばしてごしごし拭くと、力がよく入ります。

**巻きつけて**
人さし指やサッシヘラに巻きつけて使うとこまかいところもよく拭けます。

**薄手のタオルで**
40～60gくらいの薄手の浴用タオルが使いやすいのです。

## 5 そうじ機をかける

そうじ機は、背筋を伸ばしてラクな姿勢で、ゆっくりと（1畳1分のめやす）かけるのがコツです。よくみかけるのは、筒を両手でしっかり持ち、腰をかがめてごしごしと動かすスタイル。これでは疲れる上に、細かなゴミは吸いとれません。

**ラクな姿勢で**
そうじ機は腰をかがめずラクな姿勢でかるくグリップを持ち、半間分（90cm）くらいずつゆっくりと往復させます。

### チェック！ あなたのそうじ機かけ力

実験 ふだんのかけ方で、どのくらい吸えているかみてみましょう

1 たたみ1畳分に、よく乾かした紅茶カスを（なるべくこまかいもの）をまんべんなく撒き、ふだんどおりにかけてみます。ずいぶん力が入ってますね。

2 何度も往復したのに、結構残ってしまいました。

3 背筋を伸ばし、右手でグリップを持ち、左手は添えるていどで、ゆっくりかけてみましょう。向こうへいくまでに10回手をたたくくらい（5～6秒）。今度はしっかり吸えています。**たたみは1畳を1分と覚えましょう。**

### ■そうじ機のそうじも忘れずに

ノズルに回転ブラシがついているものが多く、糸くずや髪の毛がからむと動かなくなるので、こまめにチェック。ホコリもブラシでかき出します。本体内部のフィルターも歯ブラシなどで汚れをとり、洗えるものは洗います。本体は半乾きぞうきんで拭くとさっぱりします。

手前が自作のポリバタキ。室内用と屋外用。ハタキかけのルートは、玄関→廊下→納戸部屋→寝室→リビング→キッチン→バス・サニタリーの順で。家ぜんたいを20分ほどでまわります。

「はたきの達人」訪問

# ハタキかけは究極のラクラクそうじ

廣本孝子さん（75歳・東京）

テレビ台用の小バタキは、テレビの裏側が定位置。自分の使いやすいハタキを、使いやすい場所に。

ポリバタキで「はたく」ときは、はたくものに対して正面からではなく、斜め45度くらいから。化繊バタキなどで壁面をなでる場合は、ハタキの面積を生かすよう面と平行にぬぐうようにかけます。

カーテンもハタキをかけておくと差がでる部分。化繊のカーテンはきれいなハタキでします。
カーテンレール、カーテン外側、内側とかけたら、カーテンを上下にふって窓の外でホコリを落とします。

「手をのばし腰をのばし、リズムをとりながらシャッシャッとハタキをかけると、部屋の明るさが保てる上に私自身も明るく、元気になります」

そう話すのは東京に住む廣本孝子さん。50代のはじめにハタキの威力を知り、今もなお週1回のぜんたいそうじはハタキなしにははじまりません。

廣本さんがハタキに出合ったのは、友の会で「住の研究グループ」に加わったころでした。それまでハタキといえば「障子に使うもの」くらいの認識でしたが、天井から壁や腰板、幅木まで、床以外の室内のあらゆる場所のホコリを楽に落とせ、週1回しているだけで拭きそうじの負担が驚くほど減ると実感。以来手放せないといいます。

「壁や天井、照明器具にためてしまったホコリをいちいちそうじ機でとる、ぞうきんで拭くとなるとたいへんな労力ですが、ハタキならこまかくかけても20分ほどで室内をひと回りできますし、わが家では週1回していればホコリが舞い上がらず、なにより省力ですみます。たびたび洗うことのできないカーテンなども、ハタキを使っていればホコリ焼けせず、色つやのよさを保てるので、室内はいつまでも新品同様です。

わずかなホコリでも弱い方には向きませんが、忙しくてそうじ時間が少ない方はもちろん、少しずつ体力が落ち、膝をつく、高いところに上りにくいシニア世代にはピッタリです」

天井や壁にもかけるので、軽くて柄が1mある手づくりのハタキがちょうどよいと廣本さん。市販されていない長さなので、自作がおすすめと話します。

「ほんとうに家事の苦手な私でしたが、友の会、そして小笠原衣子さんの指導された『住まいの手入れ』の本でハタキを教えていただいたおかげ。使うたびに楽しい気分になり、そのうえ健康にもよいようで感謝の気持ちが湧いてきます」

ぞうきんと古くなった塗りの箸がぞうきんがけの基本セット。これさえあれば床や窓のさん、レールなどこまかいところまでピカピカになります。

「ぞうきんがけ」の達人訪問

# 半乾きぞうきんがけは最高のシンプルそうじ

鷹取順子さん（65歳・川崎）

**ぞうきん拭きおすすめポイント**

1. **汚れがきれいにとれる**
サッパリ、拭いたものにケバがつかない。
2. **手軽にそうじできる**
古タオルで、時間を問わずにできる。
3. **よい運動になる**
運動嫌いの私も、おかげで健康です！

鷹取さんの金曜日の朝は「半乾きぞうきん」の準備からはじまります。家中の拭きそうじをするこの日、6時に起床して身支度をすませるやいなや、ぞうきんの置いてあるランドリールームに向かいます。

ぞうきんを床拭きにちょうどよい「半乾き」の湿り具合にするためには、半分の面積だけをぬらしてしぼる方法（p.35）がありますが、鷹取さんは一日に何枚も使うので、朝起きるとまず、かたくしぼったものと乾いたままのものを交互に15～16枚重ねておきます。するとそうじをはじめる8時頃には、ぜんたいがちょうどよい湿り具合になります。

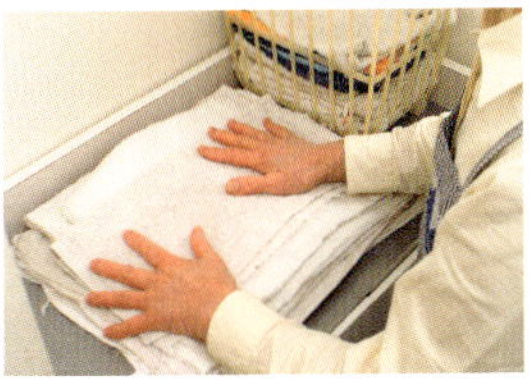

古タオルのぞうきんを洗面器にためた水でぬらして、かたくしぼります。四つ折りの大きさで、しぼったぞうきんと乾いたぞうきんを交互に、しっかり押さえて重ねていきます。

「和室からはじめて、リビング・ダイニング、キッチン、そして2階へ、床ぜんたいを拭きすすみます。汚れた部分を使い続けると、次に拭く場所が二次汚染するので、常に布のきれいな面を使うようにします。1階で10枚、2階では5枚のぞうきんを使います。

半乾きぞうきんで拭くと、ほんとうにサッパリしてきれいになるんです。とくに夏場はたたみやフローリングなどを素足で歩いてもベタつかず、心地よいですね。梅雨の時期は冬場よりもかたくしぼり、厚手のタオルはぬらさずに重ねます」

鷹取さんが半乾きぞうきんを使いはじめたのは、リビングをフローリングに張り替えてから。

部屋の隅をまず拭き、Uターンして広いスペースのある方向に、汚れがよく見えるよう前向きで進んでいきます。
利き手でぞうきんを持ち、もう一方で上体を支えて両ひざをつくと、力がよく入る姿勢になります。

「そうじ法を業者に聞くと水拭きしないようにといわれたのですが、から拭きだとサッパリしない。それではと、半乾きぞうきんで拭いてみました。するとそれがとても具合よく、床ばかりでなく台所から洗面所、窓まわりまで半乾きぞうきんで拭くようになったのです」

「かわさき地球温暖化対策推進会議」で活動をする鷹取さんは、エコクッキングやエコショッピングの講習を子どもたちや学校の先生向けにすることも。

「地球環境を悪化させてまで、見た目のきれいさを求めるのは違うと思います。ぞうきんで拭くのは、少々手間なようですが、もっとも環境にやさしいそうじ法といえますね」

さんなどの汚れは、古くなった塗り箸を使います。場所によって太さの違うものを2～3本使い分けます。

つくって楽しい
使ってナットク

# 手づくりそうじ道具

役に立つことこの上なし！

※ぞうきんの縫い方はP.33に

## 一度持ったら手ばなせない アクリルたわし

「編みやすく、使い心地よく、干し姿も美しいかたち」を試作、研究しました。結果がこれです。細《こま》編みをくり返すだけ、20〜30分で1枚編めます。

### ■ 材料と用具

アクリル毛糸10g（ハマナカホビーメイク アクリル100%　並太　45g・79m）6号かぎ針

でき上がりの大きさ14×9cm（20目14段）
＊6号針を使い、上記の寸法になるように編むと、使いやすい大きさとかたさになり、1玉で4枚半編めます。

### ■ 編みはじめ

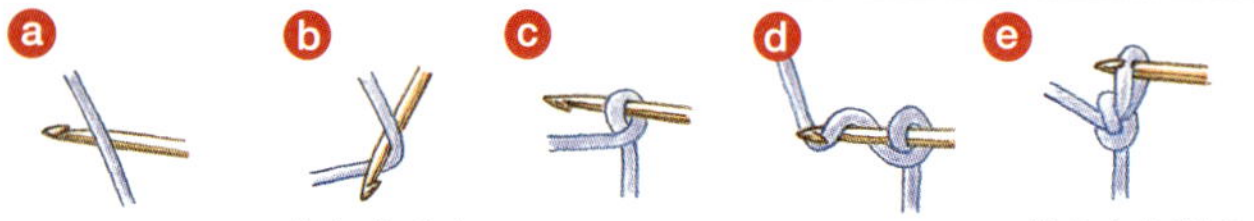

a 針を糸の向こう側にあて、
b 左からひねってまわし、
c 針に糸がかかって、
d 針先に糸をかけ、
e 輪の中を引きぬき、根元を引きしめる

### 1 目をつくる

ここからくさり編みを20目編む。

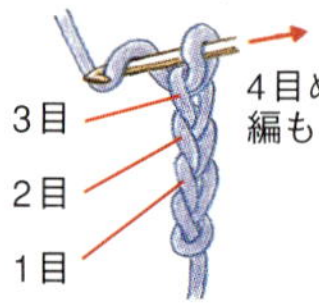
糸をかけて引きぬく
4目めを
編もうとしている
3目
2目
1目

### 2 1段目

つくり目の上に、1段目の細編みを編む。


立ち上がりの1目を編んで、20目めのくさり目の中（1本すくう）に針を入れて糸をかけ（A）、1目引きぬき、もう1度糸をかけ（B）、2目を1度に引きぬく（C）。これで細編みが1目でき上がり。

1段目の最後まで同じように編む。

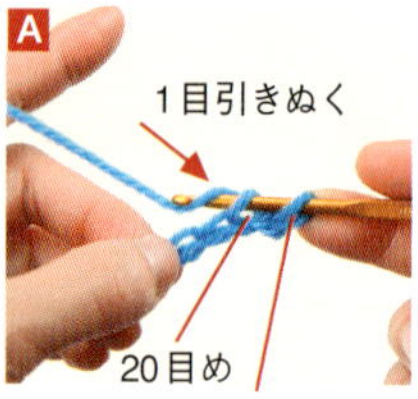
A
1目引きぬく
20目め
立ち上がり目

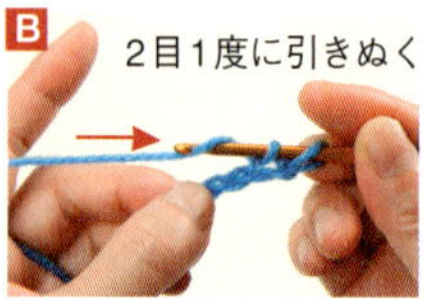
B
2目1度に引きぬく

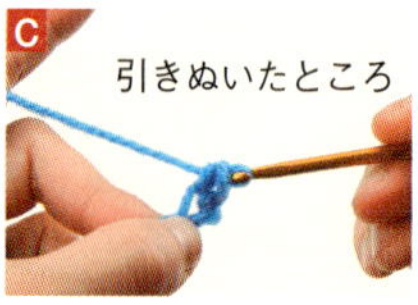
C
引きぬいたところ

### 3 2段目以降

2段目からは立ち上がり1目編み、前段の細編みの上に細編みを編む（2本すくう）ことをくり返す。

＊端をまっすぐに仕上げるには、前段の最後の細編みをよく見て、その上に編むことです。立ち上がりの1目に針を入れないように。

前段の細編みの上に編む

### 4 最終段

かけるためのループをつくる。最後は糸を引きぬき3〜4cm残して切る。

糸をかけて
全部引きぬく
くさり5目

### 5 糸の始末

編み目の中を通して目立たないように始末する。編みはじめの糸も同様に。

## ループ(穴)のつくり方

アクリルたわしはフックが1つあれば、ひっかけて水きれよく乾かせます。目に入るところに常駐するものなので、周囲に合う色、好みのかけ方を選んでおつくりください。

●ななめ角かけタイプ

ループが四角形の辺にそっているので、使うときにじゃまになりません。

最終段の最後の3目手前から細編みを編まずに、くさり編みを5目きつく編んで止める。（写真4）

●まっすぐ中央かけタイプ

対角線が伸びず、見た目よくかけられます。

最終段の10目めと11目めの細編みを編まずに、くさり編み3目編んでとばし、12目めからまた細編みにもどり、段の終わりまで編みすすむ。

●二つ折りタイプ

コンパクトにおさまります。編む途中で、穴を2つつくります。

13段目の5目めと14目めで細編みを編まずに、くさりを1目ずつ編んですすみ、次の最終段はふつうに編む。

## サイズや厚さをかえてみると

●薄手タイプ

中細糸なら、薄くかたく編め、水きれもよくなります。

左　19×10cm　40目25段　中細糸約10g
右　14×9cm　30目22段　中細糸約7g
4号針を使用

●大判手のひらサイズ

バスタブなど、広い面積をさーっとこすることができます。男性の大きな手にも充分なサイズ。

写真15×20cm　30目×25段　並太糸24g

5ミリのせまさに入り込む
## すきまモップ

プラスティック製のハエタタキの先に、古いストッキングをかぶせるだけ。どんなせまいすき間もおまかせあれ、奥のホコリをみごとにかきよせます。

**■材料**
プラスティック製ハエタタキ　1本　古いストッキング2足（つま先部分が必要。ひざ丈のストッキングでもよい）

### ■つくり方

1. ストッキング3枚を、それぞれつま先の方から21、23、25cm長さに切る。

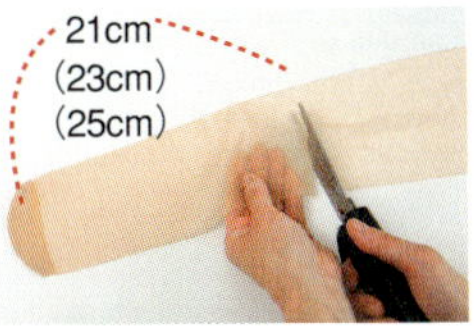

21cm
(23cm)
(25cm)


2. 縦二つ折りにし、つま先の中央先端をごくわずか切る。（穴が広がるので切りすぎないように）

ストッキングはよく伸びるので穴はほんの少しでよい

3. 長いものから順に、あけた穴を柄に通し、3枚に重ねる。

長、中、短の順で重ねる

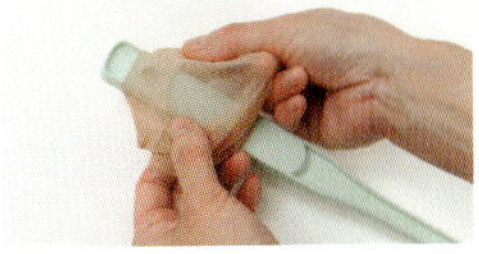

4. かぶせたストッキング3枚の形をととのえ、4～5カ所に切り込みを入れる。

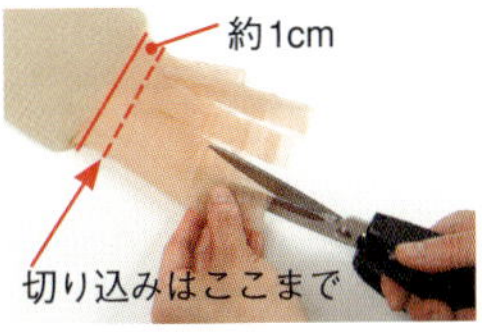

約1cm
切り込みはここまで


＊ストッキングはかかとのないものの方が格好よくできます。またサポート力の強いものだとモップ部分が細くなります。

力の入れやすさに定評あり
## ナイロンネット

古ストッキングをひも状に切って、アクリルたわしと同様に編みます。丈夫でどれだけこすってもへこたれません。

**■材料**
パンティストッキング　1足（ランの入ったもので充分）

### ■ひものつくり方

1. ストッキングのつま先と腰部分を切り落とし、筒状の部分だけを利用する。2cmほど残して2cm幅にはさみを入れる。

2cm残す
わ


二つに折ってはさみを入れるとやりやすい

2. 切り残したわの部分に手を入れて開き、下の切り口から上の切り口へはさみを入れるが、はじめだけ1本ずらして斜めに切り、それ以降は次々隣を切っていく。
＊厚紙を中に入れて切るのもやりやすい。

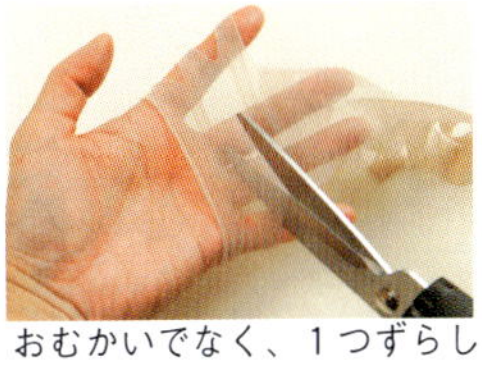

おむかいでなく、1つずらしてはさみを入れる

ひもは、一度ぎゅっと引っぱっておく。あとは右のアクリルたわしと同じように編む。6号針で「25目18段」編むと12×7cmくらいのものが1枚できる。（上写真手前）
＊サポート力の強いストッキングは、細めに切ってひもにするとよい。写真奥は、1.5cm幅に切り、4号針で「30目22段」編んだもの。
＊ひもは、下段のように輪つなぎ式でつくってもよい。

**厚紙を入れて切る方法**

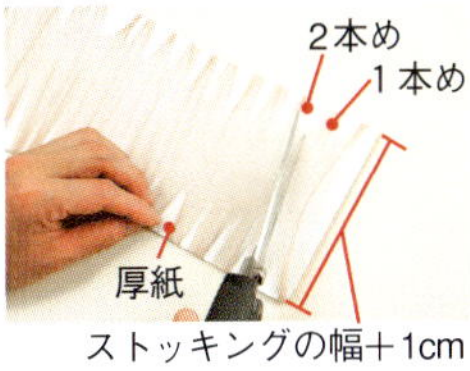

2本め
1本め
厚紙
ストッキングの幅＋1cm

床のこびりつきにも

## 遊びながらでき上がる かんたんグッズ

輪に切ったストッキングをくさりのようにつなげるのはおもしろい！　子どもといっしょにしたり、まかせてみたり…

（右ページの編みものに、このひもを使うときは、2本どりになるので、6号針を使い、ひもの太さに合わせてつくり目の数、段数を加減します）

輪つなぎでひもをつくる

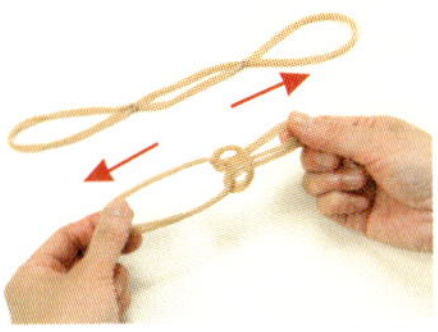

くぐらせて左右に引っぱる

### ストッキングボール

輪つなぎひもを、ぐるぐる巻いていきます。力一杯きつく巻いてボール状にし、最後は輪を切りはなしてしっかり結びます。ひものたわし効果で、クッションフロア、スリッパの裏にこびりついた汚れなど、よくとれます。

古ぼうきの第二の人生
## ほうきモップ

穂先がそり返ったり、すかすかになった古い座敷ぼうきがあったらぜひお試しください。布をかぶせて床や壁を拭いてみると、慣れ親しんだ柄の使い勝手が捨てがたく、なかなかよいのです。

■ 材料
古い座敷ぼうき　古い化繊スリップ　1～2枚
古いポロシャツやトレーナーなど（下カバー用）
＊おとなのポロシャツの半袖部分があればそのまま利用できます。

### ■ つくり方

約5cm

1 ほうきの穂先を5cmほど残して花ばさみなどで切りそろえる。

2 かたい穂先がじかにあたらないように下カバーをつける。

・袖を使うなら、袖下で切り、筒状にしてかぶせ、裁ち目は穂先をカバーするように縫い合わせる。袖口はきつめの方がぬけず、ちょうどよくおさまる。

・ほかの布を使うなら、3と同様にほうきに合わせたものをつくり、ただし下の余分は7～8cmにして、穂先にかぶせて折りたたんで縫い止める。

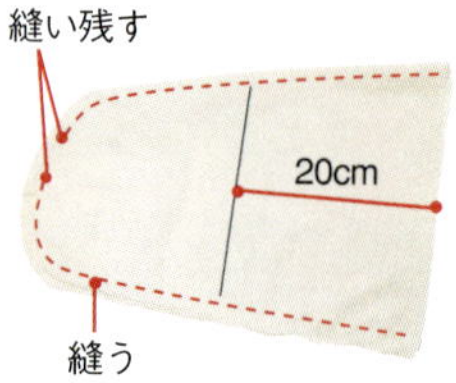
縫い残す
20cm
縫う

3 スリップをほうきの形に合わせ、下に20cmぐらいの余分をつけて切り、柄の出る穴を残して縫う。2～3枚つくる。

4 縫い代を内側にして、柄の上からほうきにかぶせる。
＊スリップでなくても化繊の肌着なら利用できます。すそが裁ちっぱなしでもほつれることなく、汚れたら洗って何度でも使えます。

スリップなら2～3枚重ねて使うとよい

たたみの目にそって拭く

奥までとどく
## ハンディモップ

針金ハンガーと古ストッキングでつくります。家具や家電まわりなど、3cmすき間があったら使ってみてください。針金の部分はすべて覆ってあるので、こするように動かしてもまわりをきずつけません。

■ 材料
針金ハンガー1本　古ストッキング2～3足分
棒（写真は市販ののれん棒）　ビニールテープ少々

柄の長さ・35cmなら、ピアノ、収納ボード近辺に。

50～60cmなら、洗たく機や冷蔵庫近辺、押し入れ内のすき間など、奥までとどきます。

### ■ つくり方

1 ストッキングを輪切りにする。厚手は2cm幅、薄手は4cm幅くらい。

線を引いた紙の上で切ると幅がそろう

2 輪に切れたら開き、ぎゅっとのばして丸ひもにする。ハンガーの針金部分に輪をあて、くぐらせて引き（輪ゴム結び）結びつける。

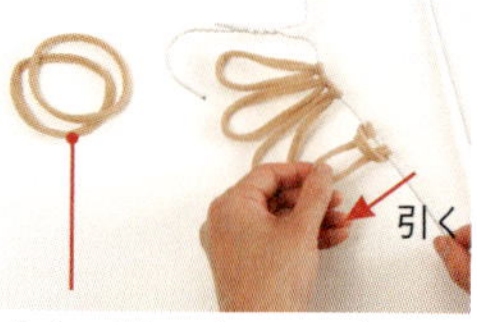
引く
左右に引っぱってのばしておく

3 詰めながらすき間なく結んだら、ハンガーの三角の底辺中心をフックの根もとに向けて二つ折りにし、細長く形をととのえる。

真ん中に印をつけておく

4 折り曲げた先の部分、根もとの部分をしっかりしばって固定する。ストッキングのウエスト部分で2cm幅に切ったひもを使うと丈夫でよい。

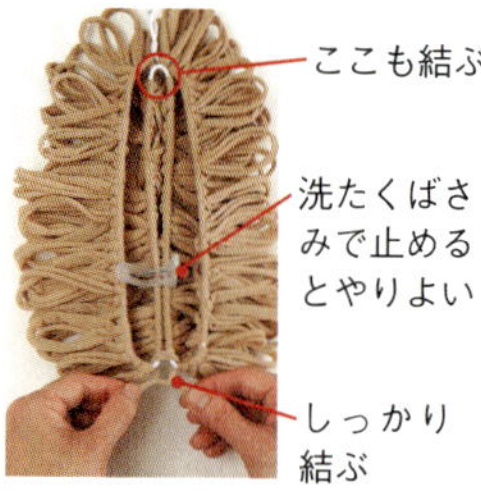
ここも結ぶ
洗たくばさみで止めるとやりよい
しっかり結ぶ

5 ハンガーのフック部分の針金をまっすぐにのばし、持ち手用の棒を下にあてがい、根もとと針金の端近くの2カ所に、ビニールテープを巻いて下止めする。その上からストッキングひもですき間なく巻き上げ、しっかり固定する。輪を一つずつ切りはなし、モップ状にしてでき上がり。

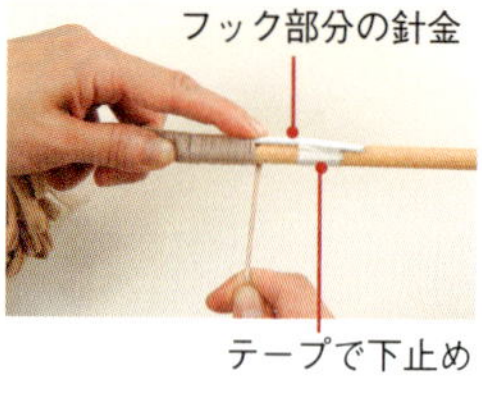
フック部分の針金
テープで下止め

はめるとウキウキ

# おそうじミトン

## フリースミトン

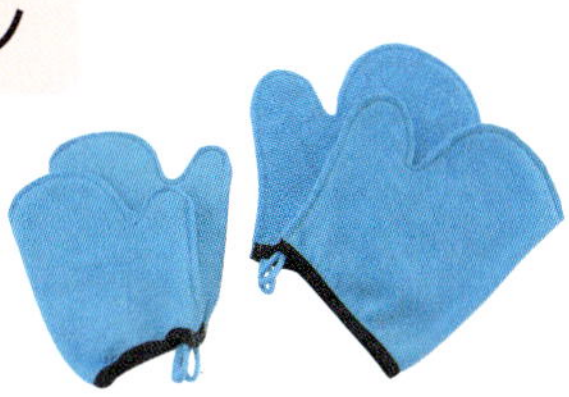

家具などのから拭きには手袋式がおすすめ。手がすっかり覆われるので、つかんだり、隅に手を入れたりするときにも安心です。軽くて洗たくにも強いフリース地の、着なくなった子どものパーカーからつくりました。身頃からおとな用、袖口からは子ども用がとれます。

### ■ つくり方

型紙をあてて裁ち、5mm内側をミシンでぐるりと縫います。縫い代は外側のままです。ループは、約8cmに切ったひもを二つ折りにして縫いつけます。

型紙

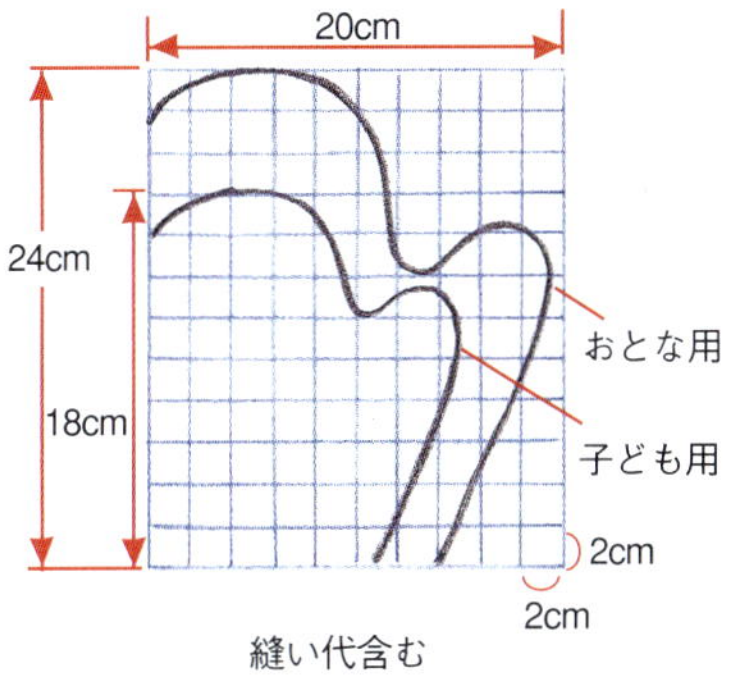
20cm
24cm
18cm
おとな用
子ども用
2cm
2cm
縫い代含む

＊ 注意

フリース地は引火しやすいので火のそばで使わないこと！　鍋つかみ用ミトンではありません。

### ■ 裁ち方例

縁どりをそのまま利用したり、汚れがあれば置き方を変えたり裏面を使ったり。

わ
小
小
小
小
大
大

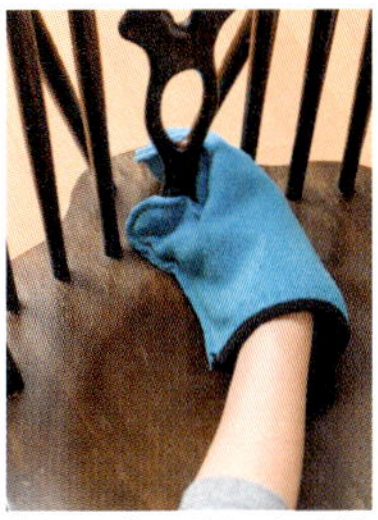

細かいところによく届く

## セーターミトン

こちらはシンプルな筒型。指がなくてもニットのやわらかさと伸縮性で充分対応します。セーターでつくるなら袖口や裾のゴム編みをそのまま利用します。手のひら部分の片面のみ二重にし、3枚合わせてぐるりとミシンをかけるか手縫いします。ほつれ止めと補強を兼ねて、ししゅう糸で刺してみるのも楽しい！　糸の続きでくさり編みでループをつくり、縫い止めます。

荷造りひもが変身

# ポリバタキ

こしの強さ、ホコリの吸着具合など、ポリひもならではの使いよさ！　かんたんにつくれますから、用途に応じた長さのものを2本でも3本でも…。

### ■ 材料

荷造り用ポリひも（幅約50mm　素材ポリプロピレン）
ハタキの棒（写真は黒竹　長さ55㎝）竹串　1本
古いパンティストッキング（ひも用　幅2cmの輪切りを2本。なければたこ糸でも）
＊棒は細い竹製が軽さもしなり具合も最適。（ホームセンターなどで購入可）

### ■ つくり方

1. 棒の先にキリなどで穴をあけ、ポリひもをとめる竹串をさす。（穴は棒の端から約1cmのところに、竹串は両方に5〜6mm残して切る）

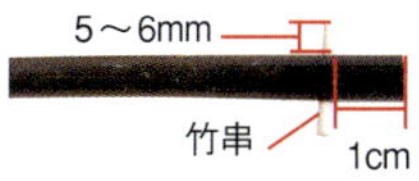
竹の棒
5〜6mm
竹串
1cm

2. ポリひもをたばねる。長さ30cmで折りたたんで80本。（柄の短いものはポリひもをたばねる長さも25cmくらいに）

30cm

3. ストッキングの輪を1カ所切ってひもにする。ポリひもの中心に棒をさし入れ、少し離れたところで仮にしばっておき、竹串のきわをきつくしばる。

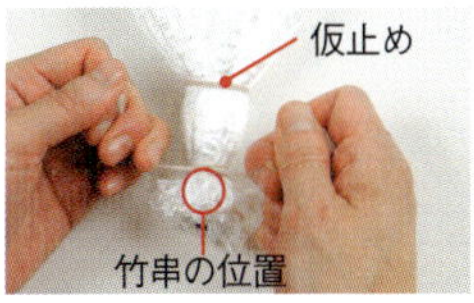
仮止め
竹串の位置

4. 仮止めをはずし､ひもを棒の先の方へ折り返し、根もとの棒のまわりのひもをかるく引いて向きをそろえる。

かるく引いて
ととのえる

5. 棒からはずれたきわでポリひもの束をしっかりと押さえ、ストッキングひもを伸ばしながら何回か巻きつけ、かたくしばる。

棒の先端

6. ポリひもの輪を切りはなし、長さをそろえて（約27cm）切る。
＊ひも部分をそうじ機のホースの先に吸い込ませると、細く裂かれてふわっとします。使っているうちにだんだん裂けてもきます。

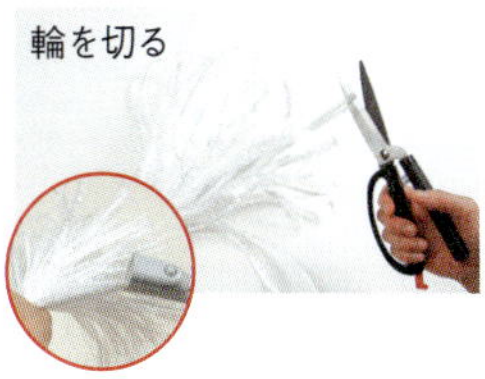
輪を切る

# どうしていますか？ そうじ道具の収納

大きさも形もさまざまのそうじ道具。
とり出しやすく、わかりやすく置いてあると、
さっとそうじにとりかかれます。
家族の参加意欲も増大！

## 洗面所のデッドスペースに

自在ぼうき、チリトリ、羊毛バタキ、給水口ブラシ、ぞうきんモップ、そうじ機。洗たく機置き場の向かい側のデッドスペースを利用して、よく使うものだけとり出しやすく。
（猪木真由美さん）

## 小ものをひとまとめに

ぞうきん、軍手、から拭き布、使い捨て布、サッシブラシ、重曹水、オイル水、綿棒、竹串など。リビングの隅に置いて、さっと手にとれるように。
（由里尚子さん）

## ガンコ汚れ退治箱

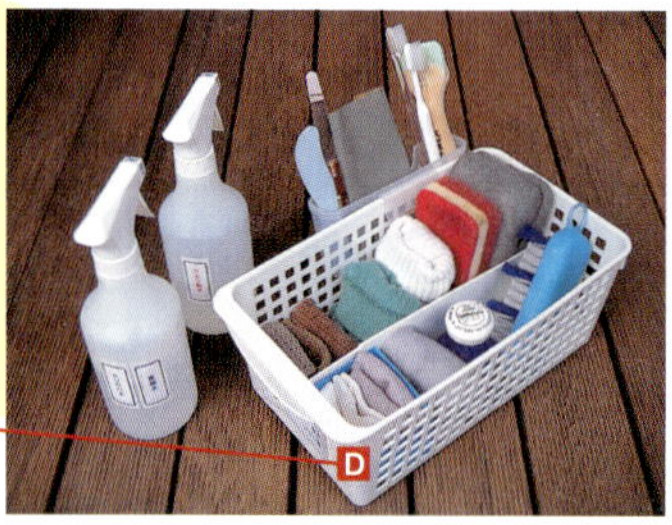


ヘラやブラシ、耐水ペーパー（紙ヤスリ）、かたいスポンジ、スチールウール、あっちこっち手袋、軍手、使い捨て布など。水栓金具の根もとや台所のこびりつき汚れなどに使うものをまとめたかご。何度も小ものをとりにもどらず、汚れ落としに集中できる。
（山崎美津江さん）

## 洗たく機置き場を利用して

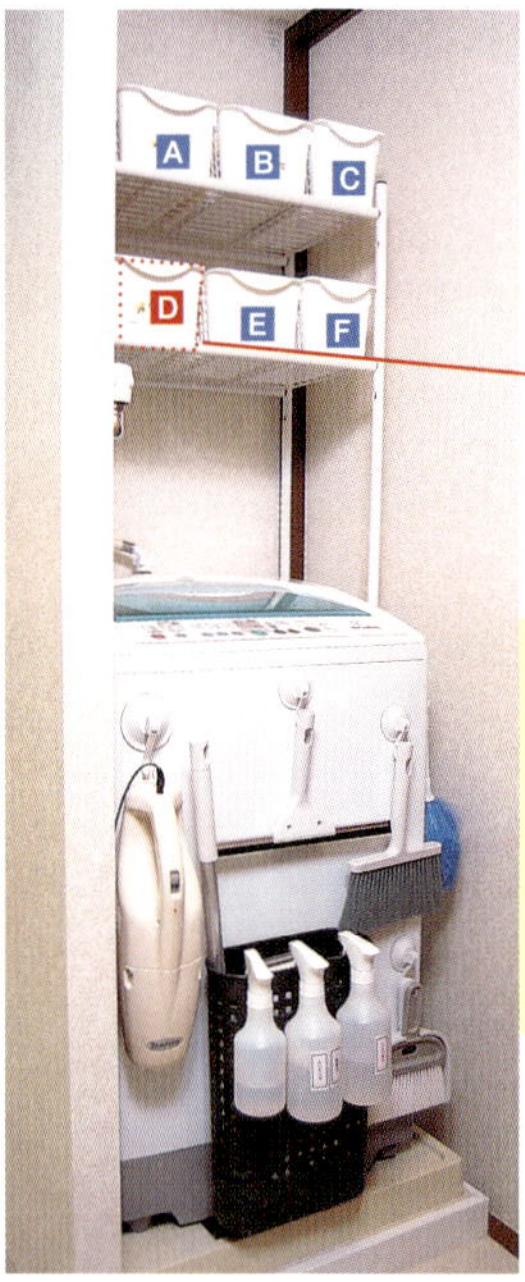


洗たく機の側面に強力マグネットフックを利用して、よく使うそうじ機と小ものをかけています。組み立て式の棚には、その他の洗剤類と小ものを用途ごとに分け、中身を書いたラベルを貼ってあるので、誰にでも一目瞭然、ロールスクリーンをおろせばスッキリです。（山崎美津江さん）

- A 重曹・クエン酸・クレンザー粉末
- B ワックス用品
- C F 洗たく用品
- D ヘラ・軍手・ブラシ
- E そうじ機用品

## リビングの壁面収納に

リビングに天井までの収納をつくりつけ、住関係の棚に。そうじ機もハタキも、さっととり出せます。箱の中はモップ用品、軍手、庭仕事のものなど。扉の裏には手づくりポリバタキ、サッシブラシなどを。
（藤井百合子さん）

# 汚れをためないシステムづくり

わが家にピッタリのコース&スケジュール

# ふだんのそうじ「手順とコースと時間割」

## 山﨑さんの朝そうじ30分

コースをつくる目的は「より合理的かつ効果的にする」こと。滞りなくスムーズに進むことで、生活全体も気持ちよくまわります。

洗面所・3分

軍手をはめ、ハタキをもって家中をひとまわり。25〜30分

ふだんそうじ START!

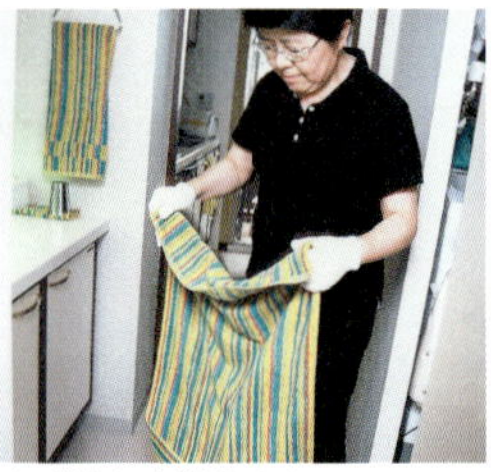

まず洗たく機をまわして、洗面所マットをはたく。

▼

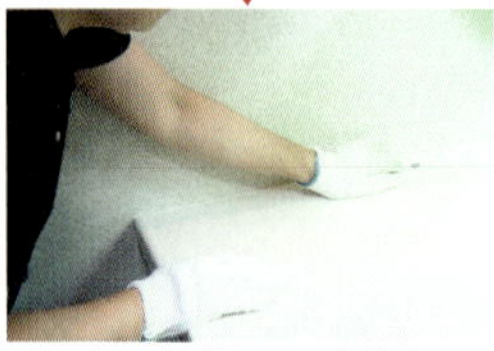

ぜんたいを拭いていきます。

▼

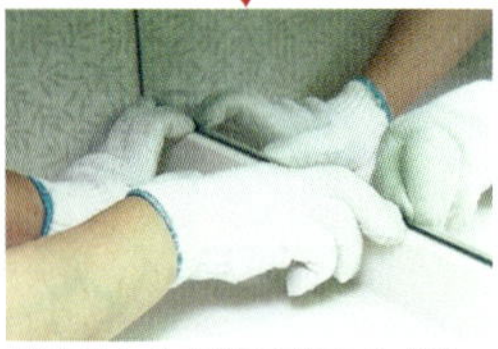

軍手をした指先で鏡のふちや…

▼

「左手でレバー右手で根もと」の両手使い

▼

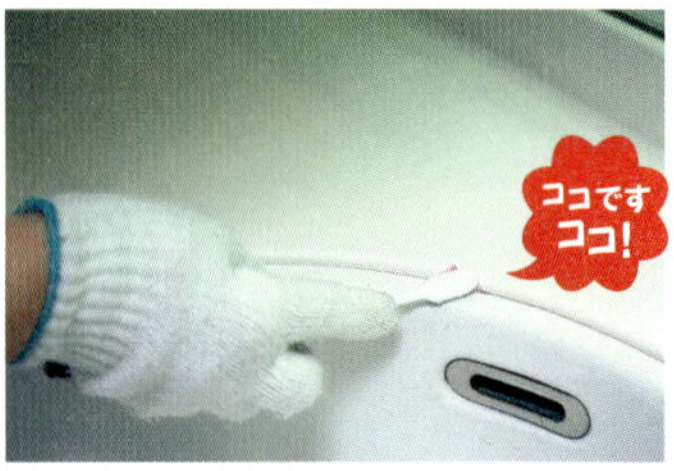


洗面ボウルの継ぎ目も要チェック。

### ■山﨑さんの基本の道具

**軍手**
両手にはめると、こまかい場所のホコリもラクラクとれます。先手必勝ならぬ「軍手必勝」です。

**ハタキ**
柄が短いタイプを使うのは、目線が近づくことで、汚れがよく見えるから。

**ぞうきん**
自分の手になじむ厚さ大きさを。タオルを半分に切り、それを半分に折って縫ったもの。

**そうじ機**
コードレスの小型のものを使うようになって、とりまわしよく、コンセントのわずらわしさもなくなりました。

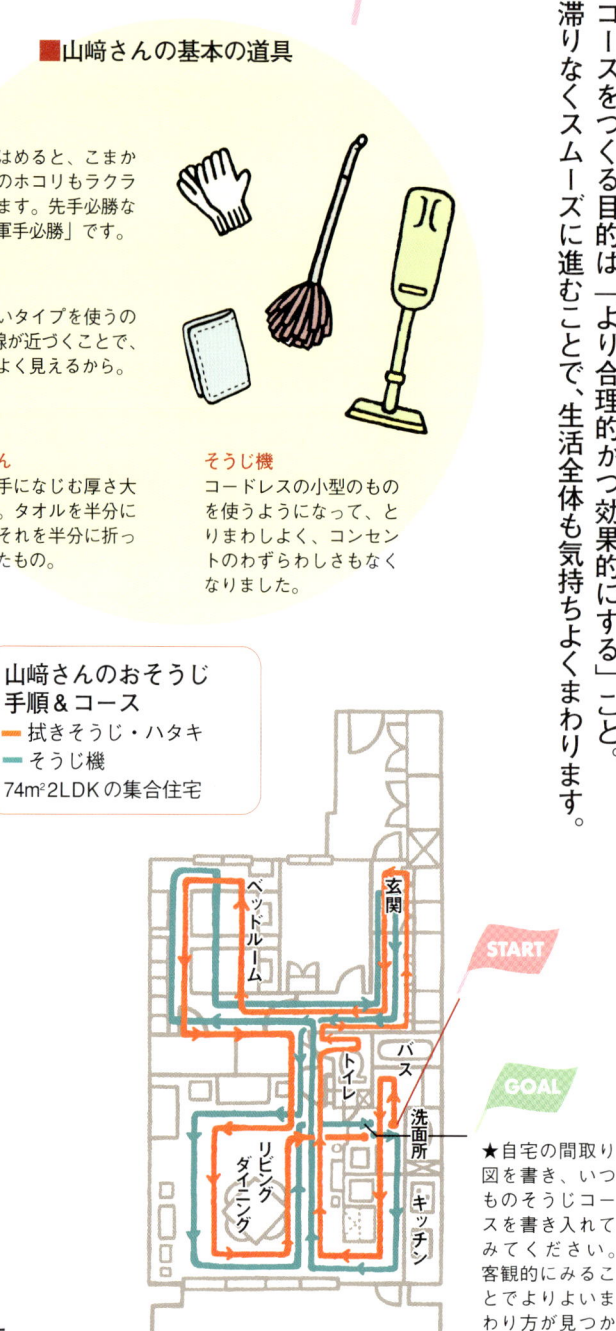

山﨑さんのおそうじ
手順＆コース
━ 拭きそうじ・ハタキ
━ そうじ機
74m²2LDKの集合住宅

★自宅の間取り図を書き、いつものそうじコースを書き入れてみてください。客観的にみることでよりよいまわり方が見つかるかもしれません。

- 一部屋ずつではなく、家ぜんたいを一つの流れで
- まず窓をすべてあける
- ハタキと軍手で家中のホコリや水アカを落とし、それからそうじ機かけへ
- ハタキは上から下へ、そうじ機は外側から内側へかける
- 汚れやすく、家の中心でもある洗面所からスタート。少していねいにしたいリビングで終わる

### まず「スタート地点」と「コース」を決める

みなさんは、ふだんのそうじをどこからはじめていますか? 昨日はキッチンから、今日はリビングから……、その日の気分でという方もいると思いますが、シンプルでスムーズなそうじをめざすなら、合理的なコースを決めておくことがおすすめです。

## キッチン・3分

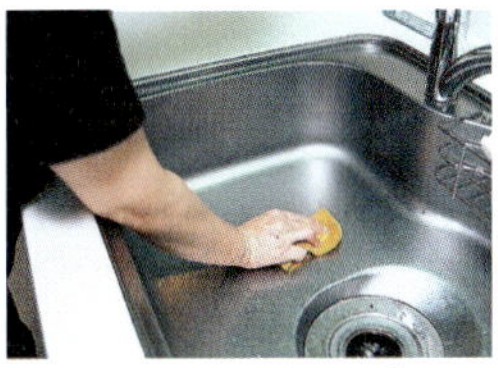

キッチンのシンクはフキペットに石けんをつけて洗い、水で流したら

乾いたぞうきんで拭き上げます。

蛇口も両手でぞうきんを使って、キュッキュと拭く。

ココです
ココ!

カウンター上、レンジまわり、レンジフード、照明、汚れているところは重曹水で拭きます。

## バスルーム・5〜6分

まずバスタブのふたの水けを拭きとります。

晴れた日は椅子、おけ、手おけをベランダに干します。

滑らないように
注意して！

アクリルたわしに石けんをつけて浴槽の中をみがきます。

石けんをシャワーで流す。

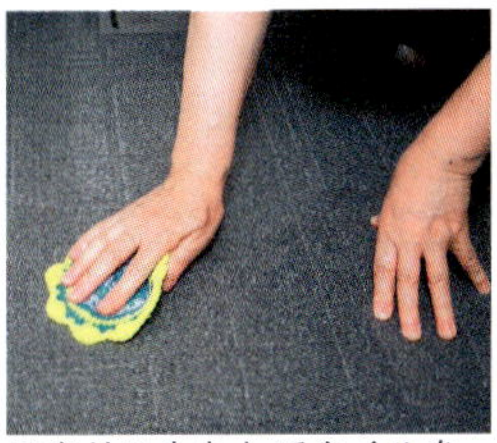

アクリルたわしでタイルを洗い、シャワーで流します。

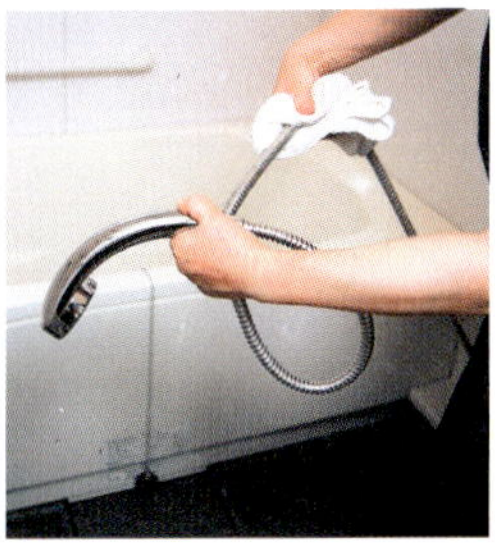

乾いたぞうきんでシャワーヘッドとホース、金具類も拭き上げます。

壁を上から下へ拭き、

ココです
ココ!

鏡は固定金具の部分も忘れずに……

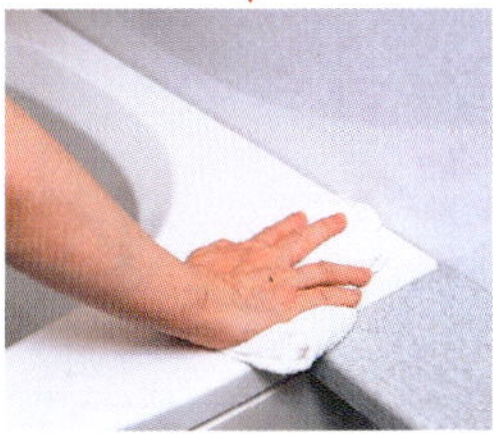

浴槽のふちも拭き上げます。

床は、目地に水が流れるようタイルに対して斜めにスクイジーをかけておわりです。

山﨑美津江さんの場合は、間取りに最適な手順とコースを設定し、30分のふだんそうじを日々実践。洗面所マットをはらうところからスタートしています。理由は、家族全員が使って一番汚れていること。窓をあけて汚れが広がらないうちにということもあります。また、洗面所にはそうじ道具置き場（p.42）があり、水まわりの中心でもあるので、どの部屋にもアクセスしやすく、ぞうきんや小道具を洗いにいくのにも便利です。

すべての窓をあけて換気をよくし、なるべくあと戻りしないよう、道具を身につけてからはじめるのが山﨑さん流。ふだん、汚れを見逃しやすい「ココですココ」マークのついた場所に注目しながら、上の写真にある山﨑さんのおそうじ手順とコースを追ってみてください。

### 合理的なコースどりでマイナス仕事を減らす

アンケートを見ていくと、そうじのスタート地点の決め方が一人一人違い（次頁参照）、どれも理由があって理にかな

リビング・3分　ベッドルーム・1分　廊下→玄関・1～2分　トイレ・3分

リビングの窓をあけます。

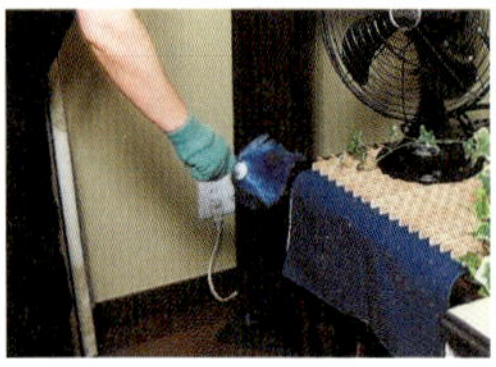

リビングのハタキかけ開始（短いハタキを使うのは、目線が近くなるため）。

ガラスのはまっているふち、

ノブも拭きます。

ベッドルームに入り、窓をあけます。

ハタキかけは、カーテンの表裏も。なかなか洗えないものでも、コシと風合いのよさが長もちします。

廊下のもの入れの扉は上から下へハタキをかけていきます。

ドアクローザーや……

幅木、とっ手もハタキをかけて、

こまかい部分は軍手でなでてホコリをとります。

トイレにもハタキをかけます。換気口周辺からトイレタンク、給水パイプ周辺、ペーパーホルダーなどにも。

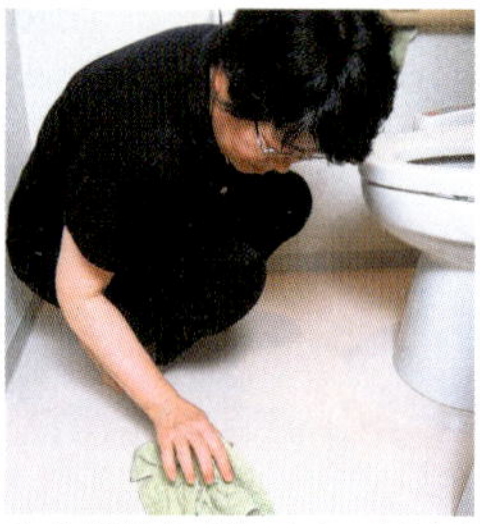

床は半乾きぞうきんで拭きます。

■達人たちはどこからスタート？

- 玄関から（砂ボコリを入れないため）
- ふとんをあげたところから（ホコリが多いから）
- そうじ機のコンセントのあるところから
- メインであるリビングから
- そうじ機、ハタキのあるところから
- メインではないところから

っているようです。

　まずスタート地点を決め、次はコースどり。部屋の間取りやコンセントの位置、同じ作業をまとめてするなど、さまざまな要素の中で何を優先させるかで進路が決まっていきます。山﨑さんは、洗面所から水まわりを先にすませ、廊下、玄関、寝室と進み、最後に少ししっかりと仕上げたいリビングをします。「これ」という流れにいきつくまでには、何度もためしてみることが必要かもしれません。

　同じ作業をくり返すことで手順や作業に無駄がなくなり、自分なりの確かなやり方や工夫が生まれ、経験が蓄積されていきます。それはきっと時間短縮になりますし、そうじに対する自信にもつながるはずです。

　スタート地点とコースどりはその家々で違ってよいものなので、これらを参考に、そうじが楽しく前向きになる「わが家のコースと手順」をつくってみてください。

洗面所にもどってそうじ機をもち
そうじ機かけスタート

7～10分

GOAL リビング ← 玄関 ← 廊下 ← ベッドルーム ← キッチン ← 洗面所

リビング入り口から窓に向かって、まずは周囲を、次に部屋の中心部分をかけていきます。

▼

ピアノの下など、そうじ機でとりのがしたホコリを、モップでとっておくと、ホコリがたまらない。

## そうじ機の手入れ

2～3日に1回、歯ブラシを使ってそうじ機についたゴミをとります。しないと汚れをまき散らし、そうじ機を傷めます。

ゴミをとったら水で洗ってバルコニーで干します。

廊下の収納庫もあけて。扉のレールも汚れがたまりやすい部分です。

▼

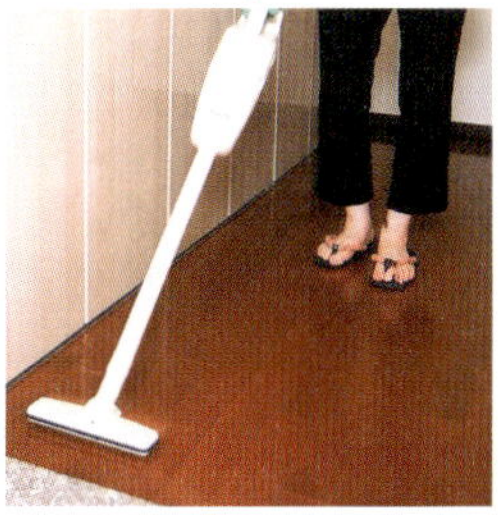

あがりかまちのまわりはもちろん……

▼

たたきの部分もかけます。

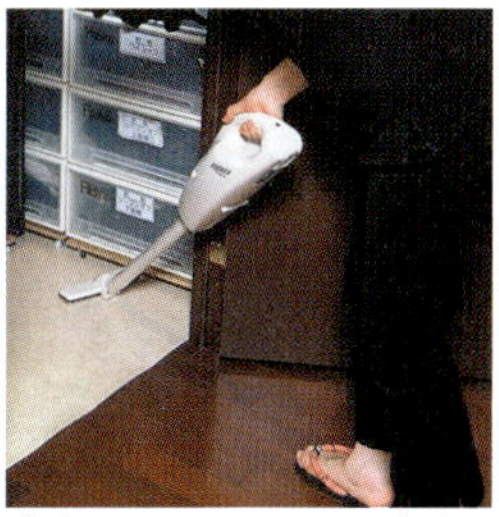

寝室はクローゼット、家具の後ろなど、先にかき出しておいた汚れを吸いとり、

▼

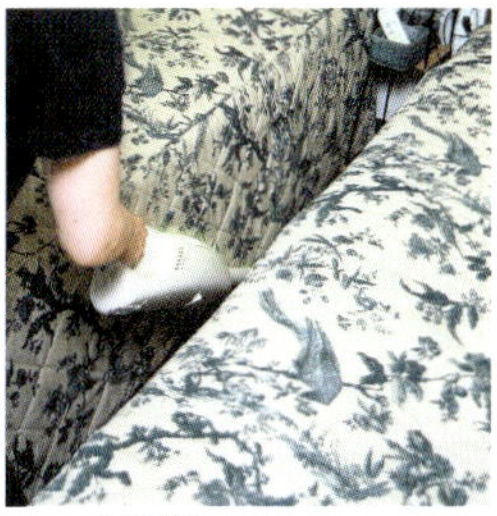

ベッドの間や……

▼

ベッドの下をかけます。

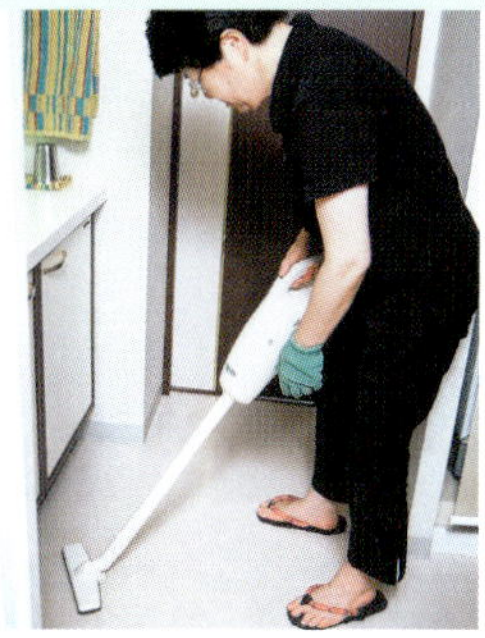

洗面所をかけてキッチンへ

▼

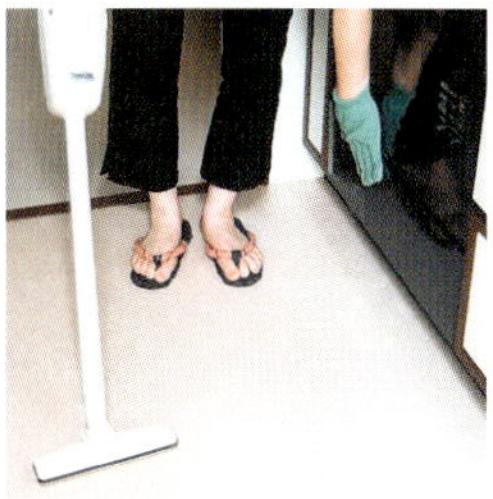

そうじ機をかけながら、気づいたホコリを軍手でとります。

▼

収納扉のすき間も忘れがちな場所。

### ■コースが決まっているとよい理由

- おっくうさが克服されそうじに前向きに！
- 時間も気分もマイナスにする「後戻り」がなくなる
- ダラダラ、行き当たりばったりをなくす
- くり返して慣れることで時間短縮できる

## 「流れ」ができて そうじにより前向きに！

山﨑美津江（相模原）

私が「ふだんそうじ」のコースを考えるようになったのは、部屋から部屋へのそうじ機のコンセントの差し替えを面倒に思い、どのコンセントを使えばより広範囲にかけられるのかを意識するようになってからです。

いろいろ試すうちに、リビングのコンセントに差し込むと、全体をかけられることがわかり、短時間で広範囲をかけるコツを見つけたような気がしました。それまでは何となく、おっくうで面倒だったことがうそのよう。後ろ向きから前向きへと私の気持ちは一変しました。そのうち、自然にそうじのコースが決まっていきました。

コースができるということは、そうじに流れができること。とどこおりなく今日の「ふだんそうじ」の流れにそっていけばそれでOKです。ふだんのそうじの流れが止まると、汚れがたまりそれががんこ汚れになってしまい、おっくうな気持ちに逆戻り。そうじがコースにのって日々流れていることで、家中きれいになりますし、体も頭もキビキビ動いて、前向きに生活できるように思います。

# 「週1そうじ」でホコリ・汚れをもちこさない

ふだんのそうじで家全体をおおかたきれいにし、週1回でもう少していねいに。
とりきれなかったホコリや汚れを逃さないようにします。

## 山﨑さんの週1回そうじ

## 月曜

### 台所

ヘラに布を巻いて、レンジのふちの汚れを落とします。

▼

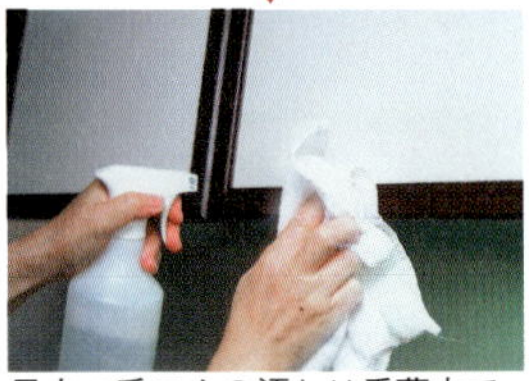

目立つ手アカの汚れは重曹水で。

※このほかに
・2週に1回くらい冷蔵庫上に敷いてあるシートをはたく。
・1カ月に1回換気扇フィルターにかけてある不織布を替える。油溜まりのそうじ。

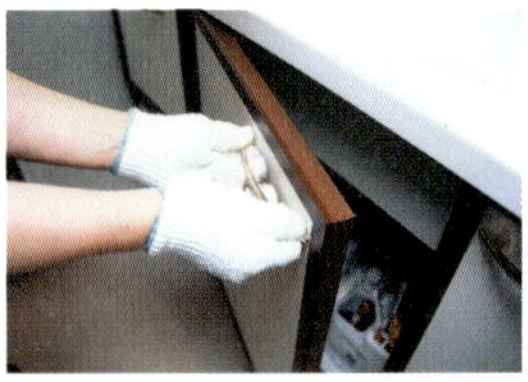

収納扉のとっ手や……

▼

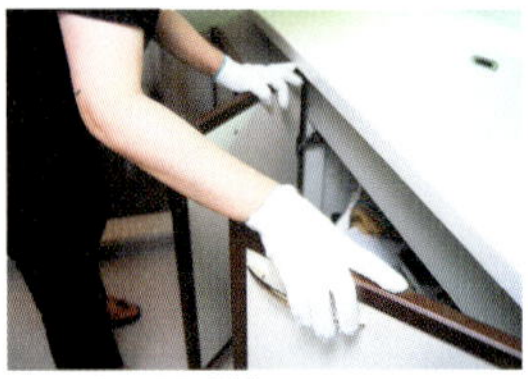

扉の上を軍手拭き。

### トイレそうじ

水アカのつくところには、クエン酸水をふきかけながら、トイレ用のタオルぞうきん1枚で、上の方から拭きそうじします。

▼

ヘラに布を巻いて際のところをそうじ。

▼

便器と床のすき間が意外に汚れています。

▼

オーバーフロー穴も。

### バスルーム

ふだんはとりきれない浴室の壁の水アカを拭きます。

▼

隅の方や壁面の立ち上がり部分に水アカがたまりやすい。

▼

ドアのさんとその周辺を。綿棒で隅の汚れを落とします。

▼

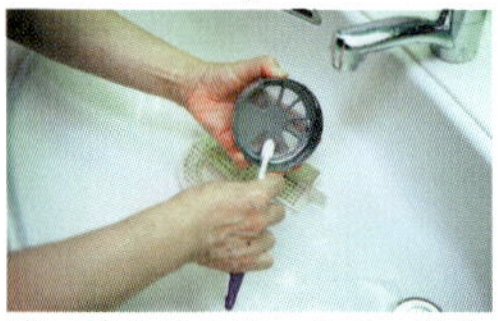

追い焚き口のフィルターをとり外し、歯ブラシなどで洗います。
※浴槽のふちに水アカがカリカリについてしまった場合は、2000番の耐水ペーパーで浴槽にキズをつけないようそっとこすり落としています。

### 週毎の予定（3、4週目もほぼ同様です）

| | | | 日曜日 | 月曜日 | 火曜日 | 水曜日 | 木曜日 | 金曜日 | 土曜日 |
|---|---|---|---|---|---|---|---|---|---|
| 第1週 | 予定 | AM | 教会 | | 友の会 | | | 友の会 | |
| | | PM | | | | 趣味の時間<br>教会 | | | |
| | 家事予定 | AM | | ふだんそうじ+洗たく機まわり、トイレ、浴室・洗面所、大物洗濯 | ふだんそうじ | ふだんそうじ+冷蔵庫内外、リビング、寝室 | ふだんそうじ+換気扇まわり、コンセントまわり | ふだんそうじ | 玄関・外まわり |
| | | PM | | 家庭事務 | | | | | |
| 第2週 | 予定 | AM | 教会 | | 友の会 | オープンハウス | | 友の会 | |
| | | PM | | | | 教会 | | | |
| | 家事予定 | AM | | ふだんそうじ+台所シンクまわり、トイレ、浴室・洗面所 | ふだんそうじ | ふだんそうじ+冷蔵庫内外、リビング、寝室 | ふだんそうじ+ベッドまわり・本棚、電気製品まわり | ふだんそうじ | 納戸の整理 |
| | | PM | | 家庭事務 | | | | | |

### 外玄関 土曜

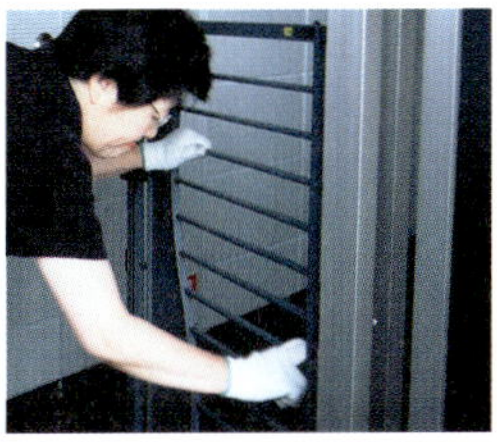
軍手をぬらしてぎゅっとしぼって、門扉や…

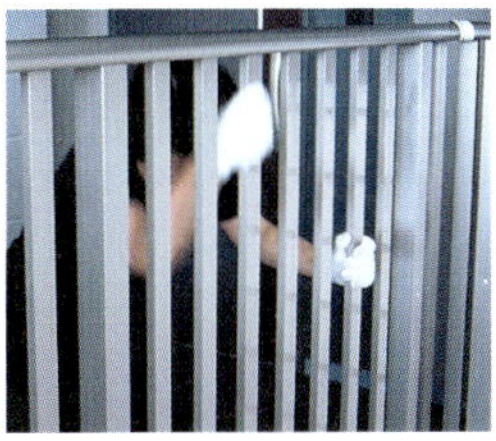
外廊下の柵、

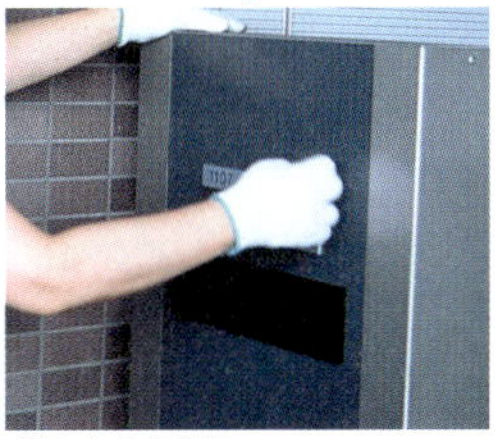
ポストの外側も。

### リビング

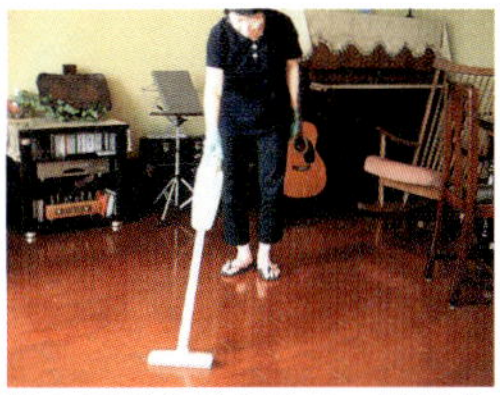
週1回そうじの日は、椅子を移動してそうじ機をかけます。

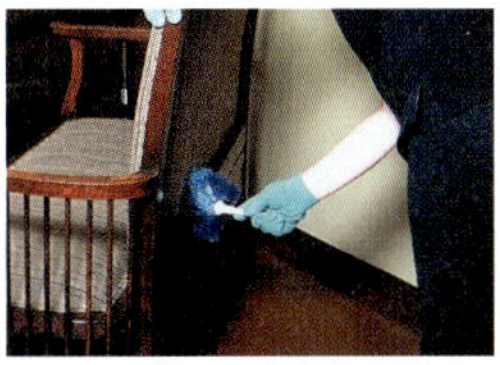
ソファの背にハタキをかけて、

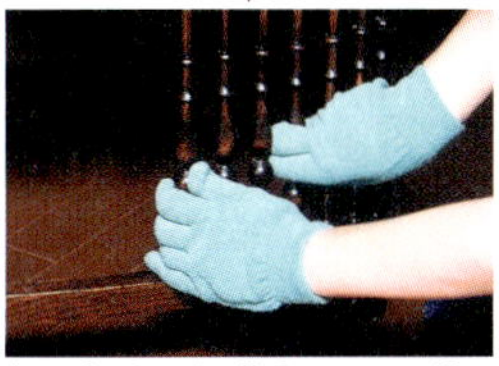
細工部分にも"手センサー"が対応。

脚の裏も大得意です。

床の汚れは半乾きぞうきんで拭き、きれいに仕上げます。

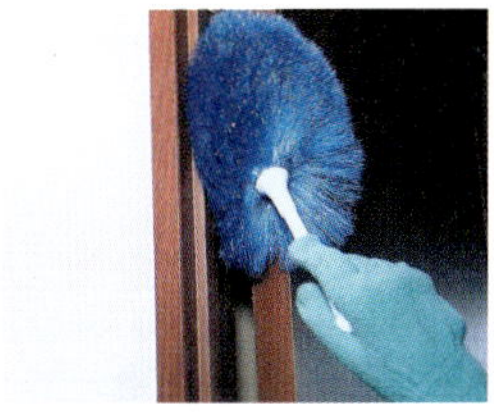
ドアの蝶つがい側を忘れずにハタキがけして…

照明や…

エアコンのように高い所も椅子にのって…

パイプカバーにもかけておくと、あとあとラクです。

### ベッドルーム 水曜

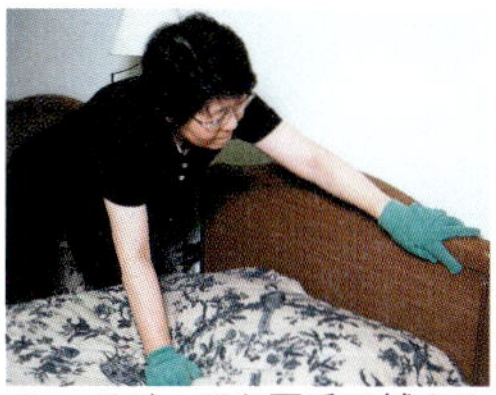
ヘッドボードも軍手で拭きます。

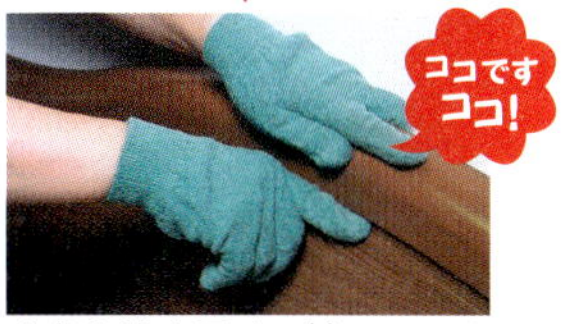

上部と溝を同時に拭いています。

通気口を閉じ、ヘラに布を巻いて拭きます。

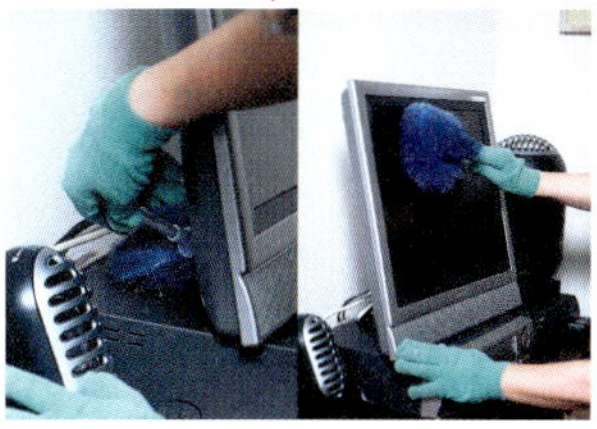
テレビやオーディオ、その裏もハタキをかけます。

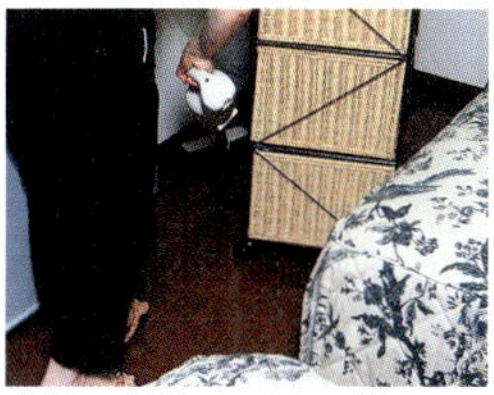
家具の裏側にもそうじ機を。

### 月1回＆年間のそうじ予定

＊月1回以上間隔のあくそうじもリストアップしておき、スケジュールに組み入れます。

| | | | |
|---|---|---|---|
| 月1回 | ガラスみがき | 家具のつやだし | スイッチ・コンセントを拭く |
| | ドアノブを拭く | ベランダを掃く | シンクまわりの整理とそうじ |
| | 台所の換気扇そうじ | 本棚のそうじと整理整頓 | 表札・郵便ポストまわり |
| | フローリングワックスがけ、小もの類（リモコンなど）の整理とそうじ | | |
| | クローゼット・納戸の整理とそうじ | | 網戸の手入れ |
| 年3回 | 玄関の床をていねいに | 玄関・部屋のドアを拭く（蝶つがいも） | |
| | カーテンの手入れ | 照明器具のそうじ | 柱時計のまわり |
| | 浴室の天井を拭く | ポストの中を拭く | 額縁のつやだしとホコリとり |
| 年2回 | 天井・壁のホコリとり | エアコンの手入れ | フローリングのキズ直し |
| | ベランダのていねいそうじ（ウッドデッキパネル下のそうじ） | | |
| 年1回 | 厚手カーテンの手入れ | ベランダ排水口の点検 | 物置の整理とそうじ |

今日から前向きになれる

# あなたの予定表づくり

来客前や年末に、たまった汚れを大そうじ…というパターンからぬけ出すには、週、月、年で項目を割りふってしまうことです。達人の例を参考に、あなたも予定表をつくってみませんか？

## 週に1度の予定を立てる

「月曜日にお風呂をたいて〜♪」ロシア民謡にあるように、ルーティーンワークを７つの曜日に割りふるのは昔ながらの知恵ですね。「毎日たいへん」ではなく、予備日を入れたり、庭仕事などの趣味的な事柄にして、メリハリをつけるのもよいですね。

### ●どうしてもしたいところをリストアップ

ていねいそうじ

| | 月 | 火 | 水 | 木 | 金 | 土 | 日 |
|---|---|---|---|---|---|---|---|
| 朝そうじ | お風呂 | トイレ<br>洗面所 | 玄関 | お風呂 | トイレ<br>洗面所 | 予備日 | 予備日 |

子どもが小さいので、ふだんは「朝のモップがけ」と気づいたときの「さっとひと拭き」が主体。**忘れたくない水まわりと玄関のていねいそうじを平日に割りふりました。**朝は昼食の下準備を終えた９時頃からがそうじタイムです。（吉野晶子さん）

### ●火曜は火のまわり、水曜は水まわり……

| 月 | 火 | 水 | 木 | 金 | 土 | 日 |
|---|---|---|---|---|---|---|
| 電灯のかさなどガラスを拭く | ていねいそうじガス台、レンジ | 水まわり、冷蔵庫 | 床、家具みがき | 蛇口等みがく | 庭仕事 | 自由に |

１週間に１度のていねいそうじは、**曜日のイメージからの発想にそって**つくった予定表に従ってしています。（瀬尾敏子さん）

築３年目の２世帯住居の１階。高齢夫婦のみなのできれいに保っています。ふだんはトイレ、洗面所、台所、寝室、門扉まわりを毎朝さっとそうじ。週２〜３回モップがけ（夫）。**各カ所のていねいそうじが１日に集中しないように、**左のように割りふってしています。（廣本孝子さん）

### ●週末は庭の手入れ

ていねいそうじ

| 月 | 火 | 水 | 木 | 金 | 土 | 日 |
|---|---|---|---|---|---|---|
| 洗面所<br>浴室（夫）<br>トイレ | 窓拭き<br>玄関<br>（ドア<br>タタキ） | 家中のハタキかけ<br>（天井、照明器具、カーテン、家の外）<br>そうじ機、<br>床拭き | 寝室 | 書棚・<br>机まわり<br>整理、<br>拭く | 台所<br>流しまわり<br>換気扇<br>冷蔵庫 | 庭手入れ<br>草とり<br>枝せん定<br>落ち葉掃き |
| 約20分 | 約20分 | 約60分 | 約10分 | 約10分 | 約30分 | 約30分 |

# 月に１度の予定を立てる

月に１度するとよいそうじ項目は案外多いもの。達人の工夫は、「スケジュール帳に組み込む」計画型、「定期的な来客がある前に」のハッスル型、「月末を大みそかと思ってする」の締め切り型など。何となく今月中……より、第何週に、という基本があると、ずっと実行しやすくなるでしょう。

## ●外出・家事予定をリンクさせて

1週間の家事予定

| | 月 | 火 | 水 | 木 | 金 | 土 | 日 |
|---|---|---|---|---|---|---|---|
| 外出時刻予定 | 9:40 バドミントン | 9:30 友の会 | 9:15 バドミントン | | 9:30 友の会 | 10:00 お茶のおけいこ | |
| ゴミ | | 生ゴミ | 不燃ゴミ | プラゴミ | 生ゴミ | | |
| 週1そうじ | トイレ① | 玄関 | トイレ② | トイレ① | 水まわり | 洗面所① | 洗面所② |
| 月1ていねいそうじ | リビング | 浴室 | 予備 | リビング | ２階 | 台所 | 子ども部屋 |
| 第１週 | | | | 棚、照明 | | 冷蔵庫、棚 | |
| 第２週 | | | | カーテン | | 換気扇 | |
| 第３週 | 拭き掃除 | | | ガラス | | ガラス、ガス台 | |
| 第４週 | | | | 網戸・サッシ | | 床下、ストック | |
| 第５週 | | | | ガラス | | 照明 | |
| 衣 | 大物洗たく | | 大物洗たく | マット類の洗たく | ふとん干し | 大物洗たく | ふとん干し |

外出予定、ゴミ収集日、大物洗たく日と**リンクした家事予定表。**木曜日はリビング、土曜日は台所関係です。忙しいときは無理をせずに。（松村直子さん）

寝る前の家
1　家計簿記帳
2　日記記帳
3　明日の予定確認
4　やかんに水
5　火の元確認
6　戸じまり
7　玄関の整理
8　リビングの片づけ
9　目覚ましセット
10　ストレッチ

外出前の目標
1　リビングの片づけ
2　食器を洗う
3　夕食の心づもり

## ●仕事を分散させて

外出日はモップがけと玄関掃き、在宅日はハタキかけと拭きそうじが主。それ以外の**ていねいそうじ、季節のそうじ**をこのような表にしています。金曜日は家事室の整理、日曜日はお休みです。（丹羽佳也子さん）

ていねいそうじ予定表

| | 月 | 火 | 水 | 木 | 金 | 土 |
|---|---|---|---|---|---|---|
| | 浴室・洗面所 | （友の会） | 窓ガラス 台所 | 季節のそうじ | （友の会） 家事室整理 | くもの巣とり 草とり |
| 第１週 | 洗たく機まわり | | 換気扇 | 外まわり、物置（春） | | 掘り炬燵 |
| 第２週 | 浴室排水口 | 冷暖房器具手入れ | 冷蔵庫 | カーテン（夏） | | 門扉 |
| 第３週 | 洗面台・棚 | 照明器具拭き | 食品庫 | ワックスかけ（秋） | | 仏壇 |
| 第４週 | 浴室・排水口 | ピアノ、家具拭き | 引き出し、棚 | 押入そうじ（冬） | | 玄関 |

# 年に1～3度の予定を立てる

年に1度、または何カ月かに1度することは、季節やその月の忙しさと相談しながら組み立てましょう。表にするときは、忘れやすいもの、後まわしにしがちなものだけを書き入れると実行しやすくなります。

## ●頻度別に表にする

年間予定の方針は、
1 自分のするべき仕事をはっきりつかんで「自分の時間を知る」こと
2 季節をたいせつにして季節を生かす
3 年末、クリスマスを心静かに過ごすために

週に1度のていねいそうじは曜日を決めて部屋ごとにすませます。月1度以上の年間予定を、家事予定とともに表にしています。(前みちさん)

「住」年間予定(整理とそうじ)

| | 3回 | | | 2回 | 1回・季節の「住」 |
|---|---|---|---|---|---|
| 1月 | | | | | 正月用品の収納 領収書・説明書整理<br>年賀状整理 住所録 |
| 2月 | | エアコン | | | 寒肥 草とり<br>ゴキブリ駆除 |
| 3月 | 主婦コーナー | | レース<br>カーテン | 園芸物置 | |
| 4月 | | | | 戸棚<br>押入整理 | 暖房機収納<br>厚手カーテン手入れ、収納 |
| 5月 | | | | くつ入れ | 蝶つがい金具梅雨前の点検、草とり<br>網戸出す 夏家具に入れ替え |
| 6月 | | エアコン | | 換気扇<br>照明器具 | |
| 7月 | | | レース<br>カーテン | | マット洗い 扇風機用意 |
| 8月 | 主婦コーナー | | | | 風呂場目地ほか<br>写真、本、雑誌など整理 |
| 9月 | | | | | 扇風機収納 冬家具に入れ替え<br>雨戸のさん(雨樋のそうじ) |
| 10月 | | エアコン | | 園芸物置<br>くつ入れ | 物置整理 台所天井 |
| 11月 | | | レース<br>カーテン | 戸棚<br>押入整理 | 暖房器具用意 厚手カーテン<br>網戸収納 障子貼り 植木手入れ |
| 12月 | 主婦コーナー | | | 換気扇<br>照明器具 | 住の戸棚<br>床ワックス 外壁 正月用品出す |

# 月1度〜年数度の予定を実行するチェック表

できたら色をぬったり、シールを貼るのが楽しみな、チェック表。頻度の違う項目を一覧できて、時間の空いたときに、パッととりかかれるので、多くの人が、さまざまにアレンジして使っています。前回いつしたかわかるように、日付を書きこんでもよいでしょう。

＊この表を大きく書いて貼り、家族に協力してもらうのもよいです。
＊忙しくて、その月の予定が守られないときも、表があると翌月手が空いたときに忘れずにできます。
汚れの具合をみながら手間の回数を調整して、自分の家に合った型紙をつくるとよいです。
＊作業の所要時間を記録しておくと、次回とりかかりやすくなります。
（渡辺悦江さん）

## ●印をつけるのが楽しい！

ていねいそうじの年間予定表（すんだら赤丸をつける）

| | 項目＼月 | 1 | 2 | 3 | 4 | 5 | 6 | 7 | 8 | 9 | 10 | 11 | 12 | 時間 |
|---|---|---|---|---|---|---|---|---|---|---|---|---|---|---|
| ホコリをとる | 天井すす払い | | | | | ● | | | | | | ● | | 30分 |
| | 網戸・雨戸 | | | | | | ● | | | | | | ○ | 55 |
| | 冷暖房機 | | | | ● | | | | | ● | | | | 25 |
| | 冷蔵庫 | ● | ● | ● | ● | ● | ● | ● | ● | ● | ● | ● | ○ | 15 |
| | カーテン（レース洗たく） | | | ● | | | | | | ● | | | ○ | 40 |
| みがく・拭く | 窓ガラス | ● | ● | ● | ● | ● | ● | ● | ● | ● | ● | ○ | ○ | 35 |
| | 換気扇 | ● | ● | ● | ● | ● | ● | ○ | ● | ● | ● | ● | ○ | 15 |
| | 照明・時計・額 | | | ● | | | | | | | | ○ | | 30 |
| 整理と清掃 | 押し入れ | | | | ● | | | | | | ● | | | 30 |
| | タンス | | | | | ● | | | | ● | | | | 40 |
| | 本棚 | | | ● | | | | | | | | | ○ | 25 |
| | 主婦コーナー | | | ● | | | | | | | | | ○ | 15 |
| | 食器棚 | ● | | | | | | ● | | | | ○ | | 25 |
| | 下駄箱 | | | | | ● | | | | ● | | | | 15 |
| | 床下もの入れ | | | | | ● | | | | | ● | | | 15 |
| | 物置 | | | | | | ● | | | | | | ○ | 20 |
| | 外まわり（草とり） | | ● | | ● | | ● | | ● | | ● | | ○ | 30 |

1年分 1軒分

# 「きれいをキープ」するためのおそうじ頻度早わかり表

きれいをキープ ガイドライン ← P.60〜のこのマークに注目！

「きれいをキープガイドライン」を一覧表にしました。自分のやり方と比べて、「こんなに？」とか、「これだけ？」と驚く部分もあるかもしれませんが、あくまでも"目安"です。参考にしたい、またはできそうな部分からやってみて、だんだんにリズムをつかんでください。

＊ガイドラインの内容は、30〜40代4人家族、3LDK住まいの場合を想定したものです。一つの目安として、年代、住居の形態に合わせて応用してください。

| | （洋室の基本）リビング ダイニング（p.60） | 窓まわり（p.70） | キッチン（p.74） | バスルーム（p.90） |
|---|---|---|---|---|
| 毎日<br>そうじとよべないほどのかんたんなそうじも多い | | | ふきこぼれ、油はねを拭く<br>目につく汚れはお湯拭き<br>シンクの水滴を拭く | シャワーで流し、水けをとって換気、乾燥<br>バスタブはお湯をぬくときにひとこすり |
| 週に数回 | ホコリ払い<br>床そうじ | | | |
| 週に1回<br>ハタキ＆そうじ機は週1ペース。週間予定の立て方は（p.50） | ハタキとそうじ機かけ<br>床を半乾き拭き<br>ガラス面など拭きそうじ | ガラスにハタキかけ<br>網戸にハタキかけ | ハタキとそうじ機かけ<br>見える場所をひと通り拭く<br>シンク、レンジまわりのていねいそうじ<br>冷蔵庫内をひと拭き | バスタブ、壁、床などていねいそうじ<br>備品を洗う<br>排水口をきれいに |
| 2週に1回 | エアコンフィルターそうじ | （1〜2週に1回）<br>ブラインドにハタキかけ<br>カーテンにハタキかけ | | |
| 月に1回<br>拭きそうじも定期的に。1カ月分の汚れなら短時間で落とせる。（p.51） | フローリングのオイル水拭き<br>カーペットお湯拭き<br>家具みがき<br>ソファのそうじ | ガラス拭き<br>サッシのていねいそうじ | 換気扇フィルターとフードのそうじ<br>五徳のていねいそうじ<br>壁、照明器具を拭く | 継ぎ目、目地のそうじ<br>ドア、レールを拭く<br>排水口、風呂釜のそうじ<br>天井を拭く |
| 数カ月に1回 | | （年2回）<br>レースのカーテン洗たく<br>（3〜4カ月に1回）<br>ブラインドのから拭き<br>網戸の拭きそうじ | （年1〜2回）<br>換気扇のていねいそうじ<br>手の届かない所を拭く<br>冷蔵庫、収納棚などのぜんたい | （3〜4カ月に1回）<br>換気扇のそうじ<br>照明器具を拭く |
| 年に1回<br>手が届きにくい天井や収納部分のそうじ。暮れでなく気候のよいときに。（p.52.53） | カーペットクリーニング<br>壁の拭きそうじ<br>天井ホコリ払い<br>照明器具を拭く | カーテンの手入れ | | |

# あなたのリズムをみつけましょう！

| | 洗面所（p.94） | トイレ（p.96） | ベッドルーム（p.100） | 和室（p.102） | 子ども部屋（p.104） | 玄関（p.106） | 外まわり（p.108） | ベランダ（p.110） |
|---|---|---|---|---|---|---|---|---|
| | 鏡、カウンターを半乾き拭き<br>洗面ボウルを洗って拭く | 便器内をこする<br>手洗い器、便座、ふたを拭く | ベッドをととのえる | | | | （落ち葉の季節）<br>掃きそうじ | |
| | | | | 日常のゴミをのぞく（ほうきかそうじ機で） | | | | 手すり<br>室外機の半乾き拭き<br>花がら摘み<br>気づいた所を掃く |
| | ハタキとそうじ機かけ<br>鏡・カウンターのていねい拭き<br>洗面ボウル・蛇口のていねい洗い | ハタキかけ<br>床、便器まわりのていねいそうじ | ハタキかけ<br>そうじ機かけ | ハタキとそうじ機かけ<br>ふとん干し | 机、床の上の片づけ<br>ハタキとそうじ機かけ<br>机の上の水拭き<br>ベッドのそうじ | ハタキかけ<br>掃きそうじ<br>（またはそうじ機かけ） | | |
| | | | （月数回）<br>ベッドパッドを干し、リネン類をとり替える | | | | | |
| | よく使う棚の整理、半乾き拭き | タオルかけ、紙ホルダーなど半乾き拭き<br>窓があれば、さん、ガラスなど半乾き拭き | | たたみのから拭き<br>床の間　つや出し布拭き<br>たたみ表の汚れとり（春夏） | 本棚のそうじ | ドアや棚の半乾き拭き<br>たたきのから拭き | 家のまわりのハタキかけ<br>掃きそうじ | ハタキかけ　掃きそうじ<br>（溝のゴミをとる）<br>拭きそうじ |
| | | | （年数回）<br>マットレスの手入れ<br>（半年に1回）<br>クローゼットのそうじ | （年2～4回）<br>押し入れそうじ<br>床の間飾りものの手入れ | （学期末）<br>引き出しの整理、そうじ<br>学用品、玩具、スポーツ用品などの整理 | （2～3カ月に1回）<br>オイル水拭き<br>ドア、棚のつやだし布拭き<br>（年2回）くつ入れ | （年1～2回）<br>ポーチの流し洗い<br>門扉、外壁の拭きそうじ | |
| | 換気扇のそうじ<br>照明器具を拭く<br>洗面台下の整理、そうじ<br>壁を半乾き拭き | 換気扇のそうじ<br>照明器具を拭く<br>収納部分の整理、そうじ | | 室内のていねいそうじ<br>照明器具を拭く | カーテン洗い<br>床の手入れ<br>照明器具を拭く | 照明器具を拭く | | 床面こすり洗い |

今月はここを

# そうじがはかどる整理ごよみ

季節や行事に合わせて、整理しやすいコーナーを月ごとにピックアップしました。広い範囲はたいへんでもコーナーごとなら気が楽。整理ができればそうじはかんたん、月を追うごとに家の中のすっきり部分が増えていきます。

『シンプルライフをめざす基本の家事』（小社刊）に掲載した12カ月の家事ごよみもあわせてごらんください。

そのコーナーにあると便利なもの・点検したいもの
整理とそうじのヒント
各月、これらを参考に、12カ所をまわってみましょう。

## 1月 家庭事務コーナー

専用の机がなくても、必要なものをまとめておくだけで能率がよくなります。

文房具　家計簿　住所録　通信用品　カレンダー

- リビングの片すみに、届いた手紙、ファックス、プリントなどが山積みになると、ホコリもたまるし、せっかくそうじしてもきれいに見えない元凶に。家族一人一人への受け渡しの箱などつくるのも、工夫のひとつです。
- メモのボードや周辺を整理して半乾き拭きすると、見た目よく、事務整理もスムーズに。

## 2月 手仕事コーナー

つくりかけのものや裁縫箱の中身など、一度見直してみましょう。

裁縫道具　アイロン用具　布　糸　編み針　ミシン

- いつかそのうちに…と何年も置いてある布、手芸材料など思いきって処分すると、新しいアイディアがわくかもしれません。
- 端布や着なくなった衣類を裁断して使い捨て布（p.30）にしたり、アクリル毛糸でたわし（p.38）を編んだり、ぞうきんを縫ったり（p.33）、合間仕事に。

## 3月 子どものコーナー

学年末は持ちもの整理によい時期です。

学用品　本　かばん類　作品　おもちゃ類

- 長期の休みのとき、学校から持ち帰る荷物の置き場を押し入れ、ベッド下などに確保しておくと部屋がすっきり、休み中もそうじしやすい。
- プリントや記念品も、子どものうちから要不要を決めて、引き出しや思い出箱にしまう習慣を。
- 子どもが自分で片づけ、そうじできるようになっていますか（p.104）。

## 4月 本・情報・パソコンコーナー

いつも見直していないと、どんどんものが増える場所です。

本棚　OA機器　切りぬき　パンフレット　用紙

- パソコンまわりにCD類やマニュアル、付属品など、散らかっているとホコリを呼びます。ファイルや引き出しに収納しましょう。
- 精密機器はハタキかけかやわらかい布でから拭きを。
- 本が手アカで薄汚れた感じになっていたら、半乾き拭きするとさっぱりします。しまう前によく乾かすこと。

## 5月 食品貯蔵コーナー

梅雨の前に食品のストックを点検。ついでに置き場を拭いて清潔に。

乾物　調味料　保存食品　缶詰　めん類

- ガス台のそばにものを置いておくと、容器が汚れたり、そうじがしにくい。手近な収納場所をさがしてみましょう。
- 可燃ゴミ、不燃ゴミ、資源ゴミをはっきり区別して置き場所を決めましょう。ここがだれにでもわかりやすくととのっていると、家全体の清潔度がアップします。
- 食品庫、冷蔵庫の丸ごとそうじ（p.86）。

来客が多いのでだれにもわかりやすく、美しく整理、収納。

ものは出しておかず、すっきりとしたダイニングルーム。

## 9月　非常持ち出し・救急コーナー

もしも、に備えておくのも家事のうちです。

非常持ち出し袋　飲料水　常温保存食　乾電池　消火器

- 防災の日に合わせて、持ち出し袋の中身や上記のものを点検しましょう。ついでにこれらが置いてある物置や納戸の片づけ、そうじも。
- 「寝る前の家」（p.62）をととのえることは、非常時の避難経路確保にも。
- 救急薬品は外用、内服の区別がだれにでもすぐにわかるように整理し、清潔に保ちましょう。

## 10月　寝具収納コーナー

季節の入れ替えのついでに、思いきって全部出して見直しを。

ふとん　シーツ　枕　季節外の寝具　来客用の寝具

- ふとん収納には適した押し入れも、奥行きが深いので、入れたものが死蔵品になりやすい。天気のよい日に、奥まで風を入れるつもりでそうじを。カビの予防にもなります（p.103）。
- ふすまをはずしたら、裏側のハタキかけ、敷居のホコリとりもついでに。

## 11月　衣類収納コーナー

よく使うクローゼットには、思いのほか綿ボコリがたまっています。

衣類　ハンガー　洋服カバー　アクセサリー　かばん類

- 不用品はとりあえず箱などにまとめておいて、行き先を考えましょう。
- プラスティックの衣裳ケースはホコリを呼びやすいので、半乾き拭きを。手アカの黒ずみは湿らせたフキペットでこすります。
- クローゼットのそうじ（p.101）
- 和だんすのそうじはから拭きを中心に。

## 12月　そうじ道具コーナー

道具や消耗品の置き場所がすっきりしていると、暮れの家事もはかどります。

そうじ用具　消耗品のストック

- ブラシの毛が開いたりすり減ったりしていないか、ハタキが汚れていないか、外のゴミ箱がこわれていないかなど、点検しましょう。
- 洗剤類は基本のものだけでたります。不要なものは思いきって整理を。住関係の生活雑貨（荷造り用品、大工道具など）も近くにあればついでにチェックを。
- そうじ道具置き場（p.42）そうじ道具（p.30～）

## 6月　玄関・収納コーナー

雨模様の時期でも、収納場所にできるだけ風を通して気持ちよく。

くつ　くつみがき用品　スリッパ　かさ　スポーツ用品

- 何年も履いていないくつは処分、シーズン外のものはしまうと出し入れが楽になり、玄関そうじもしやすくなります。
- かさの骨が折れたり、糸がはずれたりしていませんか。子ども用なら、市販の修理キットで直せる場合が多いもの。
- くつ入れのそうじ（p.107）。

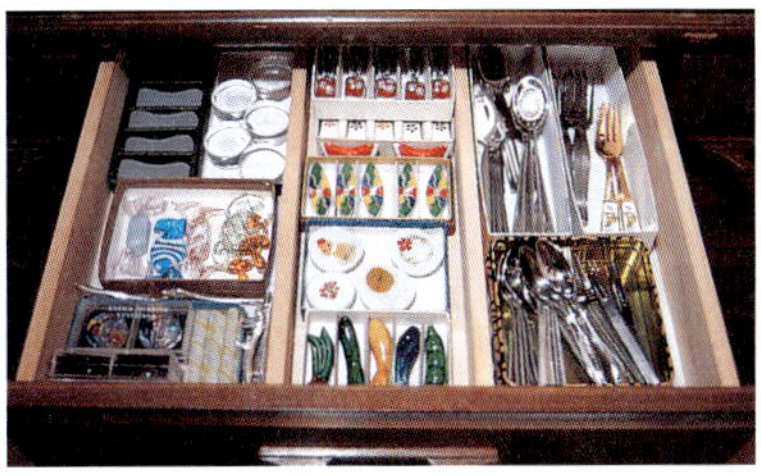

ティースプーンや箸置きもとり出しやすく。
写真は右ページとも芝 恭仁子さん（松山）のお宅。

## 7月　洗たくコーナー

汗をかく季節。水まわりをすっきりと。

洗たく用具　石けん類　小もの干し　タオル類　バスマット

- 小もの干しやハンガーの置き場はありますか。外に出しっぱなしだと劣化も早く、洗たくものも汚れます。
- 洗たく機の内外、洗たくパンなど半乾き拭きでさっぱりと（p.95）。
- 洗面所に家族めいめいの小ものがたくさん出ていませんか。棚を整理して１つでも２つでも出しっぱなしが減れば、確実にそうじは楽になります。

## 8月　食器・器具コーナー

夏休み、家族の手も借りて、食関係グッズの大整理。

食器　鍋　調理器具　ふきん類　テーブルウェア

- 目線より高いところは汚れに気づきにくいもの。棚の上、奥なども、半乾き拭きを。
- 鍋や器具の、何年も使っていないもの、こわれたものがあったら思いきって整理。8分目収納にすると、ふだんそうじもしやすくなります。
- エタノールで拭くと除菌効果も（p.27）。

# 最も自然な生活

家や庭をきれいに掃除する隣人が新しく目につき出した。きれいに掃除した所に種をまいて花を咲かせる、実を成らせる。善いことの中でも、このような単純なことには、誰でも大概興味を感ずるけれど、さてやって見ようとすれば、面倒くさく思われる、その面倒くささに興味の方が打勝って、実際少しずつやって見ると、家の内がきれいになる。それに励まされて、なおやめずにやっている中に、とうとうその興味と実益のためにやめてはならないと思うようになる、やめたくなくなる。そうして、それは人まねでなく、その外の力の強制でもなく自分自身の仕事になる。

『自由・協力・愛』〝花と鳥の家から〟より

自主自由の人というのは、その身体や精神《こころ》の最も気持ちよく働く人です。と考えると、食することも働くことも遊ぶことも眠ることも、ただに自分の欲望のままにでなく、自然の法則をたずねて、それに叶《かな》うように生活することが、すなわちわれらの自由を得るためであり、心の思いにしても、造化《かみ》の人間に望み給うところに従って生きること、それがすなわちわれわれに自主自由の快感を自覚させるところの健康な精神になるのだと思います。

『思想しつつ生活しつつ（下）』〝最も自然な生活〟より

必要にして栄《は》えある仕事はこの世の中に実にたくさんある。よい仕事をするために私たちは忙しく、そうして一日の中にも、それぞれに落ちついた静かな清らかな時間が欲しい。六日のあとの日曜日はことに落ちついたものにして、多くのよい生活の構想がそこに出てくるようになりたい。短い一日を一週を活用して、長い人生を創造《つく》ってゆきたい。一人一人の一生も、永遠の生《いのち》に導かれるための、真に大切な時でありたい。

『友への手紙』〝忙と閑と〟より

**羽仁もと子**（1873〜1957）
1903年『婦人之友』を創刊。「よい家庭はよい社会をつくる」の思想から、合理的で一人一人が自立した家庭の理想を誌上で語り続けました。ここに掲載の文章は『羽仁もと子著作集』（全21巻・小社刊）からの引用です。

# 場所別「そうじ頻度・手順・コツ」

家中ピカピカ・気分はハレバレ

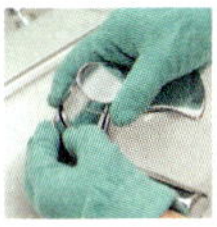

洋室そうじの基本

# リビング ダイニング

**手ごわい汚れはありません。洋室そうじの基本をしっかり覚え、「きれいをキープ」のリズムを身につけて!**

暮らしの中心であるリビング、ダイニング。ここがきれいになっていると、ふしぎと心に余裕が生まれ、ほかのことにも前向きになれます。

おもなゴミ・汚れは、ホコリ、紙くず、食卓まわりの食べこぼしなど。すぐにとれるものが多く、特別な道具や強力な洗剤がいらないのがうれしいところ。つい床のそうじばかり熱心にしてしまいがちですが、テレビ画面や窓のくもり、棚、さんのホコリも案外目につきます。気づいたときにいつでもできるように、さっとひと拭き用の布や軍手をとり出しやすい所に置いておくとよいでしょう。

気軽にそうじにとりかかるためには、いつもほどほどに片づいていることも、たいせつですね。

ふだんのそうじはなるべく電気を使わずに

週1回は拭きそうじ

きれいをキープ ガイドライン

**ふだんそうじ 週数回**

●**ホコリ払いと床そうじ**
テレビの周辺や棚の上などをハタキでぬぐいます。モップまたはそうじ機でホコリ、ゴミをとります。(乳幼児のいる家では拭きそうじも)

**週1回**

●**ハタキ&そうじ機かけ**
化繊バタキで上から下へ、壁、さん、額、窓、家電周辺、グリーンなどをぬぐっていきます。

●**フローリング&ガラスなど**
床は半乾き拭き。ガラス面など手アカの目立つところの拭きそうじも。

**2週に1回**

●**エアコンフィルターそうじ**
使っている季節のみ。フィルターをはずしてそうじ機でホコリを吸います。

リビングボード、家電のまわりなど、ホコリの目立つところは化繊バタキでホコリとり。

フローリングは、さっとモップをかけておきます。

年間通してそうじをラクにするのがハタキかけ。さんや壁、照明器具、窓やグリーンにも。

そうじ機は隅々まで。

エアコンフィルターは2週に1度ならそうじ機で。ホコリをためてしまったら、水洗いの方が早い。

## シンプルそうじのポイント

壁、照明器具は週1度のハタキかけで部屋ぜんたいがぐっと明るく！
静電気がホコリを呼びやすいので、パソコンやプリンターには、布でカバー。外でときどきはたく
ガラス拭きはスクイジーを使うとスピーディー
家具・家電はつやだし布で拭いておくと、古ぼけない
ものを真っ直ぐに置くとすっきり見えます
カーペットのしみは重曹と石けんでだいたい落ちます
フローリングは半乾きぞうきんをモップにはさんで拭くと、ラクラクきれい

天井・壁・カーペット、照明器具、カーテンは「年末にまとめる」とたいへん。春、秋のカラッとした日に！

月1回することは多い。週ごとの予定にうまく組み込んで

### 1カ月に1回

- **窓ガラスを拭く**（p.70）
  ふだんハタキでぬぐっておくと、汚れはかるい。窓枠もガラスといっしょにハタキかけや拭きそうじを。溝はブラシでゴミをかき出しそうじ機で吸いとります。
- **フローリングのオイル水拭き**（p.65）
- **カーペットお湯拭き**（p.64）
- **家具みがき**（p.68）
- **ソファのそうじ**（p.68）

### 年に2回

- **レースのカーテン洗い**

### 年に1回

- **カーペットクリーニング**
  石けん液の中でスポンジをしぼってきめ細かい泡をつくり、ブラシにつけてたたくと効果的。（p.65）あとはクエン酸で。
- **壁の拭きそうじ**（p.66）
  半乾きぞうきんかフキペットで拭きます。
- **天井ホコリ払い**（p.67）
- **照明器具拭き**

詳しくは次のページから ←

大きな窓は、ぬらしてからスクイジーで拭きとるとかんたんで手早い。

壁も拭きそうじ。シミのあるところはまわりをぼかしながら。

照明器具はなるべくとりはずして洗うとすっきりします。

サッシ溝はブラシでゴミをかき出す。

カーペットのクリーニングは石けん液をスポンジで泡立ててブラシにつけてたたく。

リビングダイニングを例に

# 洋室のふだんそうじ手順

目立つホコリやゴミを払い、目につかないていどに汚れが拭けていれば充分です。朝の10～20分ですませるコツは「前夜」にあり。

床や机の上に出しっぱなしのないリセット状態は気分もすっきり、安眠をさそいます。

## 0 寝る前の家
（出しっぱなしがないようととのえる）

寝る前に部屋の中を見渡して、床や机、棚の上に何もないように片づけます。このひと手間で、とりかかりが格段に早く。

↓

## 1 朝食のもの、新聞、チラシなどを片づける

↙

## 2 窓をあける

窓をあけて風を通します。それだけでも空中に舞うホコリやにおいがどんどん出ていきます。

↓

## 3 ホコリをとる

家具、さん、テレビ、オーディオ周辺など、目につきやすい場所のホコリを、ハタキやハンディモップでぬぐっておく。

↙

## 4 床（フローリング）そうじ

モップそうじは電気を使わず省エネで、床のホコリをそうじ機より上手にキャッチしてくれます。好きなタイプ（右記参照）のものでよいので、ふだんはなるべく手動そうじを。

カーペット敷きの場合や汚れ具合によって、そうじ機をかけます。部屋ぜんたいにそうじ機が届くように、延長コードを使うと楽です。

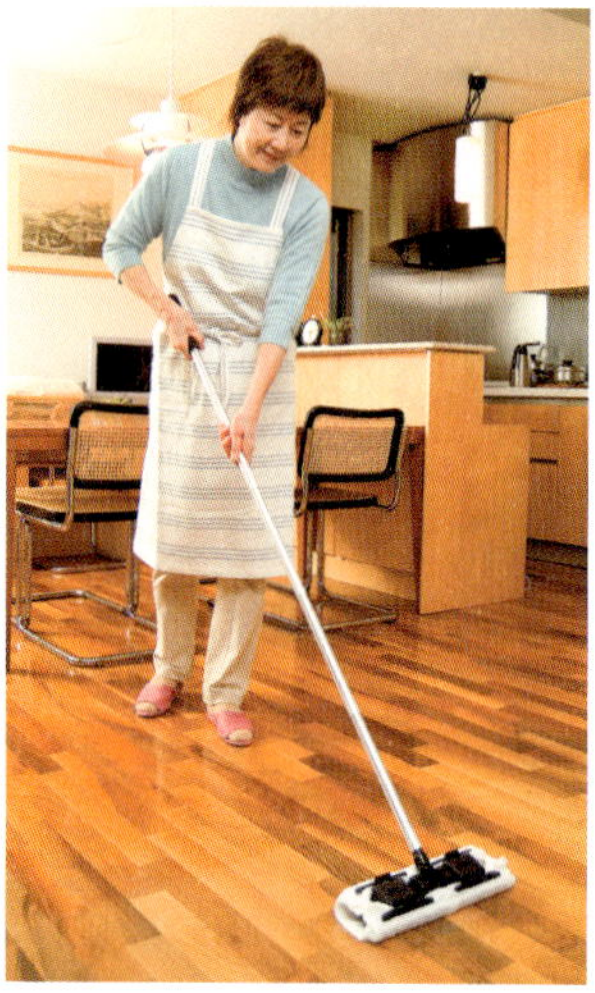

モップがけ。ホコリをぬぐいながらゴミを1カ所へ掃き集め、ぬらしたペーパーなどでつまみとります。

↓

## 5 移動した家具などをととのえて終了

↘

## 6 ティーブレイク

### ■拭きそうじをスピーディーに「モップ」は何を使っていますか？

**ぞうきんモップ**　汚れのとれ具合、使い捨てでない点からおすすめ。ふだんのホコリとりにはつやだし布を。週1度は半乾きぞうきんをはさんで拭くと、ラクに「キレイをキープ」できる。専用品もあるが、たいていのペーパーモップはぞうきんモップとしても使える。

**ペーパーモップ**　使い捨ての不織布をつけるタイプ。ゴミが出るのが難点だが、ぞうきんを洗う手間は省ける。使うなら裏、表、最後に外まわりの拭きそうじで汚しきって捨てたい。

**糸モップ**　学校の体育館などで使われる。太く編んだ糸状ぞうきん。隅々まで入り込むので、これでなければ…という人も。レンタル以外は手入れに手間がかかる。

リビング ダイニングを例に

# 洋室の週1そうじの手順

ふだんのそうじで行きとどかないところを、しっかりと。週1度の「ていねいそうじ」で「大そうじいらず」です。

## 1 ていねいにホコリをとる

壁や家具は化繊バタキ、こまごましたものが置いてあるところは羽根バタキと、使い分けながらホコリをぬぐっていきます。原則として上から下へ。壁、額、家具、オーディオ、電話機やパソコン、グリーンなど。また窓や網戸にもさっとハタキをかけておくと、あとがとても楽になります。

こまかいもの、だいじなものは、毛先のふんわりした羽根バタキでそっと。

ロールスクリーンもハタキでぬぐう。カーテンまわりもハタキをかけておくとあとがラク。

家具のカバーやテーブルセンターなどは、戸外でホコリを払います。

## 2 そうじ機のていねいがけ

ふだんのそうじでは充分にとりきれない隅の方やソファ、部分的に敷いてあるカーペット（p.64）などにもていねいにそうじ機をかけます。

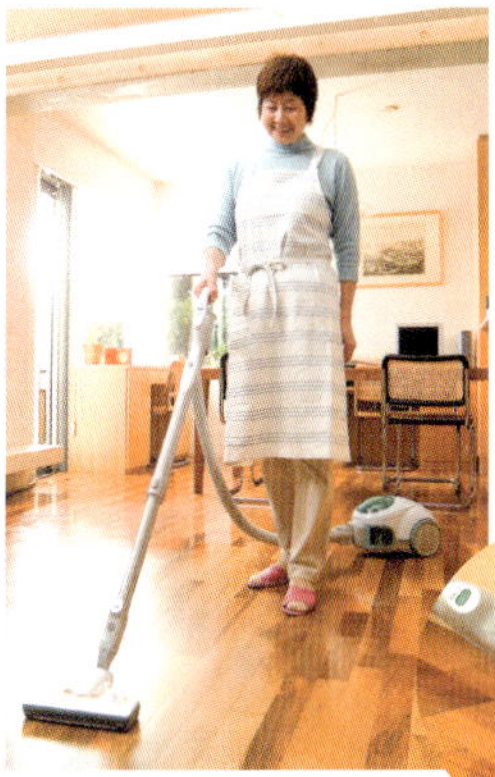

そうじ機は力を入れずゆっくりと（p. 35）

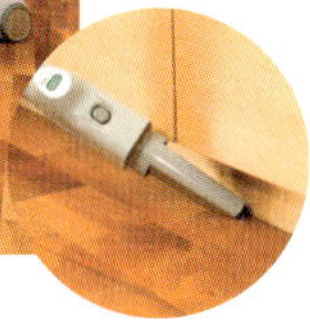

すき間ノズルで隅の方にたまったホコリを吸いとります。

## 3 床の拭きそうじ

汚れているようなら床ぜんたいを半乾きぞうきんで拭きそうじ。たいへんならモップでもよく、拭きそうじ後の足裏のさっぱり感は何ともいえません。

## 4 手アカ汚れなどの拭きそうじ

ドアノブのまわりやガラス面、食器棚など、手アカ汚れの目立つところはから拭き布や軍手で拭きます。これは合間仕事にすると時間短縮になるでしょう。

### ■床材のタイプと手入れ方法

**フローリング**　合板などの基材の表面に銘木単板を貼った複合タイプは、表面に各種コーティングがされているので右ページの方法で。ムクの板材を使った単層の場合は複合タイプより水けに弱いので、から拭きモップを主体に。

**コルク**　コルク樫の樹皮を原料にした床材。表面に強化ビニールを貼ったもの、ニス仕上げなどがある。水拭きは極力避け、飲みものなどをこぼしたときはすぐに拭きとる。

**リノリウム**　亜麻仁油、石灰岩、松ヤニ、木粉、コルク粉、ジュート、天然色素などから製造される天然素材。抗菌性や環境負荷の低さから見直されている。強酸、アルカリにはとくに弱い。

多孔質なので、ワックスは半樹脂ワックスを。溶剤（トルエン、アルコールなど物質を溶かす有機溶剤）にも弱いので、溶剤入り洗剤も使用しない。

**テラコッタタイル**　ヨーロッパで一般的な素焼きタイル。仕上げに吸水防止剤やワックスをぬってある。ふだんはから拭き。汚れやすく、つやが出てもよい場所では樹脂ワックスを使う。

**化学床**　長尺シート、Pタイル、クッションフロアなど貼りものの樹脂系床材の総称。ふだんは水拭き。汚れのひどいときは石けんで。研磨剤入りの洗剤は表面を傷めることがあるので、重曹は端の方で試してから。

# カーペット

**毛足の中にゴミをためると、傷みも早くなります。そうじ機を上手にかけ、定期的にお湯拭きを。**

きれいをキープ
ガイドライン

**週に1〜3回**
●そうじ機かけ

**1〜3カ月に1回**
●お湯拭き

**年に1回**
●全体クリーニング

■主な用具
そうじ機　ブラシ
粘着テープ
ぞうきん
バケツ

やわらかい感触、暖かみ、歩きやすさ、またインテリアのアクセントとしても、板敷きとはちがった魅力のあるカーペット。アレルゲンのもとのような印象もありますが、ハウスダストやチリが空中に浮遊するのを防いだり、ウールの製品はシックハウスの原因となるホルムアルデヒドを吸着することがわかってきました。

とはいっても手入れをしないと、綿ボコリや砂ボコリが毛足の間にもぐりこんでたまり、ホコリ焼けを起こしてカーペットの寿命を縮めます。髪の毛、フケ、食べかすなどはチリダニのえさとなります。これらはそうじ機で表面をさっと往復するていどではとりきれないので、ゆっくりと確実に吸い込むコツを覚えましょう。

できれば、1カ月に1回お湯拭きすることで、いつもさっぱりとフカフカの状態に保つことができます。

## そうじ機は「かるく・ゆっくり」

週に1度はていねいにそうじ機をかけ、毛足の中にもぐりこんだゴミをとりのぞきます。ごしごしするのではなく、風の通り道をつぶさないように、かるくヘッドを当て、1回に30センチくらいずつゆっくりと往復させるのが理想的です。

毛足にからんだゴミは、回転ブラシがついたものの方がよくとれますが、ない場合はすき間ノズルを左右に動かして毛足を起こしながら吸うか、かためのヘアブラシでゴミをかき出してからかけるとよいでしょう。

**確実に吸い込む**
ヘッドはかるく当てて、1回に30cmくらいずつ向こう側に動かし、戻りはさらに力をぬきます。1㎡を1分でかけるのが理想的です。

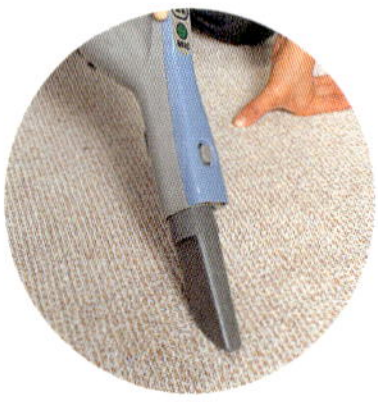

**すき間ノズルで**
回転ブラシがない場合は、ホースを短くしてすき間ノズルを左右に細かく動かし、毛足を起こしながら吸うとよくとれます。

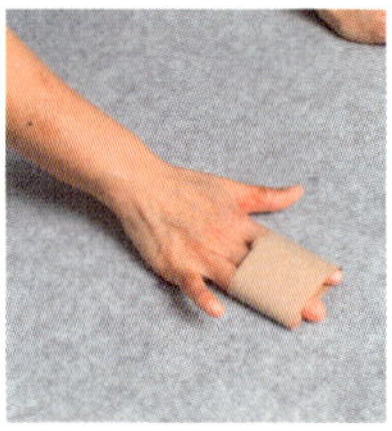

**粘着テープで**
髪の毛やペットの毛はそうじ機でもとれにくいので、粘着テープを使うのもよいでしょう。専用のローラーも市販されています。

## お湯拭きでさっぱりフカフカ

手が入るくらいのお湯とぞうきんを何枚かバケツに用意。かたくしぼって八つにたたみ、汚れたらすぐに新しい面に折りかえながら、50cm四方くらいの単位で拭いていきます。なるべく晴天が2〜3日続いたような乾燥した日に、風通しをよくしてするとよいでしょう。

**お湯拭きで**
力を入れて「の」の字をかくように拭くと、おもしろいように綿ボコリや髪の毛が出てきます。

## シミがあるときは?

目立つ汚れ・シミのあるときは、最初に水かお湯、ダメなら重曹石けんペーストで。あとがザラザラしないように、よく拭きとります。

**まず水かお湯。次に重曹・石けんで**

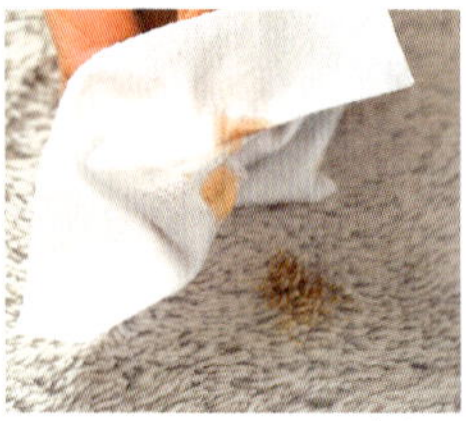

シミを見つけたらまず水かお湯をつけてつまんでみると、案外とれます。

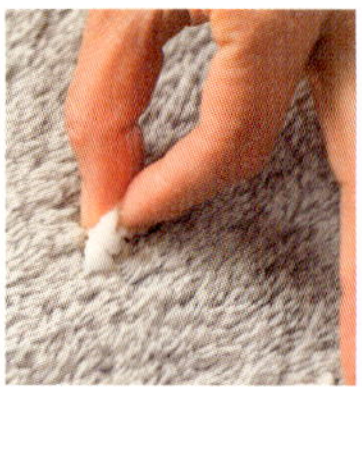

とれないときは重曹石けんペーストを指でこすりつけてもみます。最後に水、ヌルヌルするようならクエン酸水をスプレーして拭きとりを。

### 自分でできるカーペットクリーニング

季節の変わり目やカーペットをしまう前に。

**1** 部分敷きのものは外でホコリをたたき出し、敷きつめのものは、ていねいにそうじ機をかけます。

**2** 250㎖のぬるま湯に大さじ1杯の粉石けんを溶かした液をスポンジで泡立てます。泡だけを手ですくってカーペットの表面にのせ、やわらかいブラシでたたきます。

**3** 仕上げにしっかりと水拭き、またはクエン酸水をスプレーしながら洗剤分を拭きとり、すぐにお湯でしぼったぞうきんで拭き、から拭きします。

＊泡を使うのはびしょびしょにぬらさずに少量の洗剤で汚れを落とすためです。

＊洗剤拭きをするときは、端の方で色落ち、縮みがないか試します。専門家に任せた方がよい場合もあるので、販売店などに相談してください。

**ホコリをたたき出す**
部分敷きのものは、裏側を表にしてさおなどにかけ、ふとんたたきで細かいゴミ、ホコリをたたき出してから、表側にていねいにブラシ(洋服用)をかけます。

**泡をつくる**
ぬるま湯250mlに大さじ1の粉石けんをよく溶かし、スポンジを浸してぎゅっぎゅっとしぼり、きめ細かな泡を立てます。

**ブラシでたたく**
泡をすくってのせ、ブラシでたたいていく。最後にクエン酸水で洗剤分を拭きとり、すぐにお湯拭きして、から拭き。

# フローリング

## ふだんのホコリとりにはモップがけを

合板に天然木をはり合わせたものが主流です。表面は樹脂でコーティングされていますが、だんだんにこすれてつやがなくなってきます。継ぎ目から水分が入ると汚れがしみこんだり、はがれることもあります。水ものをこぼしたらすぐに拭くこと、拭きそうじは、から拭きか半乾きぞうきんを使います。

### 週に1度は拭きそうじ

ふだんはモップでホコリとりを。週に1度くらい、そうじ機をかけたあと、ぜんたいを半乾き拭きするとさっぱりします。

**こびりつき汚れは**
重曹水を布にふきかけてやさしくこすり落とします。水拭き、またはクエン酸水で拭き、最後によく水けを拭きとります。

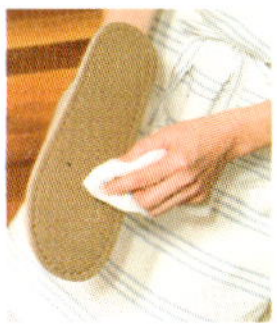

**汚し屋は誰？**
床が黒ずむ原因のひとつはスリッパ裏の汚れ。ふだんからこまめに拭きましょう。

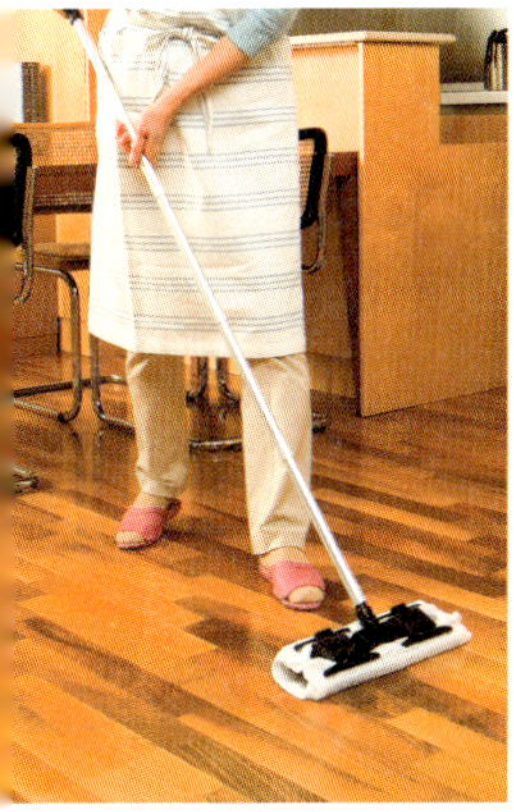

**モップがけ**
ふだんのモップがけは、から拭き布、またはつやだし布をモップにとりつけたものがおすすめ。半乾き拭きもモップでするとスピーディです。

きれいをキープ
**ガイドライン**

**週数回**
●モップがけ

**週1回**
●そうじ機かけ＆半乾き拭き

**月1回**
(なじむまでは2〜3日に1回)
●オイル水《すい》拭き
(ワックスがけ)

**■主な用具と洗浄剤**
モップ(p.62)
ぞうきん
オイル水

### オイル水《すい》拭き(ワックスがけ)

家具用のオレンジオイル、レモンオイル(p.26)を薄めた液で、定期的に手入れをしておくと、しぜんなつやがでて、木部やコーティングの保護剤となって、老化を防いでくれます。

**1** そうじ機をかけ、ていねいそうじと同じように床をきれいにしてからはじめます。

**2** オイル水(水200㎖にオイル小さじ1杯)を布にスプレーして拭きます。

**3** 最後にから拭きをして仕上げます。

はじめの2、3回はあまり間をおかずに作業をくり返し、つやが出てきたら2週に1回くらいにします。あとはから拭きで充分に美しさが保たれます。

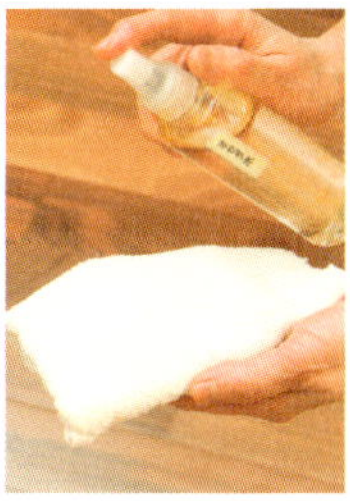

**オイル水を スプレーする**
ぞうきんか使い捨て布にオイル水をよくふり混ぜてからスプレーします。

**木目にそって 拭く**
布が半乾き状態より湿ってきたら、新しい布に替えます。(あまりぬらさない)。最後にから拭き。

# 壁・天井・照明器具

**壁や天井、照明器具がきれいだと、部屋が明るくみえます。ホコリ払いで黒ずみ予防を！**

きれいをキープ
**ガイドライン**

**週に1回**
●壁・照明器具のホコリ落とし

**月に1回**
●スイッチやドアノブのまわりなど、手アカのつきやすいところの拭きそうじ

**年に1回**
●天井ホコリ払い
壁の部分拭き

**■主な用具と洗浄剤**
化繊バタキ（長い柄のもの）
フキペットまたはぞうきん
重曹水　固型石けん

## 壁

壁の汚れは、ホコリ、手アカが主ですが、調理の煙や湯気といっしょに飛んでくる油汚れが加わることもあります。換気に気を配り、室内そうじのときにハタキでホコリをとっておく習慣にすると、壁紙の美しさ、寿命は驚くほど違います。

　テレビやオーディオ機器は熱と素材がホコリを集めやすく、家具や額ぶち、カーテンレール周辺なども気づかないうちに黒ずんできます。汚れがたまったときには水拭き、洗剤拭きが必要ですが、ムラになりやすいので時間のとれるときいっきにするのがよいでしょう。

　たばこのヤニは大敵で、壁を黄色く変色させ、落ちにくい汚れとなります。目立たない色、柄の壁紙を選び、換気扇のそばか戸外で喫煙するしか対策はないでしょう。

### ホコリ落としを習慣に

週に1度くらい、室内にハタキをかけるときに、壁面もハタキをかけます。

**ぬぐう要領で**
パタパタ動かすのでなく「ぬぐう」要領でゆっくりと。

**そうじ機で**
額ぶち、さんのホコリは、ときどきそうじ機の先にブラシつきのアタッチメントをつけ、そっと吸いとってもよいでしょう。

**■壁の材質別手入れ法**

**表面を発泡させたビニールクロス**　傷みやすいので、ごくやわらかいブラシで、ようすをみながらやさしくこすります。

**布**　脱脂綿かガーゼのようなやわらかい布を半乾き状態にして、かるくたたきます。こするのはよくありません。

**しっくい**　かたくしぼったきれいなぞうきんでかるくたたきます。落ちない汚れは１０００番～の細かいサンドペーパーでかるくこすります。

**土壁**　半乾きぞうきんで、壁が水を吸ってゆるまないように、手早く汚れをたたきます。

**和紙**　半乾きのぞうきんで、けば立てないようにたたいて汚れを落とします。

### 意外に目立つ！手アカ汚れは

スイッチプレートやドアノブまわり、階段や玄関の手をつきやすいところなどは、ほかの壁よりも汚れやすいところです。月に1度くらい、フキペットか軍手を霧吹きでかるく湿らせたもので拭いてまわります。

**階段の壁**
手をつくところが黒ずみがち。湿らせたフキペットでとれます。

**スイッチプレート**
手アカと静電気で汚れやすいところ。とれないときは固形石けんをつけて。

### 拭きそうじで黒ずみ退治

ビニールの壁紙の、ぜんたいにすすぼけて汚れが目立つ所は、水拭きで落とせます。この場合も先にハタキをかけます。

あまりぬらすと素材を傷めたり継ぎ目が浮きやすくなるので、半乾きぞうきんをたたみ替えてきれいな面を出しながら拭いていきます。いちどに広い面積を拭こうとするとムラになりやすいので、50㎝四方がきれいになったら次にすすむくらいの目安で拭きます。

**少しずつすすむ**
フキペットを水にぬらしてかたくしぼったものでも、洗剤拭きと同じような効果があります(あとはから拭きを)。

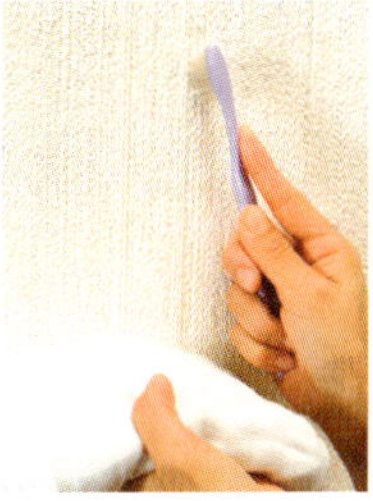

**凹凸のあるクロスは**
ブラシをかるくぬらし、石けん（固型）をつけて円を描くようにこすり、あとを拭きとります。

## 天井

江戸時代はすすはらいが12月の風物詩でしたが、すすのでる器具がない今、天井につくのはホコリと調理の油汚れくらいです。

天井は広い面が見えてムラが目立つので、水拭きはあまりおすすめできません。年に1回くらい、長柄のハタキでホコリをとるていどにとどめたいもの。壁と天井の境目だけはくもの巣がついたりホコリがたまりやすいので、壁といっしょにハタキでぬぐっておくとよいでしょう。

電気炊飯器の湯気、卓上コンロやホットプレートの湯気や油煙、照明器具の熱が呼ぶ汚れがあるときは、フキペットかぞうきんに石けん(固型)をつけ、まわりをぼかしながら拭きましょう。

**から拭きですっきりと**
モップに化繊の布をはさんでから拭きすると、ホコリやかるい油汚れはすっきりとれます。

ホコリが目立つときは長い柄のハタキでぬぐうように。

**手で拭くときは**
目立つ汚れはぼかしながら拭きます。天井と頭が握りこぶしひとつ分くらいあく高さがラク。

ほうきモップ(p.30)も軽くてよい。

## 照明器具

かさも電球も、汚れで黒ずむと照明効果減。週1回のハタキかけで、いつも明るく過ごしましょう。

それでも細かいところに汚れがたまりますから、年に1回くらい、はずせるものは水洗いして、乾いた布でよく拭きます。はずせないものは、半乾きぞうきんで拭きます。

汚れのひどいときは重曹水を布につけて拭くとたいていきれいになります。

**かさはこまめに**
キッチンの油汚れも付着すると意外にガンコになりがち。さっとハタキをかけておきます。

**コードのホコリも**
ここからホコリがたれ下がっていたりすると、食欲減退。拭きそうじを忘れずに！

**とりはずせるものは**
ぬれても大丈夫なものは、はずして水洗いですっきり。とれないところは重曹水で。

# 家具・エアコン・階段・グリーンなど

家具や観葉植物がきちんと手入れされていると、部屋が生き生きとして、住む人も元気になれそうですね。

## テーブル　水拭き+つやだし布で

食事だけでなく、読書や勉強、アイロンがけなど多目的に使われるダイニングテーブルは、思いのほか汚れているものです。

ふだんの手入れは食事の前後に台ふきんをかたくしぼって拭くことを基本に。何度拭いても台ふきんが薄黒くなるようなら、調味料の油や手アカ、新聞のインクなどで汚れているので、フキペットかやわらかい使い捨て布をしぼって石けん（固型）をつけてこすり、よく水拭きします。

油分が足りなくなると、ぜんたいにつやがなく古ぼけた感じになります。月に1度くらい、脚、天板ともにつやだし布でみがいておきましょう。

＊メラミン仕上げのものはワックス類は不要です

**食事の前後に**
必ずかたくしぼった台ふきんでよく拭きます。化繊のかやぶきんが使いやすい。

**こびりついた汚れは**
お湯拭きでとれないときは、石けんをつけて。

## チェア　脚の裏を拭くのを忘れずに

椅子にもハタキをかけてホコリをためないようにします。食卓椅子は拭きそうじのついでに脚の裏を拭いておくと、床の汚れ防止にも。月に1度くらいつやだし布で木部、金属部とも拭いておくと、つやもでて、ホコリがつきにくくなります。

**ホコリを落とす**
椅子は意外にホコリがたまりやすいので、ハタキがけを

**脚の裏は**
案外汚れやすいところ。床を汚さないためにも、拭いておきます。

## 換気穴　ホコリがぶら下がっていませんか?

集合住宅の壁や天井についています。細かいさんがホコリを呼び、放っておくと黒ずみがとれなくなるので、壁といっしょにハタキでクルリとぬぐっておきます。黒ずみは重曹水と使い捨て布で。

**長い柄のハタキで**
ベランダ側の壁、トイレやキッチンの天井などにあります。ハタキでさっとぬぐっておけばいつもきれい。

## ソファ　そうじ機かけですっきりと

分解できるところは分解してそうじ機をかけ、クッション類は外ではたきます。皮・合成皮革のソファはから拭き。布のソファのシミや手アカ汚れは、カーペットクリーニングと同じように、泡を使って落とします。

**革製は**
基本はから拭き。汚れが目立つときは、専用クリームで。

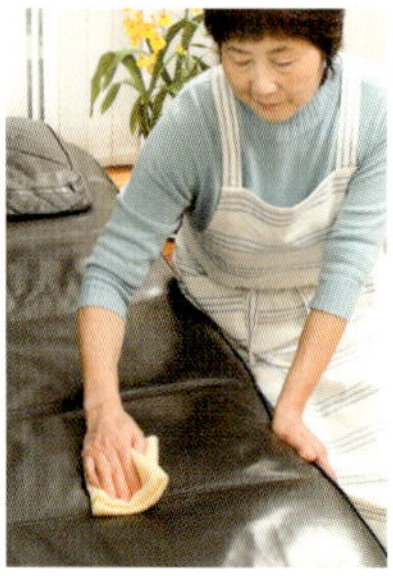

**そうじ機をかけるときに**
すき間ノズルに替えて、ホコリをとります。

## ドア　手アカがついていませんか?

壁といっしょにハタキかけ。蝶つがいのある側面が汚れやすいので忘れずに。家具とともに、月に1度くらいつやだし布で拭きます。

**つやだし布で**
表面、側面、ノブも忘れずに拭いておきましょう。

**隅のホコリは**
綿棒か竹串に使い捨て布を当ててかき出すとよいでしょう。

家電

## 忘れていませんか？

テレビ、オーディオなどの電化製品は、静電気がホコリを呼ぶので、目についたときに、ハタキやハンディモップでさっとぬぐいます。さらにつやだし布で拭くと、光沢がでる上、ホコリもよくとれます。

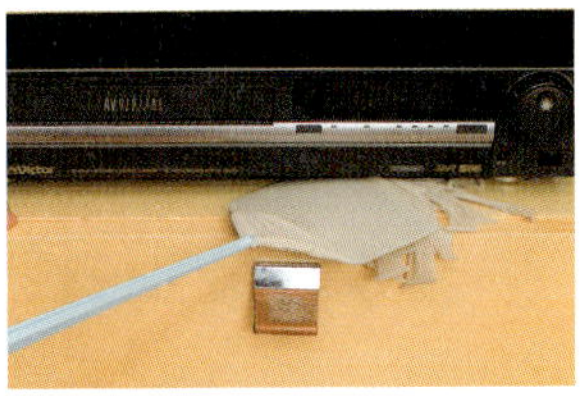

**狭いすき間は**
ハエタタキにストッキングをかぶせてつくるすきまモップ（p.39）なら5mmのすき間にも入ります。

**リモコンのホコリ**
細かい部分は綿棒で。

グリーン

## 愛情かければ応えてくれる

リビングに安らぎを与えてくれる観葉植物。元気に生育させるためにも、ホコリ払いと葉水《はみず》を。

**ホコリを払う**
ふだんはハタキや布でなでるように拭くか、軍手をはめて葉の上をはらったり、枝をふってホコリを落とします。

**葉水で生き生きと**
2～3ヵ月に1度、お風呂場か戸外でたっぷりのシャワーをかけると、葉の色がよみがえり、元気になります。

エアコン

## フィルターそうじで電気も節約

シーズンのはじめと、使用中は1～2週に1度、フィルターのホコリとりが必須。ここが詰まってしまうと冷暖房効果が落ち、電気代もムダになります。

**そうじ機で**
とりはずしてすき間ブラシでホコリとり。

**シャワーをかけて**
網目にもぐりこんだホコリがとれないときは、シャワーをかけながら、やわらかいブラシでこするとスッキリ。

階段

## ハタキと半乾きぞうきんで

階段では小まわりのきかないそうじ機は使いにくいもの。板敷きならハタキ、ぞうきんの手動そうじを。カーペットの場合はハンディ型、スティック型のそうじ機がおすすめです。

**上から降りてくる**
化繊バタキで手すり、階段ともホコリをぬぐいながら降りてきます。照明器具があれば忘れずに。

半乾きぞうきんをたたみ替えて拭きながら降りてきます。

目立つのはココです。
側面を拭くのを忘れずに！

飾り棚など

## つやだし布で気持ちよく

ふだんはハタキかけ。月に1度くらい、つやだし布で木部を拭きます。季節の模様替えの際などに、飾り棚の中のものもぜんぶ出して拭くとよいでしょう。

**棚を拭くときは**
置きものをちょっと持ち上げて下を拭きます。

# 窓まわり

**陽光をとりこんだり、風を通したり……。窓の周辺がさわやかだと、家全体が気持ちよくなります。**

あなたの住まいには、窓が何カ所ありますか。内側にはホコリ、手アカ、調理中の油分など、ためると落ちにくい汚れがついています。外側はたいへんな汚れに見えても土ボコリが主体で落とすのは楽です。

　窓のそうじには、じつは「ハタキ」が大活躍します。ガラス、ブラインド、網戸、またカーテンも、ハタキをまめにかけていると汚れぐあいが少なくてすむので、あとは水（お湯）で拭くだけで充分きれいになります。

「キッチンの窓は壁拭きといっしょに週1度」「家中の窓を1カ月でひとまわりするように」などわが家の目安をつかんでおき、“大雨、強風、台風のあと…”といった天候の変化にも合わせてそうじにとりかかれるとよいですね。

**週に1回、ハタキかけを**

ガラスはやわらかい化繊のハタキで、表面をすべらせるようになで、静電気でホコリを吸い寄せます。

きれいをキープ

**ガイドライン**

**週1回**
- ガラス、網戸にハタキかけ

**1〜2週に1回**
- ブラインドやカーテンにハタキかけ

**1カ月に1回**
（風雨の多い季節は多めに）
- ガラス拭き
- サッシのていねいそうじ

**3〜4カ月に1回**
（季節ごとに）
- 網戸の拭きそうじ
- ブラインドのから拭き

**年に2回**
- レースのカーテン洗たく

**年に1回**
- カーテンの手入れ
- 雨戸、戸袋のそうじ

■主な用具
化繊バタキ
ポリバタキ
ぞうきん
スクイジー
軍手
サッシブラシ
たわしなど

## ガラス窓

アンケートでは、「ガラス拭きは気が重い」と答えた人が、換気扇そうじについで2番めに多くなっています。理由は「届かなくて拭きづらい」「面積が広く、枚数も多くて重労働」……。

　ここに紹介するのは、それらが解消する方法2つ。いずれもそうじ上手の方たちが「いろいろ試したけれど結局これに行き着いた」というおすすめのものです。「透き通った窓から景色や花々がきれいに見えると気持ちがすっきりする」というガラス拭き愛好派が増えるにちがいありません。

　ガラス拭きは部屋のそうじの流れで、週1度くらいハタキをかけておき、1カ月に1回を目安に。窓枠や外枠もいっしょに拭きます。まずガラスにも枠にもハタキをかけてからはじめます。

**手で拭く**（小さな窓に向くシンプルな方法）

　あらかじめ枠を拭きます（p.72）。ゆるくしぼったぞうきんで全面を拭き、乾いた布で拭き上げます。道具がいらず、思い立ったらすぐにできるかんたんさが魅力です。

**1 水拭き**

ぞうきんは何枚か用意して、次々と新しい面で、汚れを拭きとるつもりで拭いていくとよいでしょう。

**2 から拭き**

ガラス面に水分が残っているうちに、から拭きをします。拭き込まれると、ガラスはみがかれ、輝きます。

**■シーリングのカビに注意**

湿気の多い場所の窓や結露の季節には、ガラス周囲のシーリング枠にも水滴がつき、そのままにしておくと、黒カビの原因になります。乾いた布で拭きとりましょう。

## シンプルそうじのポイント

窓の開閉時に、ガラス面をさわらないように気をつけることで、手アカ汚れが減る
表から、裏から、カーテンにもハタキかけを。ホコリ焼けせず寿命がのびる
形が複雑なものほど、ハタキが便利、効果も大きい
結露は乾いた布でまめに拭きとると、サッシの長もちにもつながる（p.126）
網戸はポリバタキをかけて風通しのよさをキープ。自然の風は気持ちがいい！


### ■油分を含む汚れは…

**キッチンの窓**　壁と同様に、重曹水をスプレーしてこすり、水拭きのあとにから拭きします。凹凸のあるガラスは、アクリルたわしや歯ブラシで汚れをこすり落としてから、全体を拭きます。

**交通量の多い道に面した窓**　車の排気ガスで黒くなる場合があります。ポリバタキをまめにかけた上で、汚れ方によっては重曹水をたっぷりスプレーし、使い捨て布で拭きとり、水拭きして、から拭きします。

## スクイジーを使う（広い面積を短時間でする方法）

スクイジー（ワイパーともいう　幅約30㎝）は力を入れることなく一度に広い面積をきれいにすることができ、拭きむらもありません。水がたれることがあるので、室内側をする場合は、窓際の床に新聞紙など敷いておきます。レール溝もついでにそうじするとよいでしょう（次ページ）。

**1 たっぷりぬらす**
スクイジーにゆるくしぼったタオルを巻きつけ、両端を輪ゴム2本ずつでとめて、ガラス全体をぬらします。

**2 水けをきる**
タオルをはずし、スクイジーのゴムをガラスにぴったりとあて、上から下に一方向に動かします。下枠に達する10cmくらい手前でとめます。

ゴムに汚れがつくので、1回ごとに布で拭きとります。

**3 最後は下枠にそって**
スクイジーの幅を少し重ねながら、ガラス面の幅の端にいくまでくり返し、最後に下の拭き残りの部分を左から右へ引いて、終了。
＊このとき勢いよくするとしぶきがカーテンにとび散るので注意。枠は最後にかたくしぼったぞうきんで拭き上げます。

## 高いところの窓は「スクイジー＆長い柄」で

階段や吹きぬけの上部にある窓など、手の届かないところは、スクイジーに柄をつけて同様にそうじします。

食卓の上に椅子を積み上げ、その上に乗って窓拭きを試みるのは、とても危険。道具をそろえるか、もしくは業者に依頼しましょう。

**天井のあかりとりも**
写真の柄は65〜110cmの伸縮型。

**2階のはめころし窓も外側から**
4mを越す長い柄も市販されています。

## そのほかの拭きにくい窓も

外側に出られず、手を伸ばしても届かない部分、すぐ外に面格子があって窓とのすき間がせまい場合なども、スクイジー（必要なら柄をつけて）を横向きに窓の面にそわせて使うと楽にできます。

**ジャロジー窓**
ルーバーガラスを、ハンドル操作で開閉できる窓。ガラスの羽根を水平にし、ぬらした軍手をはめて拭くと、ガラスの側面やこまかい部分も拭きやすい。

# サッシ

気密性が高く、軽くて丈夫なアルミがよく使われています。手入れしだいで寿命がかわり、酸やアルカリは材質を傷めますし、硬いものでこすると、たちまちキズがつくので厳禁。半乾きぞうきんでの拭きそうじがいちばんです。

**窓枠**

ふだんから、ガラスの手入れの延長でハタキかけや拭きそうじをします。窓の下枠はガラス拭きの際に汚れが流れ落ちることがあるので、最後にきれいにします。

**半乾きぞうきんで**
枠をしっかりつかんで拭きます。

**側面も忘れずに**
サッシの厚み（左右の側面）の部分も拭きます。鍵の金具まわりなど、こまかい部分はかたくしぼった軍手が便利。

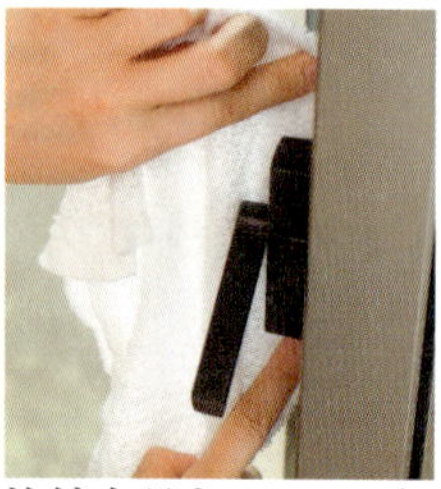

**施錠金具とガラス面とのすき間**
かたくしぼったタオルをあいだにはさみ込み、上下に動かして拭きます。

**レール（溝）**

汚れがたまりやすいレールは、部屋のそうじのついでにブラシで掃き、そうじ機で吸っておくのもよいでしょう。上部や横の溝は、ガラス拭きのとき拭くのを忘れずに。

溝のそうじの手順

1 **サッシブラシで**
隅の泥やゴミをていねいにかき出し、掃き出すか、そうじ機の先にブラシ、すき間ノズルなどをつけて吸いとります。

2 **割り箸と布で**
けずった割り箸（サッシヘラでも）に使い捨て布を巻き、溝の角にぴったりあててこすります。四隅の汚れは、さし込んではがすようにとります。

**こびりつきには湯をかけて**
土ボコリがかたまったところは、少量の湯でふやかし、使い捨て布で拭きとります。サッシに大量の水を流すと、建物を傷めることがあるので、ひかえましょう。

# 雨戸・戸袋

台風シーズンのあとなどに、雨戸の外側、内側にポリバタキをかけておきましょう。鎧戸（シャッター）はぞうきんで水拭き、から拭きし、できればオセダー水（p.65）をスプレーした布で拭き上げると、家の外観がぐんときれいになります。

**戸袋やレールはほうきで**
戸袋の中も、くもの巣がはったり、ホコリがたまるので、ほうきでかき出すか、そうじ機をさし込んで吸いとります。

# ブラインド

材質はアルミ、木、布・紙など。いずれも、こまめにハタキをかけて、汚れをためないのがいちばんです。

**ポリバタキで**
1～2週に1回、羽根を全部下げ、一方向にそろえてハタキをかけ、羽根の向きを変えて反対側も同様にかけます（＊）。

**拭きそうじは手袋型が便利**
3～4カ月に1回、軍手やあっちこっち手袋をはめて、から拭きします。指のあいだにはさむと、1度に3～4枚拭けますし、ひもの周辺など、こまかいところも楽に届きます。

＊短い柄（写真は25cm）が使いやすい（P.41）。

アルミの小さなブラインドなら、はずしてバスルームなどに運び、水をかけて洗うこともできます。アクリルたわしなど、キズをつけないものでこすって洗い、水けを拭きとってもとにもどし、羽根を下げて乾かします。

# 網戸

金網ではなく、樹脂製が多くなっています。ふだんは週1度、両面からポリバタキをかけ、3～4カ月に1回拭きそうじを。目詰まりしないように、汚れやすい窓ではガラス拭きのたびに網戸を拭いておくのもよいでしょう。

**網戸にはハタキが効果的**
力をかけるとたるんでしまうので、週に1回のハタキかけをそうじのメインにしておくとよいでしょう。

### 網戸をはめたまま拭きそうじ

風のない日に行うとよいでしょう。ハタキをていねいにかけたあと、ぞうきんで水拭きします。汚れのひどい場合は、ガラスと網戸を重ね、外からぬれぞうきんでびしょびしょと流します。水けを拭き内側からもぞうきんで水拭きし、その後ガラスを拭きます。洗剤を使うと残さず拭きとるのがたいへんなので、はずさない場合は水だけで。

手の届きにくい網戸はガラス拭き同様、スクイジーに柄やぬれタオルをとりつけて拭くとよいでしょう。タオルはかためにしぼって使います。届く面だけでも拭けばずいぶん違います。

**シミをとるとき**
油を含む汚れやシミなど、たわしや布で部分的に強くこすって落としたいときは、裏側にボール紙をあてて（浅い段ボール箱を使うと持ちやすい）、たるむのを防ぎます。

### 網戸をはずして水洗い

網戸をねかせて洗える場所があるなら、たわしでこすりながらシャワーホースで勢いよく水をかけます。

**水を流して さっぱりと**
洗車ホース（ブラシつきホース）を使うのも便利です。油を含んだ汚れのひどい場合は、重曹水をスプレーしてこすり、水ですすいで自然乾燥させます。
（網戸の張り替えはp.136参照）

# カーテン

左右に開閉するタックカーテンのほかに、ローマンシェード、プリーツスクリーン、すだれなど、窓辺に下げるものにはいろいろな形状、材質があります。部屋にハタキをかけるとき、カーテンのホコリも払っておきましょう。

**外側をていねいに**
内側（部屋側）より外側（窓側）のほうが汚れているものです。ポリバタキを小きざみに動かして、きれいにします。

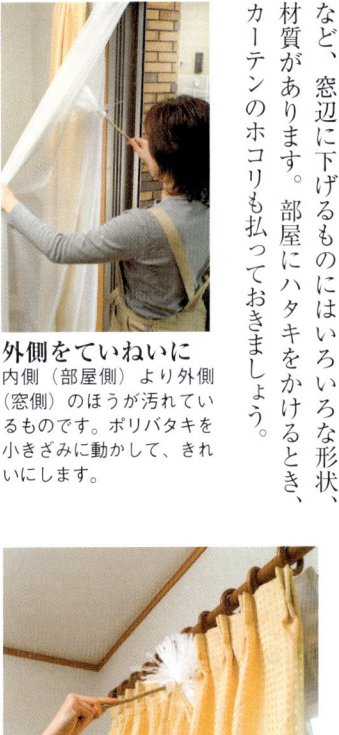

**ひだ奥にホコリがたまりやすい**
ハタキをかければほとんどとれます。

**レール周辺**
カーテンボックスやレール周辺にハタキかけ。タッセルやカーテン止め金具なども忘れずに。

### カーテンの手入れと洗たく

**厚手のカーテン**　家庭では洗たくできないものもあります。表面にそうじ機をかける、裾や手のふれやすいところをかたくしぼったタオルで拭くなどの手入れで、ずいぶんきれいに保つことができ、クリーニングの回数を減らせます。

**レースのカーテン（水洗いできるもの）**　レールからはずして洗たく機で洗い、かるく脱水し、そのままレールにとりつけて干します（詳しくは小社刊『洗濯上手こつのコツ』参照）。カーテンをはずしたら、レールや窓のまわりをついでにきれいに拭いておきましょう。

# キッチン

## 料理のあとに、後片づけの際にと作業の流れの中でそうじをしてしまう…、「汚れたらすぐ拭く」が基本です。

　キッチンを清潔にしていると、料理も楽しくなりますし、家族も気持ちよく台所仕事に参加したくなるはず。また少々汚れてもきれいにすることがおっくうになりません。
　水アカ、油、ホコリ、粉、肉汁、果汁……、さらに高温によるこげなど、もっとも多様な汚れのある場所ですが、それらの多くは、すぐならば楽に落ちます。油汚れなど、そのままにしておくと素材を劣化させる場合もあるので、ムリにならない間隔で、そうじのペースをつくるといいでしょう。
　キッチンでは、そこにいるほとんどの時間を調理や後片づけなど、「作業」をして過ごします。ですから、まとまったそうじ時間をわざわざ別にとるよりも、「汚れたら拭く」ことが、時間も労力も合理的で、いちばん楽な方法です。
　台所仕事は、今や男女の別なくする家事になってきています。使いやすい重曹水とアクリルたわしをセットにして、誰でも、思い立ったら手にできる場所に置いておけるといいですね。

汚れはすぐ拭くクセを

シンク用のから拭き布を用意するとよい

### きれいをキープ ガイドライン

**汚れたらすぐ　調理のあとに**

●ふきこぼれ、油はねをとる
「落ちやすいうちに拭く」が習慣化できると、ひどいこびりつき汚れが激減します。

**ふだんそうじ　毎日**

●汚れはお湯拭きする
後かたづけの仕上げは、グルッとキッチンぜんたいを見まわして、目につく汚れをサッとお湯拭き。

●水滴は「毎日拭く」
シンクの水滴を1日1回拭き上げれば、「水アカ」もこわくありません！

**週に1回**

●ハタキかけ&そうじ機かけ
ほかの部屋の流れでします。冷蔵庫横のすき間なども忘れずに。

●見える場所をひと通り拭く
レンジや換気扇、収納棚、食器棚、電気器具、ゴミ箱、照明などをお湯拭き、または重曹水で。

油はね、ふきこぼれ、電子レンジ庫内の破裂、魚焼きグリルなどはその場で対処を。

シンクは食器洗いの延長で洗います。

専用のから拭き布を用意すると蛇口みがきもおっくうになりません。

照明、冷蔵庫上にもハタキをかける。

レンジフード、グリスフィルターなど手がとどくところを拭きます。

## シンプルそうじのポイント

早め早めに窓や換気口をあけて換気扇をまわし、空気の流れをつくるとキッチンのベタベタ汚れが減少
換気扇カバーをする際は、定期的に替えないとマイナス効果に
汚れが固まらないうちは水拭き、お湯拭きでOK。とくにオーブン使用後に効果大。環境によくキッチン長もち
油がはねそうなときは、新聞紙で床の汚れを防止
よけいなものが出ていなければ、ひと拭きもラクラク
冷蔵庫内・収納庫はトレーを上手に使って汚れ拡大を防止
シンクの水滴を拭き、蛇口をみがくのは水アカ防止だけでなく、気持ちがいい！

冷蔵庫のチェックをしながらさっと拭く

●シンク・レンジまわりのていねいそうじ(p.76・78)
シンクの継ぎ目は意外と死角になりやすい場所。ヘラなどに布を巻いてこすり落とします。

●冷蔵庫内をさっとひと拭き
買いもの前に庫内の空いてきた場所を中心にさっと拭く。在庫チェックにもなり一石二鳥。

**月に1回**

●換気扇フィルターとフードのそうじ(p.80～82)
換気扇の油だまりやフィルターの汚れも、この間隔ならフライパンを洗うくらいの手間で落とせます。

●五徳《ごとく》のていねいそうじ(p.79)
こげつきは、まず重曹石けんペーストをつけてたわしでこすります。落ちなければ煮沸や焼ききるのも効果的。

●壁、照明器具を拭く

楽な換気扇そうじは道具で決まる

**年に1～2回**

●換気扇のていねいそうじ
分解可能な部分をはずすと、楽に能率よくできます。

●手の届かない所を拭く

●冷蔵庫、収納棚などのぜんたいそうじ
在庫整理も兼ね、庫内の食品を出して内側ぜんたいの拭きそうじをします。

詳しくは次のページから←

冷蔵庫内、トレーを洗い、冷蔵庫を動かして裏側もそうじをします。

換気扇のプロペラファン、シロッコファンは、油のゆるむ暖かい時期に。

グリスフィルターをとりはずし、重曹で拭いたあと水拭きを。

シンクの継ぎ目は意外に見えにくいので要チェック。

五徳や受け皿のこげつきはまず重曹石けんペーストでこする。煮沸や火口で焼ききる方法も。

油はねはお湯拭きをするか、重曹水で拭いて水拭きします。

# シンクまわり

**美しさ持続の最大のポイントは「よけいなものを置かず、食器といっしょに洗って拭き上げる」ことです。**

きれいをキープ
ガイドライン

**毎日**
●シンク洗い、蛇口をみがく

**週1回**
●たまった汚れをチェック

■主な用具と洗浄剤
乾いた布
フキペットまたはアクリルたわし
たわし　歯ブラシ
10：3：3の重曹石けんクレンザー
1：1：1の重曹石けんペースト
クエン酸水

キッチンに入ると、まず目に入る蛇口やシンクはこの場所の要。汚れやすい場所ですが、この2つをきれいに保つことがキッチンの清潔さの基準を引き上げます。

シンク、ワークトップいずれも、さまざまな素材があります。あるていど以上の熱やキズ、衝撃に耐えられはするものの、それぞれに長所短所があり、特徴が異なるので、取扱説明書で使用・手入れ方法を確認することが必要です。

**きれいなシンクを保つ5つのポイント**

1 汚れ、水けをこまめに拭く
2 調理、片づけのあとに拭く
3 よけいなものを置かない
4 不用意にキズをつけない
5 から拭き専用布を用意する

## 日々の手入れは食器洗いの流れで

ふだんの手入れは、食器洗いがすんだその手で、シンクや蛇口まわり、ワークトップを洗います。習慣になってしまえばお湯だけでもきれいになりますが、しつこい油汚れなどには石けんや重曹水をつけてこすり、水ですすぎます。

粉末のクレンザーやスチールたわし、ナイロンたわしなどは、細かなキズをつけるので避けます。

## 排水口もこまめに洗う

ヌルヌルして洗うのがおっくうになる排水口。そうなるとますます汚れがたまる悪循環に。ゴミ受け、その下のトラップも、ブラシなどでできれば毎日洗っておけばヌメリもなく、手入れもラク。野菜くずや油汚れは、ぬらしたり排水口に流したりせず、拭きとるなどしてゴミとして捨てるようにすれば、汚れも少なく環境にもよいはずです。

## ふだんの手入れ

洗ったら充分にすすぎ、1日1回はから拭きを。拭き上げるのは台所仕事のいちばん最後に。

キズは新たな汚れの原因にもなるので、フキペットやアクリルたわしを使い、食器洗いのついでにこすり洗い。

蛇口も乾いた布で1日1回みがくだけ、いつもピカピカで気持ちがいい。

すき間や継ぎ目は汚れがたまりやすい。爪の先やヘラなどに布を巻きつけて汚れをとります。

「生ゴミは流さない、ぬらさない」を実行すると、排水口のヌメリも減ります！（広告紙のゴミ入れ『基本の家事』p.50）

ゴミ受け、排水口のトラップもシンクといっしょにそうじします。ここの水がいつも「清らか」になっていると、臭気はゼロに。

## ステンレスシンクの手入れ

ステンレスシンクの油汚れや水アカなどのくもりは、まずフキペットやアクリルたわしに石けん（固型）をつけてこすります。これで水アカがとれない場合は重曹石けんクレンザーをつけ、左右の方向に（ヘアラインのある場合は筋目の入った方向にそって）みがきます。

1日に1回は乾いた布でシンクを拭き、蛇口をみがけば、くもりのない状態に。から拭き用の布を用意しておくだけで、意外とかんたんに習慣にできます。

**ガンコ汚れは？**
まずお湯や重曹水でこすり、落ちなければ、重曹石けんクレンザーを使ってみる。

**シンクをみがく**
ヘアラインのあるシンクは重曹石けんクレンザーをつけ筋目にそって洗う。

## 気になる蛇口の根もとの水アカ

白くついた水アカは、クエン酸水をふきかけて歯ブラシでこすってみます。それでダメなら重曹石けんクレンザーをつけてこすります。落ちきらないものは重曹粉末をつけてみがいてみてもよいでしょう。最後によくすすぎ乾いた布で拭き上げます。

**蛇口の水アカ**

クエン酸水などで落ちない水アカは、最後の手段に重曹粉末を使って。

しめらせた歯ブラシでみがき落とし、よくよくすすぎます。

### ■ワークトップの素材の特徴

シンク同様、使ったら汚れや水分を拭きとるのが基本。ウイークポイントを知って扱うと、美しさがより長くたもてます。

**ステンレス**　耐熱・耐水・耐久性があり、汚れにも強い。また、衝撃にも強く手入れがかんたん。鉄とクロム、ニッケルの合金でさびにくい材質だが、塩素に弱く、鉄をそばに置くとサビがとぶ、いわゆる〝もらいサビ〟することがあるので、注意が必要。

**人造大理石**　耐久・耐水性に優れるが、熱い鍋などを置くと跡がついたり、重いものを落とすとヒビや割れる可能性がある。落ちない汚れやシミは、重曹石けんクレンザーなどでみがいて落とす。（周囲の光沢と同じように仕上げる）

**メラミン樹脂系**　さまざまな色、柄、形がある。傷つきやすいが比較的耐熱・耐水性に優れている。

**タイル**　耐熱・耐水・耐久性に優れている。目地はこまめな手入れが必要。

**天然石**　御影石や大理石など。前者は耐熱・耐水・耐久・耐汚性に優れるが、後者は耐水・耐汚性が低い。

**集成材・天然木**　手触りがよいが、ほかに比べ耐水性・耐熱・耐久・耐汚性が低い。

### ■「サッと拭き」かかる時間は？

ふだんからすることで効果絶大の拭きそうじ。どのくらい時間がかかるか、標準的な3.6畳のコの字型キッチンで測りました。「これならできそう」と思う場所からやってみてください。

| 場所 | 1回目（ふだんの状態で） | 2回目（上のものを片づけて） |
|---|---|---|
| ワークトップ | 57秒 | 27秒 |
| シンク内側 | 50秒 | 35秒 |
| 蛇口 | 25秒 | 変化なし |
| レンジトップ | 55秒 | 45秒 |
| レンジフード | 38秒 | 変化なし |
| 収納扉 | 95秒 | 〃 |
| 冷蔵庫外側 | 42秒 | 〃 |
| 炊飯器 | 32秒 | 〃 |
| 電子レンジ | 30秒 | 22秒 |
| 床 | 93秒 | 75秒 |
| 合　計 | 517秒 | 436秒 |

上に出たままのものを片づけると、約2割減の時間でできました。

# レンジ台

**油や塩分、炭化したものなど、もっともひどい汚れのつくのがこの部分。汚れが固まらないうちに拭くのがベストです。**

きれいをキープ
ガイドライン

● ふきこぼれや油はね、そのときに始末

**週1回**

● 見える場所をお湯や重曹水で拭く

**月1回**

● ガンコ汚れは石けんや重曹で落とす

■ **主な用具と洗浄剤**

ぞうきん　使い捨て布
10:3:3の重曹石けんクレンザー
1:1:1の重曹石けんペースト
重曹粉末　ヘラ
バーナー用ブラシ

たいていの汚れは、ついてすぐに拭けばかんたんにとれてしまいます。汚れがついたまま火を使い続けたり、冷えて固まってしまうと、汚れが炭化してこびりつき、それが重なるなどしてがんこな汚れに変身しますから、何より早めの対応が肝心です。

こするくらいでは落ちなくなってしまった五《ご》徳《とく》や受け皿などの汚れは、強力な洗剤を使わなくても煮沸したり焼ききる方法で落とせます。とはいえ、やはり強いエネルギーを加えて落とすので、素材に負担のかかることを忘れずに。

レンジ台もガラストップ、フッ素コート、ホーロー、ステンレスなど、素材によって扱いが異なるので、どんな特徴があるのか、取扱説明書で確認が必要です。

## ふだんの手入れは「汚れたらすぐ」

コンロ周辺のふきこぼれや油はねは、冷えて固まる前に水拭きをするのが基本。固まってしまったら、まずお湯拭き、次に重曹水や石けんをつけて汚れを落とし、水拭きします。油のはねる料理のあとは、コンロまわりをグルッとひと拭きしたいもの。週1回は見逃した汚れをお湯、重曹でしっかりふきとります。

グリルは使い捨て布などで汚れを拭き、お湯などで汚れをゆるませて、早めに洗います。

**汚れはすぐに拭く**
ふきこぼれ、油はねは、温かいうちにひと拭きを習慣に。

レンジ台から壁への立ち上がり部分も汚れるのでいっしょに拭く。

**きれいなレンジ台を保つ3つのポイント**

1. 調理の合間も台ふきんをそばに
2. ついたらすぐ温かいうちに拭く
3. こびりつき汚れも早めに対処

## 洗いにくいグリル網は…

重曹がつきにくい網などは、重曹石けんクレンザー〈p.27〉で。

軍手を使うと、汚れの残りがちな交差部分もしっかり落とせます。

■ **レンジ台の材質と特徴**

**ホーロートップ**
ホーローはタイルの上薬のようなものなので、耐久性に優れ、表面はかたいが、たたいたり、重いものを落とすと割れやすい。

**ガラストップ**
最近多く使われている素材。耐久性、耐熱性があり、汚れも比較的落としやすい。重いものを落とすと割れることがある。

**フッ素コートトップ**
油汚れに強く、手入れしやすい。かたいものでこすると樹脂がはがれることがある。

**ガラスコートトップ**
ガラスのような美しい光沢がある。年数がたつとコーティングがはがれることがある。

**ステンレストップ**
価格は安いがキズがつきやすい。熱によって赤茶色に変色することがある。シンクと同様、もらいサビに注意。

## 受け皿、五徳《ごとく》のこげつき汚れ

まず重曹の粉をふりかけて、水をつけたアクリルたわしやブラシでこすり落とします。それで落ちないようならば、汚れに重曹石けんペーストをぬり、上からラップをして乾かないようにし、汚れの落ち具合に応じて10～30分ほどおいて、こすり落とします。

### 重曹をふりかけて

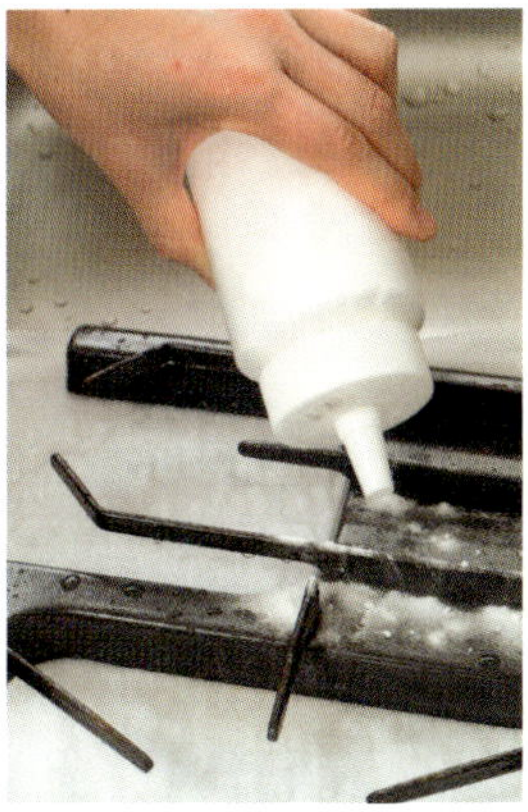

1 汚れた部分に重曹をふりかけ…

2 アクリルたわしなどでこすり落とします。

### 重曹をパックして

1 汚れに重曹石けんペーストをぬり、

2 ラップをして、しばらくおいてからこすり落とします。

3 手ごわい汚れもきれいになります。受け皿の下のそうじはp.24参照。

## ガンコな汚れは煮沸・焼ききる

上の方法でも歯が立たないようならば、煮沸や焼ききるなどして落とします。

**ぜんたい汚れは煮沸**　五徳など汚れを落としたいものが入る鍋を用意し、その中でグツグツ煮ます。10～30分ほど煮続けるとぜんたい的に汚れがゆるみ、落としやすくなります。からだきにならぬよう充分なお湯でします。

**部分汚れは焼ききる**　こげついた汚れをコンロの炎で焼くと、ヘラなどでパリパリとかんたんにはがすことができます（鍋つかみや軍手などをして。火傷に注意）。少しずつ作業をするので、湯を沸かすほどではない部分的なこげつきに向いています。

バーナーの穴が目詰まりしていると熱効率もわるくなるので、専用の金ブラシなどで削り落とします。

### 汚れを焼ききる

汚れの部分を火に近づけて、10秒～30秒ほど焼く。

ヘラなどではがすと、びくともしなかった汚れがパリパリとおもしろいように落ちます。

焼ききる前

焼ききったあと

### バーナーの目詰まり

専用ブラシでこすり落とす。

### 食洗機を使って

コンロの受け皿や五徳、換気扇のグリスフィルターやファンは、形が複雑で油汚れも強いので、まとめてそうじをしようとすると案外時間と労力のかかるものです。こまめな手洗いができない場合、ガンコな汚れになる前に、汚れ方によって週1～月1の頻度で食洗機に入れて洗うと、体力的、時間的に助かります。

# 換気扇まわり

## 「汚れをためないうちに」が最大のポイント

家事に関するアンケートで、「苦手、気の重い家事」のトップにあがったのが換気扇そうじ。ためてしまったギトギト汚れはちょっとやそっとでは落ちませんし、へたにそうじにかかると、ベトベトして収拾がつかなくなります。それを落とすコツと、汚れをためてしまわないそうじのタイミングが身につけば、どれほど気が楽でしょう。

換気扇には、直接排気式とダクト排気式の2つがあり、それぞれ使用環境に適した形をしています（下記参照）。シロッコファンを用いるダクト排気式は、形が複雑なためつい手入れがおろそかになりがちですが、手の届くグリスフィルターやフードまわりを日頃から拭くなどして、シロッコファンをそうじする際の負担を極力減らしておきたいものです。

汚れがひどくなると火災の原因にもなりかねないので、体力的、時間的に余裕がない場合は、業者に依頼することも選択肢に入れてみてはいかがでしょう。

## 拭くクセをつける

揚げものや炒めもののあとは、フードやフィルターまわりにも油がとんでいます。これに気づかずに一週間、一カ月、一年と放置してしまうとたいへんなことになりますから、調理後、または片づけの際に、わずか10秒でも、換気扇まわりを拭きましょう。

また、ふだんのそうじの際、リビングやダイニングでハタキを使ったついでに、壁と天井の境目あたりやフードカバーのホコリをぬぐい落としておくと、それだけで汚れ具合がかるくなります。

**きれいをキープ ガイドライン**

●油調理のあとフードをサッとお湯拭き

**週1回**
●手の届く部分をお湯や重曹水で拭く

**1〜2カ月に1回**
●油だまりやグリスフィルターをそうじ

**年1〜2回**
●換気扇の部品をはずしてそうじ。気温が高めの時期に

**揚げもののあとにひと拭き**
直後ならば水拭きだけで充分です。

**キッチンもハタキかけ**
油とホコリがいっしょになる前に、ハタキでぬぐっておく。

**意外に汚れるこの部分**
レンジに近い吊り棚の下は意外に油で汚れるので、週1回要チェック。

油だまりもひと月1回は割り箸に布を巻きつけて、汚れを拭きとる。

**汚れをためすぎないで！**

### 主なファンのタイプは2種類

**ふだんの手入れもかんたん**

**シロッコファン**
気密性の高い住宅やマンションなどで、壁や天井内側のダクトを通して排気する「ダクト排気式」のファン。形が複雑で、汚れがたまるとやっかいなので、年1〜2回そうじをしておくと次が楽です。

**プロペラファン**
一戸建てに多く、直接屋外に面してとり付けられているのが、「直接排気式」のプロペラファン。プロペラファンは構造がシンプルで、そうじもしやすいので、手の届く所はふだんから拭いてしまうのがおすすめ。

## 換気扇のていねいそうじ

台所で大がかりなそうじをする場合は、よけいな場所を汚さないよう床に古新聞を敷きます。レンジフード、グリスフィルター、シロッコファンなど、とりはずせる部品は取扱説明書にしたがってはずします。電装部品やコード類などは直接ぬれないようにポリ袋などでおおっておくと安心です。

### 部品はすべてとり外す

シロッコファンの分解

**1** フードは拭きにくい上、高い所にあるので、無理な姿勢でしないようとりはずす方がいい。スイッチ類のコードをはずしてから分解をはじめます。

**2** シロッコファンを止めているファン固定ねじをはずします。

**3** ファンケースからシロッコファンをとり出す。

**4** すべて分解したところ。

### 換気扇そうじにおすすめの道具

- 重曹、重曹水（200mlの水に重曹小さじ1）
- 石けん（粉／液体）
- 歯ブラシ（やや固めのもの）
- メンテナンスブラシ
- ヘラ（先の丸いものまたは割り箸）
- スプレーボトル
- ゴム手袋または軍手（やや厚手のもの。ケガ防止に）
- 空きびん（重曹をふりかける、重曹石けんペーストをつくる際に）
- 使い捨て布
- 古新聞
- バケツ、ゴミ袋

### ■重曹、石けんを使う際の注意点

換気扇の取扱説明書を読むと、ほとんどの場合、「シンナーやアルカリ性、酸性の洗剤を使うと、塗装がはがれたり変色する場合があるので、素材を傷めにくい中性洗剤を使って洗う」ようにと書かれています。

石けんや重曹などは弱アルカリの液性をしめします。環境負荷が低く、ベタついた油汚れをサッパリと洗い上げるのに効果的です。この本ではその2つを使った、環境に負荷の少ないそうじ法を紹介しているので、取扱説明書を参考にした上で、目立たない部分で試してみて、使用するか判断してください。

#### 油汚れも塗装はがれの原因に！

**塗装がはがれてしまったグリスフィルター**

油汚れが長年とりついたところに熱が加わることで塗装ははげやすくなります。

換気扇まわり

# グリスフィルターやフードなどのそうじ

**かるい汚れ**

月1回フィルターを拭くなどしている場合は、ふだんと同様に重曹水をふきかけながらアクリルたわしなどでかるくこすり、最後によく水拭きします。それで落ちない場合は粉石けんを併用し、少しおいてからこすってみます。

**ガンコ汚れ**

1年以上放置してしまった汚れは、直接洗剤をつけたり、お湯につけてしまわず、重曹と粉石けんをまんべんなくふりかけて重曹水をふきかけ、使い捨て布をかぶせてしばらくおきます。すると重曹粉末が油汚れを吸うので、歯ブラシでこするとベタベタせずスッキリととることができます（p.84）。

汚れたままにしておくと換気効率が低下し、室内に汚れを拡散させてしまうので、気づいたらすぐ手入れします。

## ファンケース

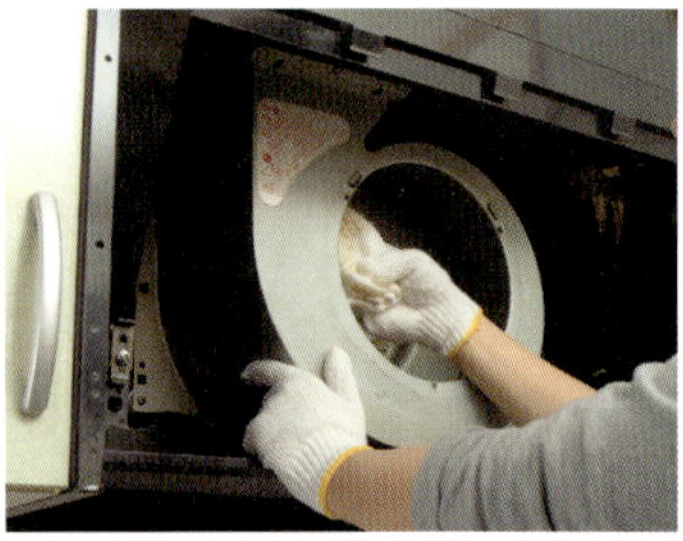

ファンケースの内側、下の部分には油がたまっている場合が多いので、ヘラなどですくいとります。

＊換気扇まわりは、塗装してある部品が多いので、重曹、クエン酸を使う場合、塗装面にそれらが残らないよう、よく水拭きします。

＊シロッコファンやフィルターを重曹につけおいている間に、そのほかの部分をそうじします。

## フード

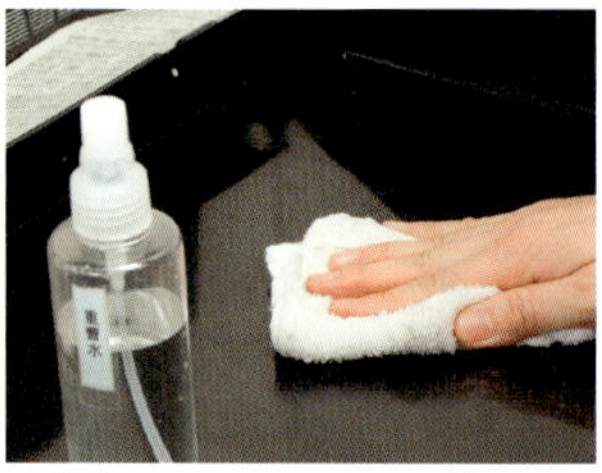

1 重曹水をふきかけ、汚れを拭きとります。

2 スイッチ類のコードなどは、布に重曹水をふきかけて拭き、最後に水拭きを。

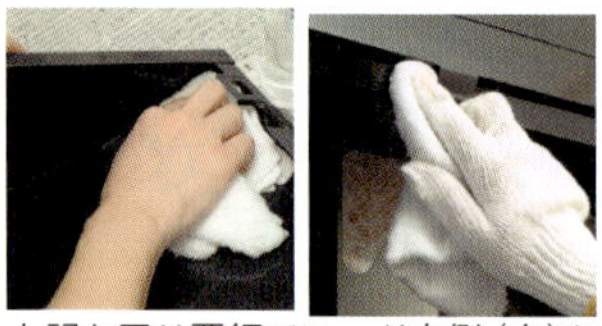

3 上記と同じ要領でフード内側（左）や接合部分（右）など、とりはずさないと拭けない部分を念入りに拭きます。

4 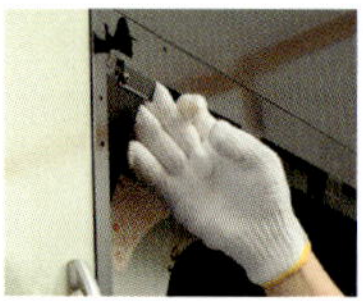

複雑な形の場所は、重曹水をふきつけた軍手で。

## グリスフィルター

1 かるい汚れの場合は、まず重曹水をふきかけて……

2 キズをつけにくいアクリルたわしなどでこすります。

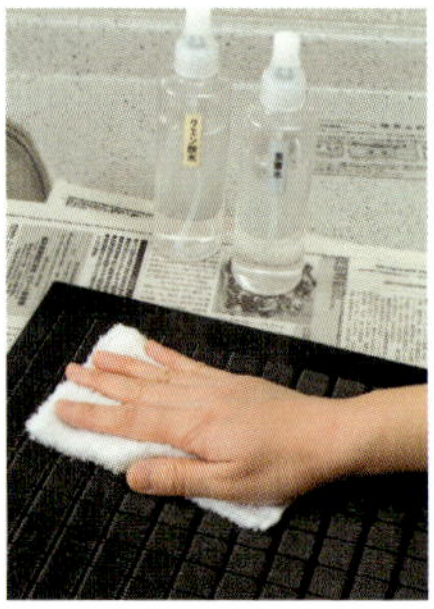

3 汚れがとれたら最後に水拭きをし、白くくもるようならクエン酸水を少々ふきつけて拭き、よく水洗いします。

換気扇まわり

# シロッコファン

換気扇まわりで、もっともそうじのやっかいなのがシロッコファン。形が複雑なので、この場合も布を巻いたヘラなどで、できるだけ汚れを拭きとっておくのがポイント。

その後、50～60℃の熱湯につけ、油がゆるんだところでとりだし、重曹、粉石けんをふりかけて汚れに応じて10～30分ほどおき、ブラシでこすり落とします。

湯につけている間にフィルターやファンケースをそうじします。

ファンケースに油がベットリとたまっている場合はこれをヘラで削りとり、重曹石けんペーストをぬりつけて使い捨て布やブラシなどでこすりとります。間口が狭いので、ケガ防止のためにも、必ず手袋をして作業します。

## シロッコファン

1 油汚れがぜんたいに厚く付着している場合は、ヘラでこそげ落とします。

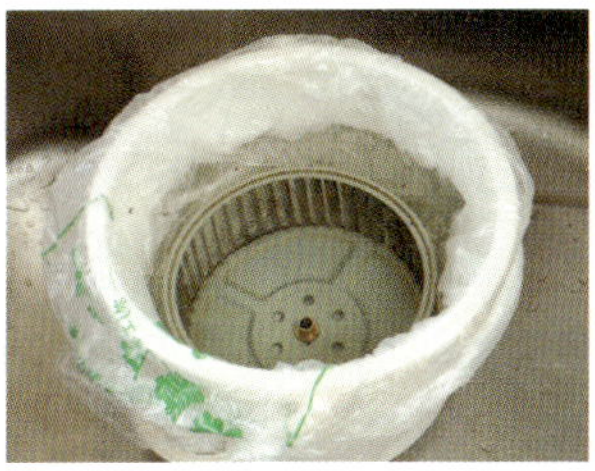

2 50～60℃くらいの湯（バケツにポリ袋をかぶせて使います）につけて汚れをゆるませて、20～30分したらとり出します。

3 まずは重曹水をぜんたいにふきつけ、その上に重曹と粉石けんをまんべんなくふりかけます。

4 その上からさらに重曹水をふきかけ、しばらくおきます。

5 汚れをかき出すように落とします。写真のメンテナンスブラシが、細かいところにもよく届いて使いやすい。

6 重曹と汚れのいっしょになったものがブラシにこびりついてしまったら、石けんと重曹をといた熱湯の中でかきまわすように洗います。

7 ひととおり汚れをかき出したら、使い捨て布で拭きます。入り組んだ所はヘラに布を巻きつけて。

8 最後にお湯でよくすすぎ、拭き上げます。

9 ファン固定ねじやベルマウスも同様に洗い、元通りに組み立てて終了。

■がんこ汚れおそうじリポート

# 換気扇そうじ編

## 換気扇そうじも楽しくなる重曹効果！

換気扇そうじはホントウに「エコそうじ」でできるのか？　原稿をまとめるにあたり、５台の換気扇を担当者自らそうじしてみた。

まずとりかかったのは自宅の換気扇。まだうっすら油膜汚れがついただけのグリスフィルターに、石けん、重曹のそれぞれで汚れ落ちを試したところ、ヌルヌルした感じの石けんにくらべ、重曹は油汚れを吸い、ポロポロとおもしろいほど落ちていく。「これなら換気扇そうじも楽しいかも」という感想をもった。

## 問題発生、塗装がはがれた！

ところが次に別のお宅でそうじしたファンに問題発生！　石けんと重曹を振りかけておいたところ、塗装がはげてしまった。換気扇の取扱説明書を再確認すると「アルカリ性洗剤は避け、中性洗剤を使う」ように書いてある。自宅のフィルターは塗装していないものだったのだが、本当に重曹や石けんの弱いアルカリのせいだけで塗装がはがれたのだろうか？

そこでその後も何度か試してみた。結果的には、長い間そのままにした油汚れを落とす際に重曹や石けんを使うと、はげ易いことがわかった。これは酸化した油が塗装面により大きなダメージを与えていると思われる。換気扇はそうじしなくても一見何も影響がないように感じられるが、見えないところで家や設備が傷んでいるのだと実感した。

## 汚れはこそげ落とすのが一番！

換気扇そうじで最もやっかいなのがシロッコファンのそうじ。最初は、油汚れとホコリが重層的についたファンに直接重曹水をかけ、重曹、石けんをふりかけたり、重曹と石けんを溶いた熱湯につけおきしてみた。しかし結果はどれも油がベットリやわらかくなるだけで、よけいに扱いにくくなってしまった。行き着いた方法は、とにかく最初に油汚れをヘラなどでとれるだけとってしまうこと。これはシロッコファンの納まっているファンケースにもあてはまる。左の写真は、ケースにたまっていた油汚れと、それをとり出した塊だが、これにそのまま洗剤などかけてしまったら、嫌になってきっと途中で投げ出してしまったに違いない。

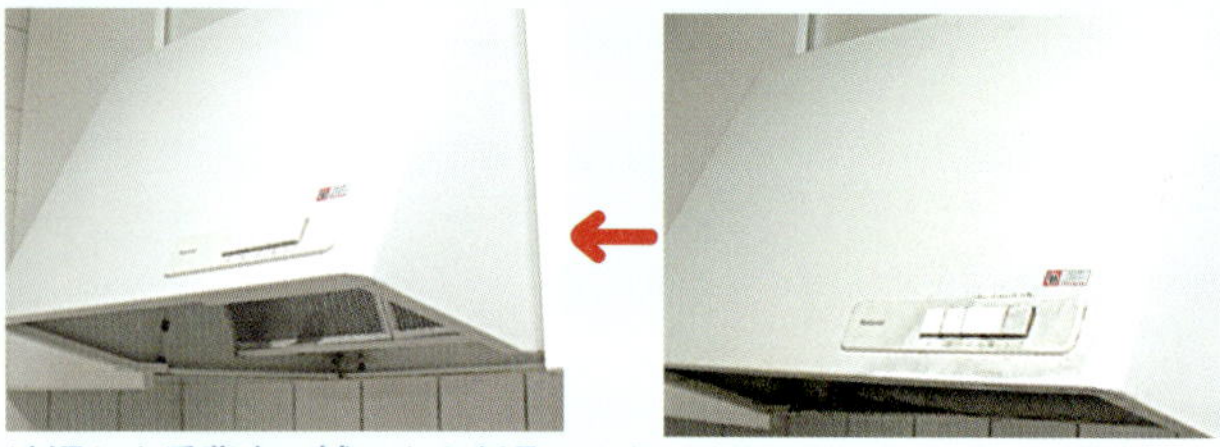

油汚れを重曹水で拭いたら新品のようにきれいに。

ふりかけた重曹と粉石けんといっしょに、汚れがポロポロととれた！

茶色く膜状になっていた汚れは、重曹石けんペーストをぬって落とす。

ホコリと油が重層的になった汚れ。直接洗剤をかけると手がつけられなくなるので要注意。

まずはヘラでこそげ落とす。するとこんなに汚れがとれた。

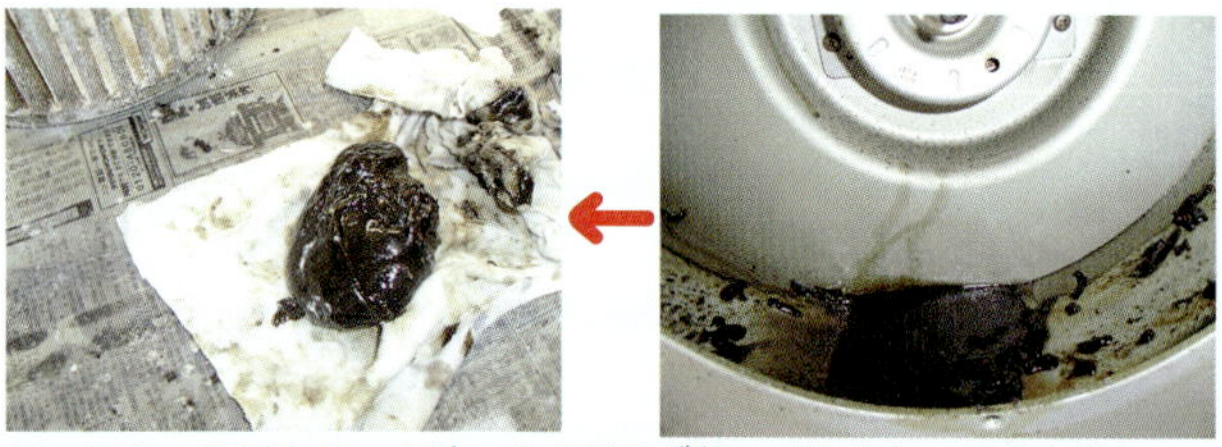

ファンケースにたまった油。そうじせず放っておくと、こんな塊に！

# 壁と天井・照明・床

きれいをキープ
**ガイドライン**

- 汚れたらすぐ水拭き・お湯拭き

**毎日**
- 床を拭く
- 壁の汚れを拭く

**週1〜2回**
- ハタキ、そうじ機かけ

**月1回**
- 照明器具の拭きそうじ

**主な用具と洗浄剤**
ハタキ　ぞうきん
使い捨て布
重曹水
1:1:1の重曹石けんペースト

キッチンの壁面につくのは、ほかの部屋のような単なるホコリではなく、調理で空気中に舞う油分といっしょになった粘性のある汚れ。そのままにしておくと、かたくなっていきます。それを防ぐためにも、レンジやシンクと同様にこまめに拭くことがたいせつです。

## 壁や天井のふだんのそうじ

キッチンの壁面にはタイルをはじめ、ビニールクロス、ステンレス、漆喰など、さまざまな素材が使われますが、基本的にはふだんのそうじの際にハタキでホコリをぬぐいとります。漆喰壁のように水拭きしない方がよいもの以外は、調理後汚れたら、水拭きやお湯拭きをこまめにすることを心がけます。天井はp.67に準じます。

## しつこい汚れは？

しつこい汚れは、ブラシのようなかたい素材の道具を使いたくなるかもしれません。しかしタイル、ステンレスなど表面が平らな素材は、キズがつくとそこに汚れが入り込み、よけいにとりにくくなりますから、キズのつかない布やアクリルたわしなどを使って重曹水で拭くのがベターです。

タイルの目地に汚れがたまった場合も、まずは重曹水で拭き、落ちなければ重曹石けんペーストをぬりつけ、しばらくおいてからかるくこすり落とし、最後にしっかり水拭きをします。

## 意外に汚れている照明器具

キッチンの照明は1年間そうじしないと明るさが約4割低下するといわれます。週1回はハタキかけを、月に1回は拭きそうじをしたいところです。油汚れがたまった場合、石けんや重曹が効果的ですが、材質によっては使わない方がよいものもあるので、取扱説明書で確認します。

## 床は半乾きぞうきんで

水や粉、油が落ちたことを気づかずに、スリッパで歩いてほかの部屋と行き来をすると、それだけで汚れが広がります。できれば1日1回は水拭きをしたいですし、フロアマットなどを敷いておいて、汚れ拡散防止も心がけたいものです。

とくにフローリング床の場合は、ぬれたままにするとひび割れやシミ、変色のもとになるので、すぐに半乾きぞうきんで拭きます（p.65参照）。

**壁**
油を使った料理のあとはレンジまわりを水拭き。隅や、シンク・レンジの立ち上がり部分、目地は汚れがたまりやすいので、月1回は、壁面ぜんたいの汚れといっしょに、お湯拭き・重曹水拭きでしっかり落とします。

隅の汚れも、指先などでしっかり落とします。

**照明器具**
キッチンの場合、1年間そうじをしないと明るさが約4割も低下します。

**床**
汚れ具合によって、毎日、または週に数回拭きそうじを。お湯拭きまたは重曹水や石けんで拭き、しっかり水拭き。フローリングの場合は半乾き拭きがおすすめです。

忘れがちなのが床下収納庫。扉付近と底に汚れがたまりやすい。

# 冷蔵庫

サッと拭きやすい外側に比べ、庫内はなかなか手をつけにくいもの。冷蔵庫の中も雑菌やカビは繁殖しますから、買いもの前や宅配の食材が届く前日に拭くと決め、習慣にしてしまいましょう。

## ふだんのそうじ

外側も庫内も、できれば週に1回は水拭きか、落ちない場合は重曹水や石けんを使って拭き、最後に充分水拭きをします。

しょう油や汁ものをこぼしてしまったら、気づいたらすぐ水拭きを。2～3カ月に1回は扉のゴムパッキンを拭き、製氷皿、給水タンクの手入れなどすると、カビも繁殖しにくく黒ずみもなくなります。できれば冷蔵庫を動かして、側面、裏側の拭きそうじもしたいものです（p.23参照）。

## 年に1～2回はていねいそうじ

季節の変わり目や年末などには、食品を発泡スチロールの箱などにいったん入れ替え、棚おろしをかねて庫内ぜんたいのそうじをします。スッキリ清潔になり、処分し忘れていたものも整理できて一石二鳥。冷蔵室が終わったら冷凍室、というように扉ごとに。

パッキンがカビやすい場合は、エタノールで拭くとカビ防止になりますが、漂白効果もあるので扱いには注意が必要です。

きれいをキープ
**ガイドライン**

- 汚れたらすぐ拭く

**週1回**
- 扉、空いた場所を中心に拭く

**2～3カ月に1回**
- ゴムパッキンなどのそうじ

**年1～2回**
- 庫内ぜんたいのそうじ＆食品整理

■主な用具と洗浄剤
フキペット
台ふきん
重曹水

### ふだんのそうじ

週に1回は空いているところを中心に水拭き。汚れていたらお湯拭きするか、重曹水を布にふきつけて拭く。

扉やハンドルはとくに汚れるので、気づいたときに拭いてしまう。フキペットだと洗剤いらず。

### 庫内の「棚おろし」そうじ

食材を出して保冷箱に入れ替え、卵ラック、トレー類（霜とり用水受けトレーも）をすべてはずす。

はずしたラックやトレー、製氷皿は丸洗いし、よくすすいで乾燥させる。

パッキンも同様に拭く。溝などは、布を巻いた割り箸、綿棒などを差し込んで汚れをかき出す。
※パッキンがカビた場合は漂白剤を表示にしたがって薄め、歯ブラシなどでつけてしばらくおき、こすって落とす。最後に充分水拭きする。

庫内はまずお湯拭き。汚れの落ちないところは布に重曹水をつけてこすり、水拭き。

食品を直接棚にのせずサイズの合うトレーにのせると、そうじや管理がしやすく、庫内を清潔に保てる。

# 電気製品・食器収納棚

キッチンに置いてあるだけで、油汚れや手アカが意外につきやすいものですが、こまめに拭いていれば、水拭きやお湯拭きで楽に落とせます。

きれいをキープ
**ガイドライン**

●汚れたらすぐ拭く

**週1回**
●外側を中心に拭く

**月1回**
●内側やパッキンなどを拭く

**年1～2回**
●たまった汚れを大そうじ

■主な用具と洗浄剤
フキペット
台ふきん
重曹水

## 食器棚

ふだんは扉を水拭き。年に1回は食器を移動して、棚を水拭きします。

油汚れがあるときは、重曹水をふきかけながら。

## 食品庫

扉は週1回は水拭きを。年に1回は在庫処分も兼ねて食品を出し、内側を水拭きします。

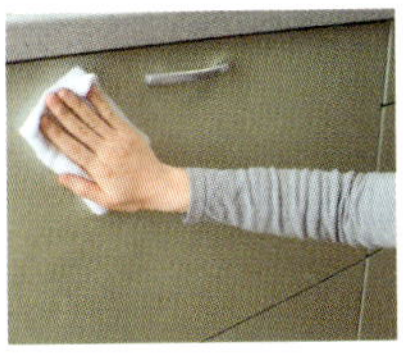

調味料類はすべてとり出して、しっかり拭く。

## 炊飯ジャー

外側に油汚れがこびりついている場合は、冷蔵庫などと同様にまず湯拭きを。それで落ちなければ石けんなど洗剤を使って汚れを落とし、最後によく水拭きをします。

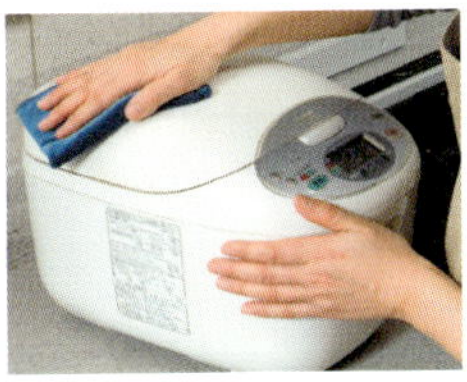

内ぶたを洗う際には、その周囲や蒸気口もひと拭きします。

※家電製品の樹脂部分には、フキペットや台ふきんなどを使うと汚れがよくとれます。重曹を使う際は粉末ではキズになりやすいので、必ず重曹水にして布に吹きかけて使い、充分に水拭きをします。

## 電子レンジ

レンジやオーブンの庫内が汚れたときは、温かいうちに水拭きする習慣を。汚れが落ちない場合は重曹水を布にふきつけて拭き、最後によく水拭きします。

時間がたってしまったら、耐熱の器に水をはり、2～3分ほどレンジを運転して蒸気を立て、汚れがゆるんだところを拭きます。

## トースター

内側のこびりついた汚れは歯ブラシや布を巻いた割り箸などでできるだけこすり落とします。落ちない場合は湯でしぼった布を置いておき、ゆるんだところで重曹石けんペーストなどをアクリルたわしにつけてこすり落とし、最後によく水拭きをします。

トレーはとり出して湯につけ、汚れをゆるませてから落とします。

# サニタリースペース

**バスルーム、洗面所、トイレ……家族みんなが、毎日使う場所です。清潔に保って、健康な生活のベースに！**

水道水にはカルシウム、ケイ酸などが含まれていて、手や体を洗えば石けん分、皮脂などもそこに混ざり、はねたりとんだり、通り道に汚れをつけながら排水口へと流れます。水のあるところ汚れありと思ってもよいくらいで、ぬれては乾き……をくり返すうちに、強力にこびりついてしまいます。

下記のふだんそうじをごらんください。3カ所それぞれ、1と2の「毎日すること」を行っていれば、まず汚れはとどまりません。ぜひ実行してください。

水まわりは湿気が多いもの。バスルームの入口付近やトイレなど衣類を脱ぎ着する場所でもあり、思いのほか綿ボコリが多く浮遊し、それらは水滴や湿った部分に集まって積もります。水けを残さず、換気、風通しをよくして乾燥させるのがいちばんです。

バスルームの壁やバスタブ、洗面所のカウンター、トイレの電化設備まわりなどは、プラスティック素材が多く使われています。ナイロンたわしやかたいブラシでこするとこまかいキズがつき、つけば黒ずみの原因にもなるので注意しましょう。

きれいをキープ ガイドライン

## ふだんそうじ 毎日

**●バスルーム**
**シャワーで流し、水けをとる**

入浴後、腰の高さを目安に、壁、カウンターなどシャワーをかけて石けん分などを流します。汚れのたまりやすいところはひとこすりし、水けをとって終了です。バスタブは排水時にそうじ。

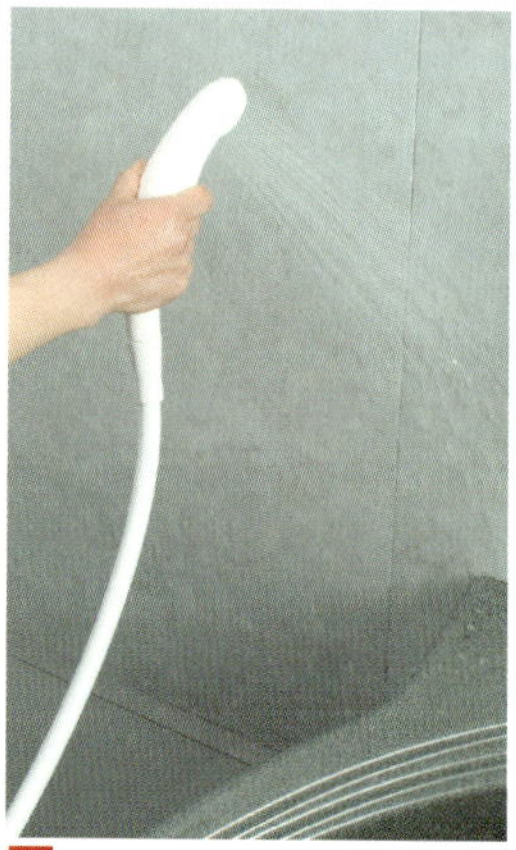

1 さっとシャワーをかける。

2 水けをとる。スクイジーを使うと楽。その後窓をあける、換気扇ONなど、なるべく早く乾燥させる。

**●洗面所**
**水はねを拭きとる**

ついてすぐならかんたんに落ちます。ものはなるべく出しておかず、棚などに収納できると拭きそうじもぐんと楽になります。

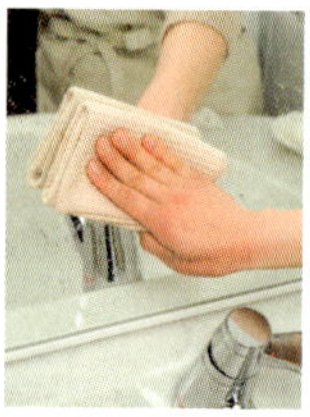

1 鏡、カウンターを半乾き拭き。

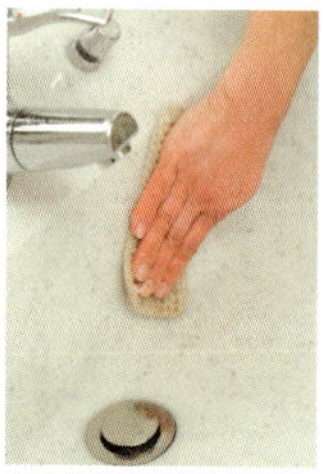

2 ボウルを手かアクリルたわしでくるりと洗い、水けを拭く。

**●トイレ**
**その日の汚れをとる**

ブラシでこすって、便座を拭く…ものの1分もかかりません。それなのに効果は大きく、においも水アカも防ぎます。

1 便器をブラシでこする。

2 便座、ふたの裏などを拭く。トイレットペーパーを湿らせて使うと手軽に。

## シンプルそうじのポイント

ここがきれいだと気持ちがいい！　水はねを拭くものを手近に
金属がピカッとしているとぜんたいが明るく見える
手でなでておく道具いらずのそうじ法も効果は大きい
マットがない方がそうじは楽。あるなら定期的に洗たくを
最後の人がタオル、スクイジーなどで少しでも水けをとっておく
体を洗ったあと、とび散った石けん分をさっと流す習慣を
汚したときにすぐそうじ。そのためにもそうじ道具を手近に
洗面器、そうじ道具などは壁につるす、立てかけるなど、少しでも乾きやすい置き方を

根もとのヨゴレを落とす

お風呂の天井は湿気でカビが出やすいヨ

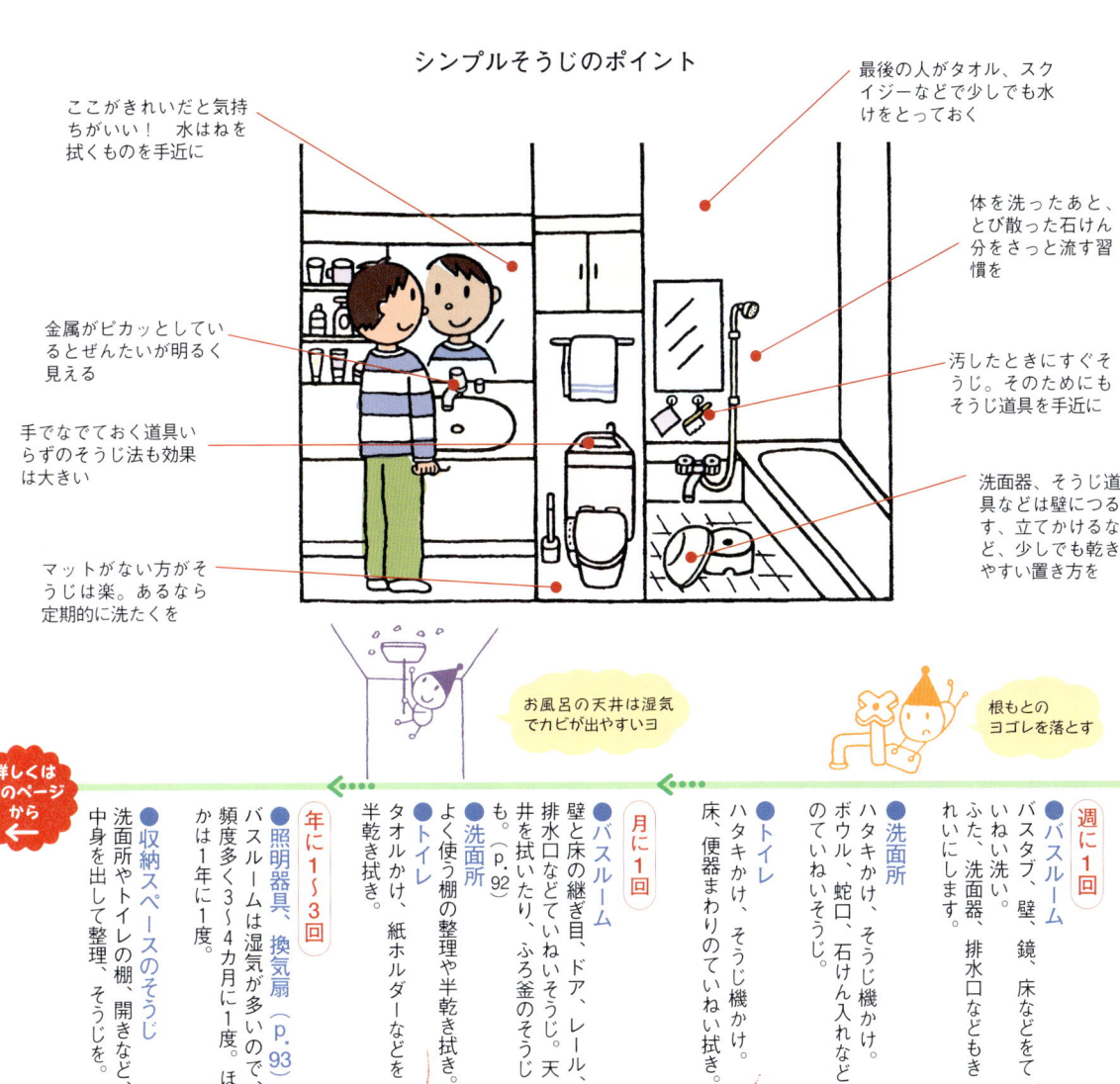

### 週に1回

●バスルーム
バスタブ、壁、鏡、床などをていねい洗い。
ふた、洗面器、排水口などもきれいにします。

●洗面所
ハタキかけ、そうじ機かけ。
ボウル、蛇口、石けん入れなどのていねいそうじ。

●トイレ
ハタキかけ、そうじ機かけ。
床、便器まわりのていねい拭き。

### 月に1回

●バスルーム
壁と床の継ぎ目、ドア、レール、排水口などていねいそうじ。天井を拭いたり、ふろ釜のそうじも。（p.92）

●洗面所
よく使う棚の整理や半乾き拭き。

●トイレ
タオルかけ、紙ホルダーなどを半乾き拭き。

### 年に1〜3回

●照明器具、換気扇（p.93）
バスルームは湿気が多いので、頻度多く3〜4カ月に1度。ほかは1年に1度。

●収納スペースのそうじ
洗面所やトイレの棚、開きなど、中身を出して整理、そうじを。

詳しくは次のページから

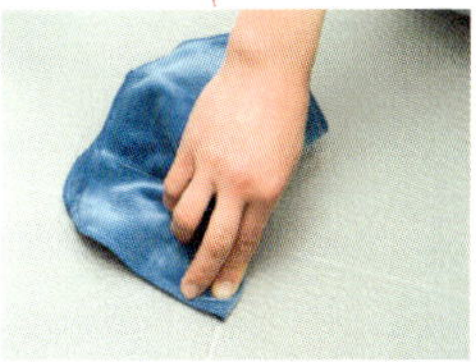
フキペット、またはアクリルたわしで、まずは何もつけずにこすり洗い（タイルの場合はブラシで）。

汚れを見つけたら、重曹水をスプレーしてこする。

ハタキかけ。タンク横、コード周辺など、案外ホコリがたまる。

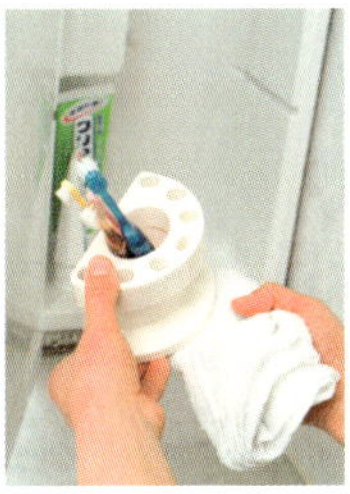
出して、拭いて、もどす。

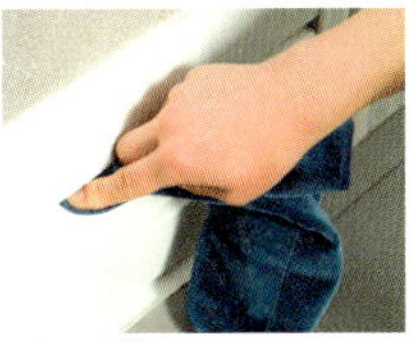
ドアの溝もフキペットで。

換気扇ははずせるとそうじも楽。

# バスルーム

**使ったあと、かんたんなそうじと換気を心がけると、汚れはほとんどたまりません。**

バスルームの汚れは、体から出る皮脂、石けんカスなど。手ごわい汚れではないのですが、温度、湿度の高い場所なので、ためるとカビ菌に格好の栄養分を与えることになります。

お風呂には、おそうじのことを気にせず、ゆったり入りたいもの。そうじ上手のTさんは、「最後にシャワーをかけて、フキペットでひとなでし、スクイジーで水けをとって出ます。慣れると手がしぜんに動いて、ほんの1～2分、鼻歌気分でできます」とのこと。これだけはしておくと、目が痛くなるような洗剤を使うことはなくなり、結局、時間も手間も楽になります。

**シャワーの温度**

お湯をかけて汚れを落とし、できれば最後に水をかけて冷やすとカビ予防に。

きれいをキープ
**ガイドライン**

**入浴後**
- 壁、床、鏡などシャワーかけ、水けとり
- バスタブひとこすり（排水時）

**週1回**
- バスタブ、壁、鏡、床などていねいそうじ
- ふた、洗面器など備品を洗う
- 排水口をきれいに

**月1回**
- 壁の継ぎ目やタイル目地の汚れをとる
- ドア、レールを拭く
- 排水口のていねいそうじ
- ふろ釜（循環パイプ）のそうじ
- 天井を拭く

**3～4カ月に1回**
- 換気扇のそうじ
- 照明器具を拭く

**■主な用具と洗浄剤**

フキペット（またはアクリルたわし）
スクイジー
ブラシ　歯ブラシ
ぞうきん
使い捨て布
割り箸
重曹水
クエン酸水

## 壁・床・カウンター

入浴後さっとシャワーをかけ、汚れやすいところはひとこすりします。タオルかスクイジーで水けをとっておくと水アカがたまらずカビも予防できます。

週1回、樹脂なら、フキペットかアクリルたわしで、タイルならブラシでこすり、水で流します。とれない場合は下記の方法で。

**カウンター**

平らな部分は汚れがとどまりやすい。まずはフキペットでひとこすり。

**隅に注目**

境目、継ぎ目は汚れがたまりやすい部分です。毛の柔らかい歯ブラシを使って、またはフキペットを指に巻きつけて、溝から汚れをかき出すようにこすります。

### ■バスルームの汚れの落とし方

**黒ずみは重曹で**

はじめは重曹水（p.27）で、落ちなければ重曹石けんペースト（p.27）をつけてこすり、その後、水でよくすすぎます。

**水アカはクエン酸で**

乾いたときにはじめて見えるもので、白くうろこ状についていたり、一見目立たなくても指でふれるとざらざらしています。クエン酸水をスプレーしてアクリルたわしなどでこすります。こびりついたものはクエン酸水で湿布（p.27）し、その後こすりながら水で流します。

実際には、汚れの種類がはっきりしなかったり、いろいろな汚れが混ざっている（複合汚れ）ことも多いものです。まず重曹水で皮脂、手アカなどを落とし、次にクエン酸水で残っている水アカ、石けんカスを落とす、という手順で行うとよいでしょう。クエン酸を使ったら水でよくすすぎます。

## バスタブ

手入れの仕方は材質によって異なるので、特徴を知ることが大切（p.93参照）。フキペットやアクリルたわしは、こする相手を傷めることがまずないのでおすすめです。バスタブの汚れは、体から落ちた皮脂がほとんどで、とれやすいもの。中のお湯を落とすときにこすってシャワーで流します。

週1回、ふちや底まで全体をていねいにこすります。汚れがあったら右ページ下段の方法で。

**内側をフキペットで**
お湯が残っているうちにこすって洗います。水位線のあたりに汚れがたまるので念入りに。

**柄つきのブラシも便利**
バスタブのむこう側などちょっと手が届きにくいところに。ブラシは材質を傷めないものを選びましょう。写真は37～62cmの伸縮タイプ。壁の高いところにも使えます。

**壁の汚れ**
重曹水をスプレーしてフキペット、またはアクリルたわしでこすります。

**タイルの床はブラシで**
広いところには大きなブラシを使うとよいでしょう。黒ずみは重曹をふりまいてこすり、その後、水を流してすすぎます。

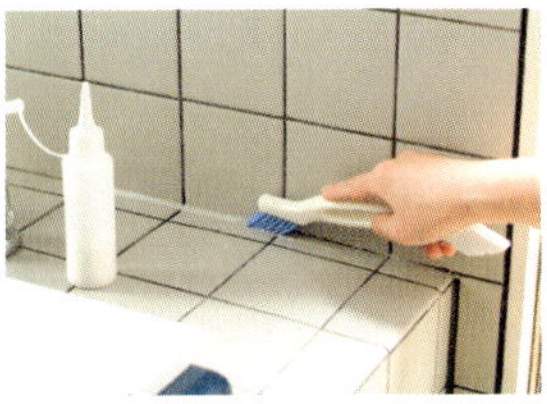

**目地に汚れがたまったら**
目地ブラシを使い、重曹石けんクレンザー（p.27）をぬりつけてこすります。

## 鏡

バスルームの鏡はシャンプーや石けんがとび散りやすく、水アカと相まってがんこな汚れになります。防ぐには、使ったあと、全面をシャワーで流し、拭くかスクイジーで水けをとることです。

ためてしまったら、クエン酸水で湿布（p.93）し、時間の力を借りるのもよいでしょう。それでもとれない場合は研磨スポンジで（p.32）。

**汚れを見つけたら**
白くくもった汚れは、ぬれると透き通ってしまうので、指先でざらつきや引っかかりをさがし、その部分をフキペットでこすります。水ですすぎ、乾く前にタオルで拭き上げます。

**鏡の留め具まわり**
水アカがたまりやすいので、歯ブラシでこすっておきます。

## 排水口まわり

雑菌が繁殖してヌルヌルしがちですが、乾くことが少ないので、かるくこすればきれいになります。排水管の詰まりや悪臭を防ぐためにも、毛髪やヘアピンなど、ゴミを流さないように。

構造、材質にもよりますが、月1回くらい、手の届くところは、管の内側まで柄の長いブラシなどでこすり、その後、熱めの湯を勢いよく流しておきます。

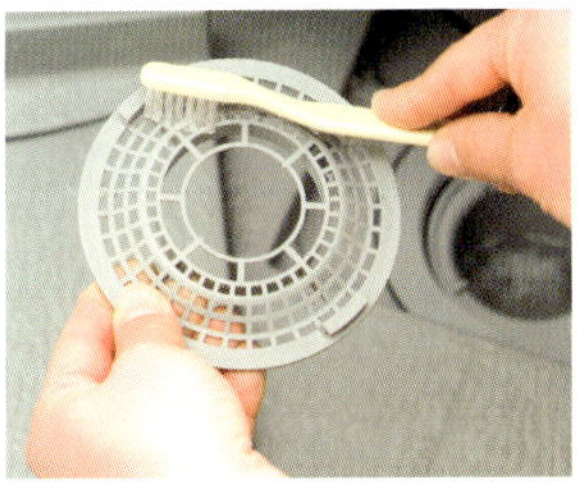

**ゴミをとりのぞく**
週1回（家族構成によっては3～4回）、排水口の髪の毛などをとりのぞきます。ヘアキャッチャー、目ざらなどをとりはずし、細かい目に入ったヌルヌル、ゴミなどを歯ブラシで落とします。

## 水栓金具

金属製、プラスティック製、また部分的に両方使われている場合があります。いずれも、ふだんは汚れが残らないよう、シャワーでさっと流しておきます。週1回フキペット拭きを。細かい凹凸、溝なども下写真のようにこれ1枚できれいになります。

ためると白い水アカが目立ちます。汚れの落とし方は鏡と同様に。形が複雑な分、ノズルの裏側、金具の根もとなど、見えにくいところに注意しましょう。乾いた布で拭き上げると、見落としも防止でき、ピカッと輝きます。

**指先で布の縁を利用して**
（排水栓）

**包み込むように**
（シャワーヘッド）

**下からあてて左右に動かす**
（水栓金具）

## 備品

石けん、シャンプー、洗面器など、いつもぬれた面に接したままならないよう、壁につるす、立てかけるなど置き方を工夫すると、雑菌によるヌルヌルがずいぶん減ります。週1回、フキペットやアクリルたわしでていねい洗いを。

**バスタブのふた**
溝やくぼみなど、ていねいに拭いておきます。

**手おけ、洗面器、腰かけなど**
何もつけずにこすり洗いし、落ちない汚れは重曹水、重曹石けんペーストで。

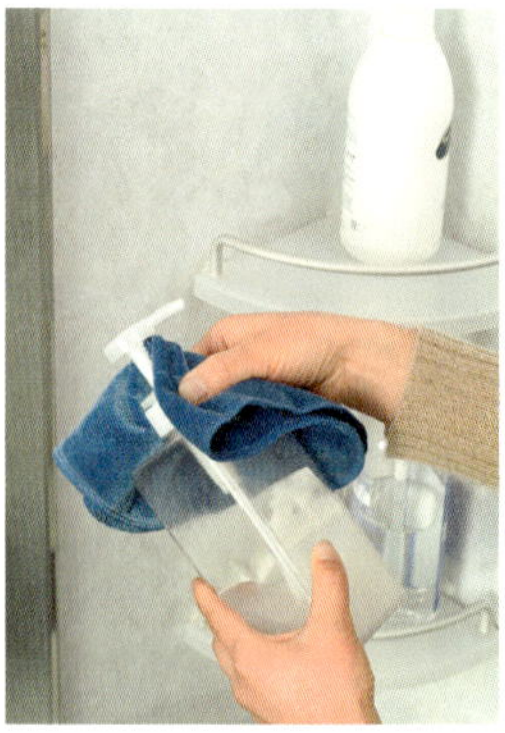

**入浴グッズと棚**
シャンプー、洗顔料など、フキペットでひとこすりしてきれいにし、拭いた棚にもどします。
1つの入れものにまとめて、持ち運びできるようにしておくのも、そうじするときに便利です。

## ふろ釜の循環パイプ

湯の汚れは釜やパイプの内側にもつき、たまると追焚きの効率が下がります。月1回、追焚口（循環口）のカバーをはずしてゴミなどをとりのぞき、ブラシできれいにします。パイプ内のそうじは、追焚き口の穴がかくれるくらい残り湯のあるときに、ホースを穴に近づけ、先をつまんで、勢いよく水を送ります。湯の流れで汚れを揺すり落とす感じです。

＊構造によってそうじの仕方も違うので、取扱説明書をお確かめください。

### 浴槽エプロンをはずしてそうじする

ユニットバスの場合、バスタブのエプロン（外側のカバー）をはずしてそうじすることを前提にしている製品があります。その場合は、取扱説明書にしたがってはずせるところを全部はずし、かたくしぼった布で水拭きします。エプロンは大きいので、扱うときにうっかり目地やシーリング部分を傷めてしまわないように気をつけましょう。

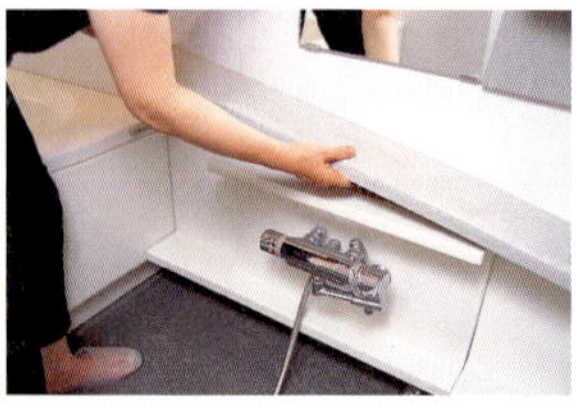

説明書の手順にそって注意深く
（写真はカウンター部分を持ち上げたところ）

はずしたエプロンを布で水拭き

## ドア・レール

浴室の広さにもよりますが、出入口も壁と同じように石けんや水はねがつきます。床から腰の高さまではとくに、汚れを流すか拭きとっておきましょう。月に1回、ていねいそうじを。

**こまかい凹凸にはクエン酸湿布も**
トイレットペーパーを2～3重に折りたたんではりつけ、クエン酸水をスプレーしてしばらくおくのも効果的です。ルーバー状の通気口など、せまいすき間はヘラ（サッシ棒）、または割り箸の先に使い捨て布を巻いてさし込み、拭きとります。

**ゴムの溝は布で拭きとる**
指で広げて拭きます。隅のこびりついたところは、湯をかけてふやかしてから、ヘラなどに使い捨て布を巻いてこすります。
＊カビとり剤や塩素系漂白剤を使うと、とくに溝ではすすいだつもりでも成分が残りやすく、材質をいためます。水だけでこすってきれいにするようにしましょう。

## 天井

水滴の残りやすいところ。月に1度くらい、乾いたタオルで拭いて、カビを寄せつけないようにしましょう。換気のわるいバスルームは、もっと回数を増やします。汚れを見つけたら、フキペットでこすります。近づいてじかに拭くと力の入り方がぜんぜんちがいます。

**タオルでから拭き**
長い柄のモップなどを利用し、先にタオルをセットして拭きます。

**換気扇**
フィルターについたホコリが湿気を含むと機能が低下します。3～4ヵ月に1回、そうじ機でホコリを吸います。はずせるなら水拭き、または水洗いして乾かし、もとに戻します。
浴室換気乾燥機も同様に、フィルターなどをそうじします。

**照明器具**
3～4ヵ月に1回カバーを拭くか、できればはずして洗うと小さな汚れもとれてさっぱりします。

## タオルかけ・手すりなど

月1回ほど、水栓金具と同様に、フキペットでこすります。水アカはクエン酸水をスプレーしてこすり、そのあと充分すすぎます。

### ■サニタリーに使われる材質と手入れ法

**プラスティック素材**　ユニットバスのバスタブ、壁、床、洗面所のカウンター、トイレの便座など。キズがつきやすいので、かたいブラシや研磨剤でこすらないこと。人造大理石も同様に。

**大理石**　カウンター、バスタブなど。種類が多く、強さもさまざま。酸性によわい。

**ホーロー**　バスタブ、手洗いボウルなど。金属の表面にガラス質を焼きつけて仕上げたもの。薬品にはつよいが衝撃によわく、サビがでることも。

**タイル**　バスルームの壁、床など。タイルの部分は丈夫だが、目地は汚れやカビがつきやすい。ふだんからこまめに重曹でそうじを。

**陶器**　手洗いボウル、便器、トイレタンクなど。かたくて丈夫だが、釉薬は摩耗するので、研磨剤を使いすぎないこと。

**クロムメッキ**　水栓金具、タオルかけなど。酸やアルカリに弱いので洗剤類はできるだけ使わない。

**ステンレス**　バスタブ、配管など。サビ、塩素系漂白剤によわい。ヘアピン、かみそりなどのもらいサビに注意。こするときは、すじ目のある場合は目にそって一方向に。

**木**　浴槽、壁など。黒ずみ、ヌメリが生じやすいので、フキペットに石けんをつけて洗う。よくすすいだあと、充分に乾かすことが大切。

# 洗面所

**うがい、手洗い、歯みがき、髪型チェック…何度も使う場所だから、気持ちよい状態をキープしたいもの。**

　朝、通勤通学の家族が出かけたあと、夜寝る前など、1日1回でも、しっかりきれいにできるとよいですね。歯みがきグッズ、ドライヤー、化粧品など、一時的に出しっぱなしになっても、収納の指定席があれば片づけることができ、ものがなければ、そうじは本当に楽です。

　汚れの種類と落とし方は、バスルームとほぼ同じです。だれもがこまめにそうじをするには、道具が手近にあるのがポイント（下段参照）。見た目よく、使いやすくと工夫していると、そうじが楽しくなるようです。

## 洗面ボウル

　いろいろな汚れがつきますから、1日1回、フキペット、またはアクリルたわしで全体を洗い、乾いた布で拭き上げます。ボウルの内側を手でなでながら水を流すだけでも、かなりきれいになります。

　週に1度くらい平面部、カウンターとの境目、ボウルのふちの内側、排水口などをそうじ。落ちない汚れは、重曹水をスプレーしてこすり、残った水アカはクエン酸水をスプレーしてこすります。

## カウンター

　毎日のそうじは、使った人が次の人が気持ちのよいようにとひと拭きできれば理想的です。化粧品、髪のカラーリング剤など、とび散ったままにしておくと、プラスティック樹脂製のカウンターではとくに、変質や変色の原因になります。髪の毛も落とした人がゴミ入れへ。

　週1回、汚れをチェックしながらていねい拭き。落とし方は、洗面ボウルと同様に。

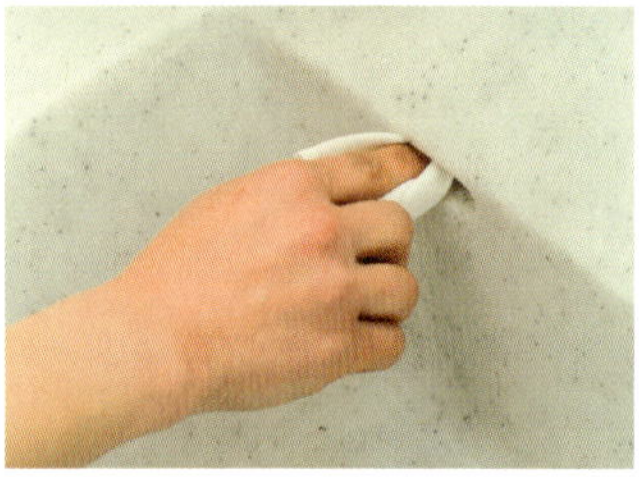

**オーバーフロー穴も**
黒ずみやすいところです。使い捨て布に重曹石けんクレンザーをつけてこすります。

**排水口**
はずせるタイプは歯ブラシなどで汚れ落としを。

きれいをキープ
**ガイドライン**

**毎日**
- 鏡、カウンターを半乾き拭き
- 洗面ボウルをさっと洗い、水けを拭く

**週1回**
- ハタキかけ、そうじ機かけ（家族構成によっては2〜3回）
- 鏡、カウンターのていねい拭き
- 洗面ボウル、蛇口のていねい洗い

**月1回**
- よく使う棚の整理、半乾き拭き

**年1回**
- 換気扇、照明器具のそうじ
- 壁を拭く（半乾き拭き）
- 洗面台下などの整理、そうじ

■主な用具と洗浄剤
フキペット
ぞうきん
使い捨て布
軍手
化繊バタキ
そうじ機
歯ブラシ
重曹水
クエン酸水

### 私のくふう

●クエン酸水を、スリムなスプレーボトルに入れたら、化粧品の感覚で棚におけるようになりました。水アカ防止に、ボウルにひとふきしています。佐藤啓子（福岡）

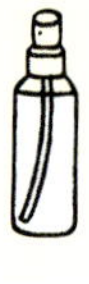

●壁紙に合う色でアクリルたわしを編み、洗面所のとなりの洗たくコーナーのフックにかけています。山村真理（松戸）

●石けんはスポンジの上に置くとヌルヌルしない。石けん分を含んだスポンジをボウルそうじに使えば一石二鳥。　町永信子（仙台）

●セルローススポンジは、湿らせて拭くと鏡、蛇口まわりなどこれひとつできれいになり、跡も残りません。コップのかげにでも置いておけばカラリと乾き、さりげなく待機していてくれます。小林かな（東京）

## 鏡

水や歯みがき剤などが、はねたりとび散ったり。ついてすぐなら、拭きとるのもかんたんです。週1度ほど、ぜんたいを半乾き拭き。

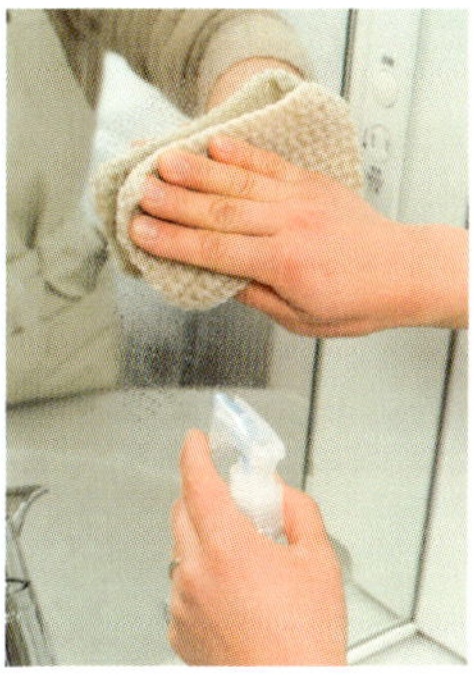

**汚れをこする**
汚れにはその部分に重曹水をスプレーし、アクリルたわしなどでこすります。白い水アカにはクエン酸水をスプレーして拭き、水拭きします。

## 蛇口

洗い方は洗面ボウルと同じです。溝や水栓の根もとまわりにできるピンク色の汚れは、バクテリアが原因。これもフキペットでこすれば、かんたんに落ちます。金属は酸、アルカリによわいので、洗剤類は極力使わないことです。コップや石けん置きなどもひとこすりしておきましょう。

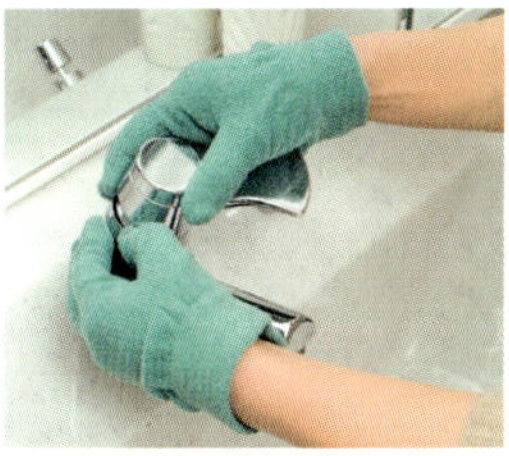

**手袋をはめて**
蛇口の根もとや接合部など、軍手をはめてこすると、細かいところにもよく届きます。

## 壁・床・天井

ホコリが湿ってこびりつく前に週1回、壁、照明器具、戸棚の上などハタキをかけてさっぱりと保ちましょう。

床は週1回、そうじ機をかける（リビングにかけるついでに）か、ほうきで掃く、または半乾き拭きなどできれいに。床をぬらすことが多いようなら、拭きそうじをメインにするとよいでしょう。

年に1回、照明器具、換気扇を拭き、壁を半乾き拭きします。

## 収納スペース

歯みがきやヘアケア用品など、毎日使うものを置く棚は月1回は拭きそうじを。

洗面台の下は洗剤ストック、洗たく用品などを置くことも多いでしょう。排水管があって湿気をおびやすいので、年に1度、整理かたがた中身をぜんぶとり出してそうじし、しばらくあけ放して風を通しましょう。管も半乾き拭き、つやだし布拭きでサビ予防。

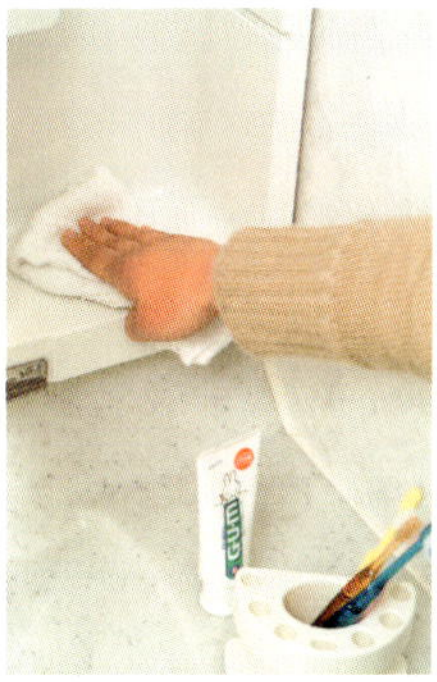

**よく使うものの棚**
月1回、からにした棚、引き出しなどを半乾き拭きし、ボトルの液だれ、ドライヤーの手アカなど、拭きとりながらしまうと、さっぱりします。

### ■洗たく機と周辺のそうじ

全自動、二槽式ともに、内部を乾かすためにはなるべくふたはあけたままにしておきます。ホコリが多い場所なので、内側では洗剤の注入口、洗たく槽のふち、溝など、外側は本体、給水管、排水口周辺など、半乾き拭きします。

年に1回、できれば洗たく機を少し移動させて洗たく機パンの拭きそうじを。排水口もホースさし込み口、目皿などとりはずしてきれいにします。

**全自動の洗たく槽の汚れが気になったら**

洗たくものに石けんカスなどの汚れが付着して気づくことが多いものです。二重になっている槽の間には手もブラシも入らないので、酸素系漂白剤の力を借りてきれいにします。

1 40℃くらいの湯を最高水位まで入れ、酸素系漂白剤（顆粒状）を500g入れて10分撹拌。

2 30分ほど放置して、さらに10分まわし、ひと晩おく。

3 翌日10分ほど撹拌してから排水し、水をはってまわし、よくすすぐ。

汚れのていどによっては、1回のすすぎだけではきれいにならない場合もあります。

**洗たく機パンのそうじ**
ハンディモップ（つくり方p.40）を使うと、湿ったホコリもよくとれます。

# トイレ

**体調をチェックする場所ともいえます。明るく、居心地のよいスペースに…**

トイレの汚れは、水アカ、し尿、皮脂汚れ、綿ボコリ、トイレットペーパーのチリなど。くつろぎの場にもなるくらいですから特別扱いの場所でなく、ほかの部屋の延長と思うと、そうじも気楽にできるでしょう。

小さなスペースなので効果を実感しやすく、ていねいそうじのあとには、ますます気分よく使いたくなるでしょう。

バリアフリー、汚れがつきにくいなど、新しい構造、素材の製品が出ています。手入れの仕方は取扱説明書で確認して下さい。

**外側は半乾き拭き**

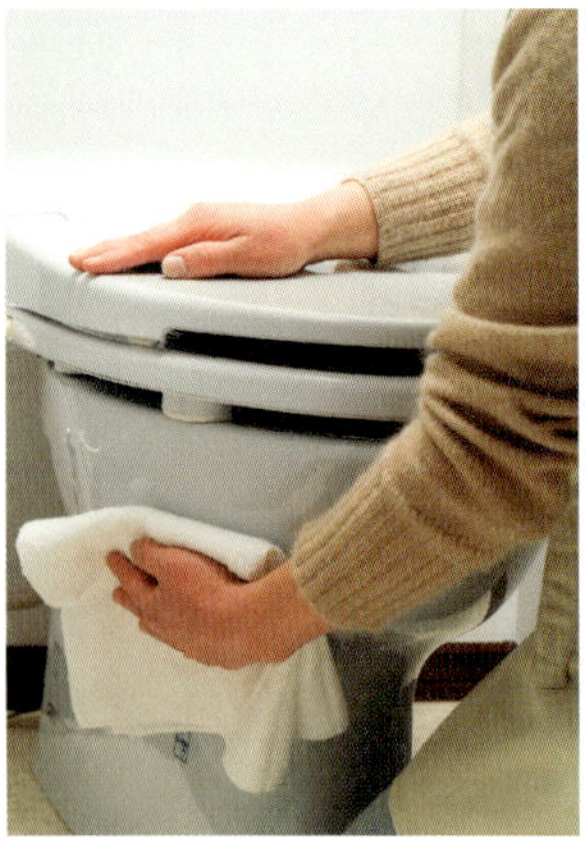

ぞうきんまたは使い捨て布を半乾きにして拭くと汚れがよく落ちます。尿汚れが気になるときはクエン酸水をスプレーして拭き、水拭きします。

## 便器

汚れが見えなくても1日1回、内側全体をトイレ用ブラシでこすりましょう。表面がつるつるしていると汚れがつきにくくなります。

便器は陶器製がほとんど。丈夫ですが、長い間には表面の釉薬は摩耗しますから、必要以上にこすりすぎたり、研磨剤などは使わないようにしましょう。内側で汚れがたまりやすいのは、ふち裏の吐水穴周辺。ふちには尿汚れ、外側には綿ボコリがつきます。週1度、ていねいそうじと汚れのチェックを。

**便器は毎日ブラシでこする**

水位線のあたり、ふち裏はとくにていねいにこすります。ふちの水はねや汚れは、トイレットペーパー（または布）でひと拭き。

**ふち裏の汚れ（尿石）**

ふつうは見えませんが、においのもとになっていることも。こびりついた汚れは、クエン酸水をスプレーしながら古歯ブラシでこすります。ひどい場合はペーパーをぬらして粉末をふりかけて貼りつけ、しばらくおいてからこすります。鏡を使うと汚れぐあいがわかります。

**便器の水アカ**

トイレットペーパーをはりつけ、クエン酸水をスプレーして30分～2時間ほどおき、ブラシでこすります。何度かくり返すうちにきれいになります。

＊ブラシは使ったらすすいで乾かしておくこと。ときどきクエン酸水をスプレーしてすすぐとよいでしょう。

## タンク

**半乾き拭き**

外側をくるりと拭きます。壁とのすき間、底部に汚れがたまります。

季節によっては結露し、水滴が床に落ちるとシミになることも。乾いた布で拭きとりましょう。

---

きれいをキープ
**ガイドライン**

**毎日**
- 便器をブラシでこする
- 手洗い器、便座、ふた、ふたの裏など、湿らせたトイレットペーパーで拭く（布でもよい）

**週1回**
- 壁、棚、照明器具、換気穴など、ハタキかけ
- 床、便器まわりの掃きそうじ、ていねい拭き（家族構成によっては週2～3回）

**月1回**
- タオルかけ、トイレットペーパーホルダーを半乾き拭き
- 窓があれば、さん、ガラスなど半乾き拭き

**年1回**
- 換気扇のそうじ
- 照明器具のそうじ
- 収納部分の整理、そうじ
（洗面所p.95と同様に）

**■主な用具と洗浄剤**

トイレブラシ
ぞうきん
使い捨て布
化繊バタキ
そうじ機
歯ブラシ
重曹水
クエン酸水

## 便座・ふた

多くは樹脂製。肌がふれたり、尿がとんだりします。ふだんは、トイレットペーパーを湿らせて手軽に拭いておき、週1回、半乾きぞうきんか使い捨て布でていねいに拭きます。尿汚れにはクエン酸スプレーで拭き、水拭きを。

ウォシュレット、脱臭装置、スイッチパネルなどの付属品も、半乾き拭きが基本です。

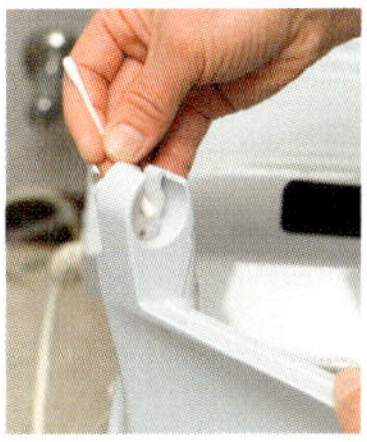

**こまかいところ**
つけ根の接続部分は凹凸があって汚れがたまりやすい。歯ブラシ、綿棒などを使ってそうじします。便座、ふたが本体からとりはずせるタイプもあります。

**ウォシュレットのノズル**
ふつうの便器と異なるのはこの部分。汚れやすいので、かたくしぼった布で拭きます。

## 手洗い器

水が流れ、ホコリの落ちる場所なので、汚れがたまりがち。陶器製と樹脂製とがあり、たたいてみると違いがわかります。樹脂製はよりソフトな扱いを。ふだんはトイレットペーパーで拭き、週1回フキペットでていねいにこすって、乾いた布で拭き上げます。

**手でこする**
手はすぐれたそうじ道具で、汚れ具合がわかりますし、汚れも落とせます。水アカがたまっていたら、クエン酸水をスプレーしてフキペットでこすります。落ちなければトイレットペーパーで湿布をしておくと効果があります。

## その他

止水栓、給水管などの金具は温度差による結露から、サビが出やすいところです。水滴は乾いた布で拭きとっておきましょう。サビやこびりつき汚れの落とし方（p.98）。

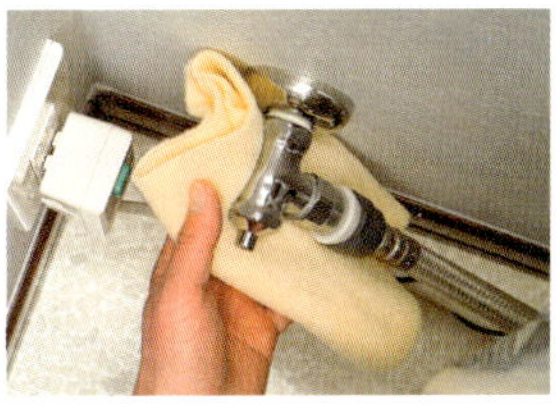

**給水管**
月1回つやだし布（p.31）で拭いておくと、ピカピカ状態が長続きします。

**トイレットペーパーホルダーも**
サニタリーボックス、タオルかけなど半乾き拭き。汚れは重曹水をスプレーして拭き、水拭きします。

## 床・壁

気をつけたいのは尿汚れ。早く拭きとらないと、フローリングの床などとくに、尿中のアンモニアが原因でシミが広がります。また男性の多い家庭では、思った以上に広い範囲に尿がとんでいるので気をつけましょう。

**床を拭く**
ぞうきんで半乾き拭き、尿汚れにはクエン酸水をスプレーして拭き、水拭きします。ひどい汚れには使い捨て布を使うとよいでしょう。
スリッパもあればついでに拭きます。

**壁拭きも同様に**
案外汚れているもの。

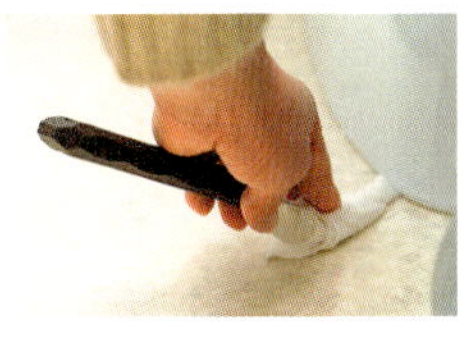

**便器と床の境目**
汚れがたまりやすく、においのもとになることも。サッシへらに使い捨て布を巻きつけたものを差し込んで、便器にそわせて拭きます。

■がんこ汚れおそうじリポート

# サニタリー編

**これまでに何十軒ものがんこ汚れを解決してきた山﨑美津江さん（p.44）と住まいの悩み多きTさんのお宅を訪ねました。手分けして水まわりのそうじにとりくむこと丸1日、さて、その結果は……**

## トイレ

**手洗いボウルとその周辺**

独立した陶器の手洗いボウルと、その下に床までつづくトラップ付配管。全体がグレーのベールをかぶったように黒ずんでいる。水アカ、手アカ、ホコリ、カビなどの複合汚れのようだ。

入りくんだところ、目や手の届きにくいところに汚れがつもる。

### 水、重曹、クエン酸でこんなに落ちる！

使い捨て用のタオルをたっぷり用意して作業開始。ぬらしてしぼって、とりあえず全体を拭く。布の面が次々灰色になり、その分、汚れの膜がむけていく感じ。

ようすを見にきた山﨑さんが、「次は重曹を使いましょう」と、重曹の粉をぬらした素手にとり、くまなくマッサージするような手つきで、ボウル内側と周辺にぬりつけた。水ですすぐと、また1枚汚れの膜がとれる。外側とパイプは、湿らせた布に重曹粉末をとって、ごしごしこすり、こちらも同じ状態に。

「ほら、ヘビー級の汚れのありかがわかってきたでしょう？」山﨑さんが指さしたのは、蛇口の根もと、ボウルのふち、金属管の凹凸部分。それらにしばしクエン酸湿布をほどこすことにした。トイレットペーパーをぐるぐる巻きつけてクエン酸水をスプレー。湿布のあいだ、換気扇カバーや壁のホコリを、長短のハタキで隅々まで落とす。壁を水拭き、重曹水拭きし、ほどなく全面爽快に。

さて、クエン酸湿布をはずす。効果は目に見えて気づくほどではないが、「水アカなど、ゆるんでいると思いますよ」と山﨑さん。ここで、最後の手段を使うことになった。

### ついに最後の一手

使うのは2000番の耐水サンドペーパー（p.32）。手頃な大きさに切り、水でぬらして汚れをこする。もうひとつ、固形のサビ落とし（p.32）はマッチ箱大の砂消しゴムのようなもの。蛇口ノズルの裏側はペーパーを平らにして広くこ

before

境目の溝にぐるりと汚れが入り込んでいる。金属部分も白っぽくにごった感じ。

サビとホコリでクモの巣がはりついたよう。

最後の手段２つ

サビ落としの角が役に立つ。

耐水サンドペーパーでかるく、小きざみにこする。

みごとに生まれ変わった！
after

すったり、くぼみはサビ落としの角をあてたり、場所によって使い分けると、物理的にこびりつきを落とす作業は、この2つでほとんどカバーできるようだ。

いずれも重曹とクエン酸湿布のおかげで汚れ部分が点状、筋状になっているから、ねらってこすることができる。奥の手を使う前に全体の汚れを少しでもとり去っておくことは、じつに有効だ。

水拭きをし、仕上げのから拭き。乾いたタオルをあてて力強くこすり、なめらかにみがく。終わると、陶器も金属も、もう汚れを寄せつけない！　という姿となった。

**便器の水位線**

便器はタンクともども白の陶器製。汚れの状況も手洗いボウルと似ていたので、同じ処方箋でそうじした。残ったのが内側の水位付近にぐるりとついたグレーの線。ここは、トイレブラシを奥底まで入れて上下させると水位が下がってそうじしやすくなる。耐水ペーパーで少しずつこすると線はほぼ消えた。

### 便器の水位線

before

全体に茶色く汚れ、ふちと水位線が重症。

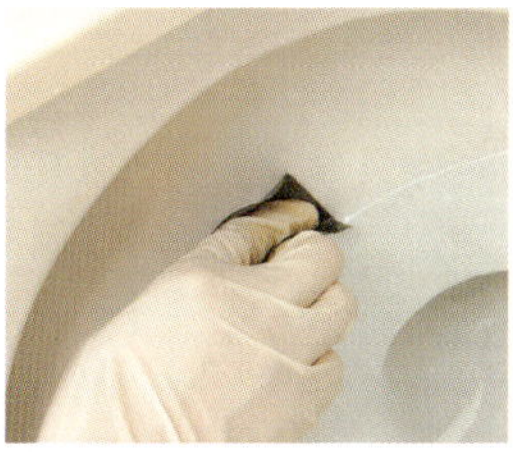

手洗いボウルと同様にそうじし、残った水位線をペーパーでこする。

陶器本来の乳白色がよみがえった。
after

## 洗面化粧台

**鏡のウロコ状汚れ**

水道水が含むケイ酸にシャンプーや石けん分などが結びつき、鏡の微細な凹凸にしっかりと入り込んだもの。プロの使う研磨スポンジ「アルタクラフト」（p.32）は、人造ダイヤモンドの粉を混ぜた特殊シートが貼ってあり、あまり表面を傷つけずに汚れを落とす。T家の洗面台のウロコも、布拭きではびくともしないが、鏡とアルタクラフトに水をつけてこすると、白い水がじわっと流れ、あっという間にピカピカに。「うわー、こんなにすぐ落ちるなんて」とTさん。高価だが、何をやってもとれないときの最後の手段に。

**■汚れ落としの2原則**

**1 まずは水拭きする**　どんなにがんこな汚れでも、いきなり洗剤をつけたりしないで、水で拭く。それだけで落ちる汚れがたくさんあります。

**2 段階をふんで進める**　薄い洗剤から少しずつ濃くする、こする道具は順々にハードにしていく。キズはついたらもとにもどりません。

### シャワーヘッド

before

茶色っぽい汚れがびっしり。フキペットでなでこすり、クエン酸湿布をした後、歯ブラシで細部をこするとピカピカに。

### 鏡

アルタクラフトで少しずつこする。

after
明るく輝く洗面所になった！

# ベッドルーム

**くつろぎの場所である寝室は、気持ちが安らぐようにすっきりと清潔にしておきたいものです。**

ベッドルームはチリ、ホコリが多く湿度も上がるため、カビやダニの増殖しやすい環境です。

## ふだんのそうじ

寝具や衣類によるホコリが多く、においもこもりやすい場所なので、まずは窓をあけて換気をよくし、湿気をとりましょう。ベッドにカバーをかけて、週に1回は照明、窓まわり、家具などのホコリをハタキでぬぐいとり、そうじ機をかけます。

## 湿気対策

夜間はしめきっている場合が多いですし、ベッドパッドは寝ている間に出る汗を吸いとるので、週1回は日に干すか、月1回くらい洗たくします。マットレスは、寝返りなどでスプリングが動いて換気されますが、3カ月に1回くらいは風通しのよい部屋に半日立てかけるとよいでしょう。

きれいをキープ ガイドライン

シーツにブラシをかけるだけでも快適に

ベッドカバーはシンプルな平織り地が扱いやすい

**ふだんそうじ 毎日**

●ベッドをととのえる
ベッドサイドを片づけ、カバーをかける。ベッド下のホコリが気になれば、モップでひと拭き。

**週1回**

●ハタキ・そうじ機かけ
ベッドカバーをしてハタキかけと、寝室ぜんたい、ベッドパッドにそうじ機をかけます。

**月数回**

●ベッドパッドを干し、リネン類をとり替える
汗をかく時期、季節によってとり替える頻度を変えます。

**年数回**

●マットレスの手入れ
上下・裏表を変え、マットレスに風をあてます（ものによっては上下を変えない場合も）。

●クローゼットのそうじ

ベッドサイドにある読みかけの本、めがねなどを整頓します。

ベッドまわりのホコリや髪の毛が気になるようならば、モップをかけます。

床にそうじ機をかけるついでにベッドパッドにもかけます（専用アタッチメントもある）。

マットレスは3～4カ月に1回、上下・裏表の向きを変えると長もちします。

裏表を変えるついでに、風通しをよくして、陰干しを。

ベッドパッドはできれば月数回は日に干したいもの。

■主な用具
ハタキ
モップ
そうじ機

## 安眠できる！ ベッドルームの工夫

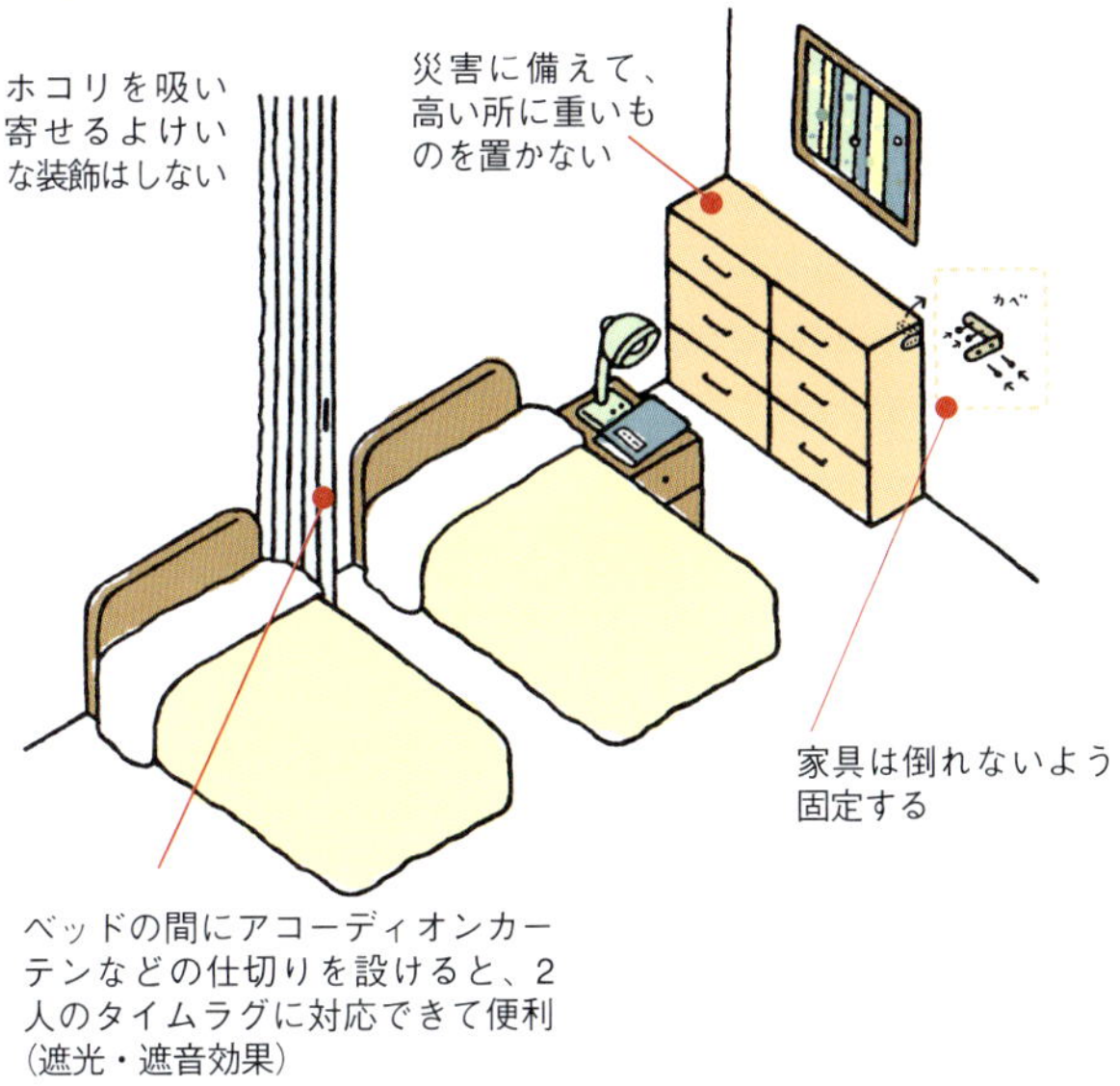
ホコリを吸い寄せるよけいな装飾はしない
災害に備えて、高い所に重いものを置かない
カベ
家具は倒れないよう固定する
ベッドの間にアコーディオンカーテンなどの仕切りを設けると、2人のタイムラグに対応できて便利（遮光・遮音効果）

### ホコリ対策

ホコリは化繊バタキなどでこまめにぬぐいとるか、そうじ機で吸いとります。ものが多いとホコリをよび、そうじもしにくいので、まわりに出しておくものは最小限に。小もの類は、ふたつきのケースに、本も棚の中に納めます。

### クローゼット

衣替えをする5月と11月頃のよく晴れた日に、クローゼットの中身をすべて出してそうじをします。ハタキ、そうじ機をかけて、半乾きぞうきん拭き。乾かしている間に洋服を整理して、スーツなどは陰干しにしてホコリをはらい、収納ケースなども拭きます。最後に洋服を入れ替えながら収納しましょう。

## 知っていますか？ 基本のベッドメイキング

ベッドを使っていても、意外に知らない人が多いのでは？
基本をおさえて、心地よい寝室づくりに役立ててください。

1 マットレスの上にパッドを広げる。シーツ中央の折り目をマットレスの中央に合わせておき、広げる。

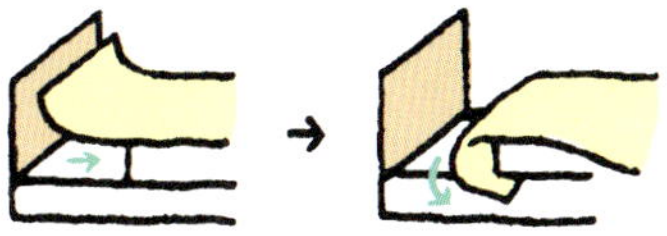

2 マットレスを足の方に30cmずらし、頭の方のシーツを図のようにマットレスの下に折り込む。

3 シーツの左右を図のようにマットレスの下に折り込む。

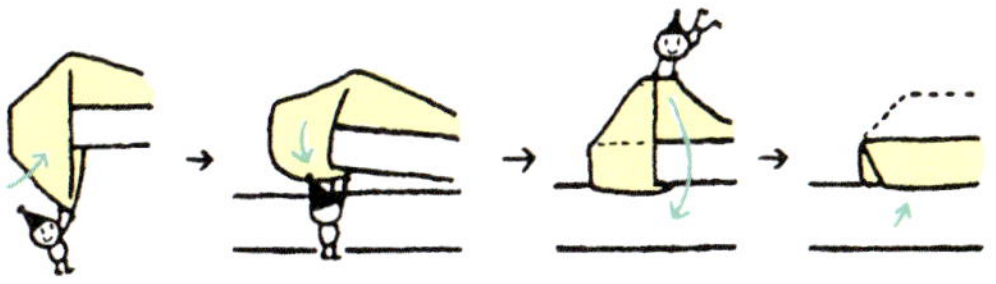

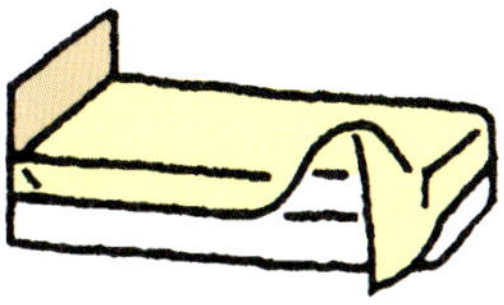

4 足側のシーツも3と同様にして、マットレスに折り込む。

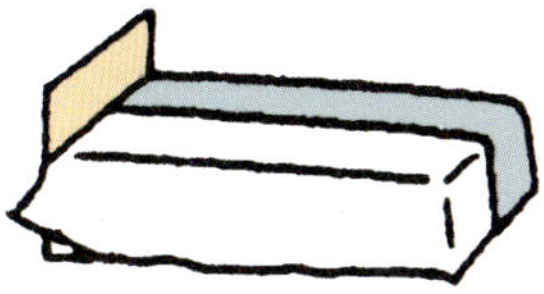

5 次に、かけシーツと毛布を、中央の折れ目を合わせ重ねて広げる。頭側の端をヘッドボードと揃える。

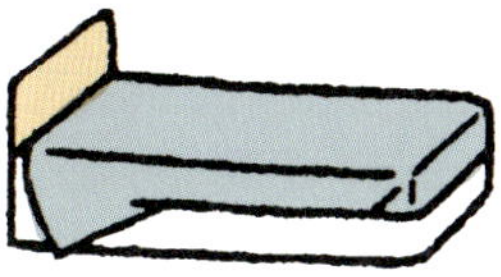

6 裾側を2枚重ねて、3と同様にマットレスに折り込む。

7 衿を20cmくらい折り返す。

8 もう一度折り返し、左右をマットレスにはさむ。

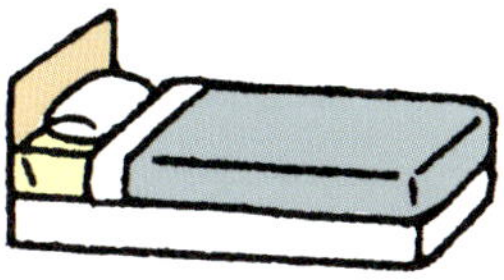

9 枕をおいてベッドメイキング完了。

10 ベッドカバーはたっぷりした布で、枕の下にはさみ込んで段をつける。

# 和室

**客間、居間、寝室、子どもの遊び場など利用範囲の広い和室。たたみ、ふすま、障子などの自然素材をたいせつに。**

和素材の風合いと機能を生かすために風通しをよくし、ほうきやモップの利用で、そうじ機を使う回数はなるべく減らしたいもの。たたみは、手をついたり膝をついたりと直接触れるので、月1回はから拭き、または半乾きぞうきんで拭き、さっぱりさせましょう。

**そうじ機かけはゆっくりと**
1畳あたり約1分を目安に。ノズルは、たたみに密着させ同じ場所で“押す、引く”と往復させる。たたみの目にゴミを残さないようにしましょう（P.35）。

きれいをキープ
**ガイドライン**

**ふだんそうじ　週数回**
（小さな子どもがいる場合、寝室に使う場合は、回数を増やす）
- 日常のゴミをのぞく
ほうきかそうじ機（ハンディクリーナーも便利）で。

**週1回**
- ハタキかけ（建具、棚上、照明器具、家具など）
- そうじ機かけ
- ふとん干し

**月1回**
- たたみのから拭き
- 床の間　柱（白木以外）、床はつやだし布で拭く。

**月1回（春夏）**
- たたみの汚れとり　窓をあけておくことが多い季節にたたみを半乾きぞうきんで拭く。ふちは最後に拭き上げる。

**ほうきで掃く**
窓をあけて換気。たたみの目にそってゴミを掃き集めます。

**半乾きぞうきんで拭く**
夏場など窓をあけておくことが多くなる季節は、半乾きぞうきんを使ってたたみ表を拭きます。仕上げはから拭きして水分を残さないように気をつけます。

**ハタキかけ**
障子はハタキの側面を、鴨居などにはハタキの先を当てて左右にそっと動かすとよいでしょう。

**月1回のから拭き**
日常の汚れ落としは、から拭き。布を巻いたモップまたはほうきモップ（P.32）で拭いてもよい。

＊クレヨン、チョコレートなど油性の汚れがついたときは、歯ブラシに水、重曹をつけながらこすり、布でたたいて拭きとります。仕上げは、お湯拭き＋乾いた布で拭きあげて。

**■主な用具と洗浄剤**
そうじ機（ほうき、チリトリ）
化繊バタキ
羽根バタキ
半乾きぞうきん
軍手（あっちこっち手袋）　竹串
サッシブラシ
クエン酸水

## シンプルそうじのポイント

障子のさん、ふすまのホコリは、化繊バタキで
寝具類は、輪を手前にそろえてしまうとゴミが入りにくい
たたみの上には、重たいもの、カーペットを置かない
そうじ機かけに固定せず、ほうき掃きや、から拭き（モップかけ）も併用して
押し入れの湿気対策。すのこを敷く。両方の戸を少しずつ開け、風（扇風機利用可）を入れる

### ■ふとん干し

10時～15（冬14）時の間、敷きぶとんは、約3時間（掛けぶとんはやや短めでもよい）を目安に干しましょう。

日に干す　ふとんは、週1回は干したいものです。まず裏を上にして広げ、途中で裏表を返し、前後をかえて日に当てます。ふとんの表面に黒紗（布）をかけると表面温度が上がり、殺ダニ効果が上昇。かるくホコリを払ってとり込み、室内で一時広げてほとぼりを冷まします。外に干せないときは、ガラス越しの日に当てます。

収納　押し入れにしまう寝具は、重いものほど先に。敷きぶとん、掛けぶとん、枕の順。

11月 ふすま、障子、たたみの張り替えを頼むときは、早めに連絡。

押し入れそうじは不要品の整理もできて一石二鳥。

### 年2～4回

●押し入れそうじ

衣替えのころ、天気のよい日を選んで行う。

①中身を出す。
②そうじ機かけ。
③半乾きぞうきんで拭き、よく乾かす。
④収納ケースのまわりも拭く。
⑤不要品をのぞきもとの場所に入れる。

●床の間　飾りものの手入れ

### 年1～2回

●室内のていねいそうじ

①壁面、天井のそうじ（p.66）
②たたみを拭く。乾いたぞうきんにクエン酸水をスプレーして湿らせて拭く。
③ふすま、障子の穴修繕、張り替え（p.134）。
④家具の手入れ。ハタキをかけ、つやだし布で拭く。

### ■たたみの上げ方知っていますか？

たたみを上げてみると、すき間に詰まったたくさんのホコリ、入り込んだおもちゃに驚くこともめずらしくありません。ひどくぬらしてしまったときも、たたみを上げて乾かすとよいのです。上げ方は、たたみのふち、できるだけ角に目打ちをさして持ち上げます。ぬれている場合には、すき間に古雑誌をはさみ風を入れながら乾かします。（たたみ替えはp.141）。

### 敷居のそうじ

敷居のホコリは竹串などでかき出し、拭きとります。

### 押し入れ

ふとんを出し、隅々までそうじ機をかける。

半乾きぞうきんで拭き、乾かす。（から拭きしてもよい）。

### ■メモリアルコーナー
（記念日にあわせ事前にていねいそうじを）

日頃の手入れ　羽根バタキで写真立てやお花立てのホコリを払い、置き物は、やわらかなクロスでみがいておきます。

ときどきそうじ　香炉の灰は、燃え残りを除いてから表面を灰ならしでととのえます。ろうそく立ては、ロウのこびりつきを除きます。年に1回は花立て、金具をみがきましょう。

### 障子のさん

さんの綿ボコリは、軍手（あっちこっち手袋）をはめて拭き、水拭きはしません。角は、竹ぐしの先に綿をまいたものでそっとかき出します。

### たたみを拭く

クエン酸水でぞうきんを湿らせてたたみの汚れを拭き、乾いたぞうきんで拭きとる。

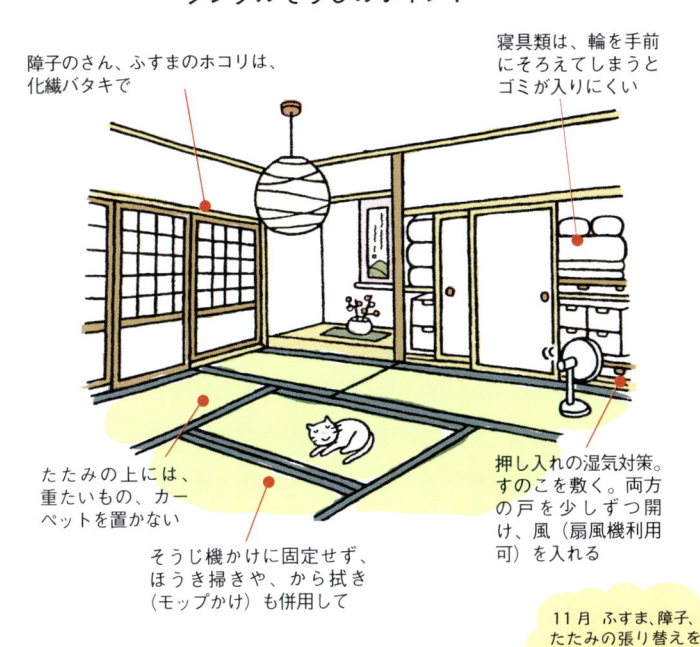

子どもといっしょに！

# 子ども部屋

## 部屋のそうじができることはすてきです

小学生のみなさんは、自分の部屋（または自分の荷物のあるところ）のそうじをしていますか。「お母さんがしている」と答えても大丈夫。このページを開いた今日から、できるところをさがしてはじめてみましょう。そうじというとちょっとめんどうな気もしますが、試してみるとかならずきれいになりますよ。

　また、教科書、プリント、図工の作品、習いごとの道具、宝ものなど、どんどん増えてきているのではないでしょうか。自分の居場所がせまくならないように、残すものといらないものを学期が終わるごとに分けてみましょう。頭の中や、心の整理もできるかもしれません。

子ども部屋の整理と収納については『シンプルライフをめざす整理収納インテリア』（P.96）をご参照ください。

きれいをキープ ガイドライン

**週1回そうじ**

①つくえ、ゆかのかたづけ
②ハタキをかける（本だな、スタンド、カバン類、ラジカセ、パソコン、図工作品など）
③そうじ機をかける（ゆか面）
④つくえの上は、水ぶき

- ベッドのそうじ（左ページ）（または、ふとん干し）

**月1回そうじ**

- 本だなのそうじ
- えん筆のけずりかす捨て（電動は、やや短い期間で）

**学期末そうじ**

- 引き出しの整理、そうじ
- 学用品（教科書、ノート、プリント）の整理、けい示板も。
- おもちゃ、スポーツ用品、習いごと用具の点検、整理
- ガラスふき（P.70）

**年1〜2回そうじ（おとなといっしょに）**

- カーテン洗い（P.73）
- 床の手入れ
  フローリング
  カーペット（P.65）

**おもな用具**

ハタキ　そうじ機　ぞうきん
バケツ　広告紙で折った箱

週1回そうじ

みじたくをして道具を持ってきましょう

右の４つがふだんのそうじです。

鮫島道惠先生（自由学園初等部教諭）に教えていただきました。

背びょうしをそろえると気持ちいいですよ

**1 かたづけ**　文房具、洋服、くつしたなどが出ていませんか？いちばんにかたづけましょう。

**2 ハタキかけ**　こつは、ホコリをふきとるつもりで。

**3 そうじ機かけ**　つくえの下は、いすを引き出してかけましょう。部屋のすみも忘れずに。

**4 水ぶき**　ぬれぞうきんは、よくしぼることがだいじです。

おしまい

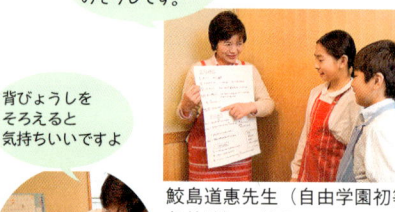

## シンプルそうじのポイント

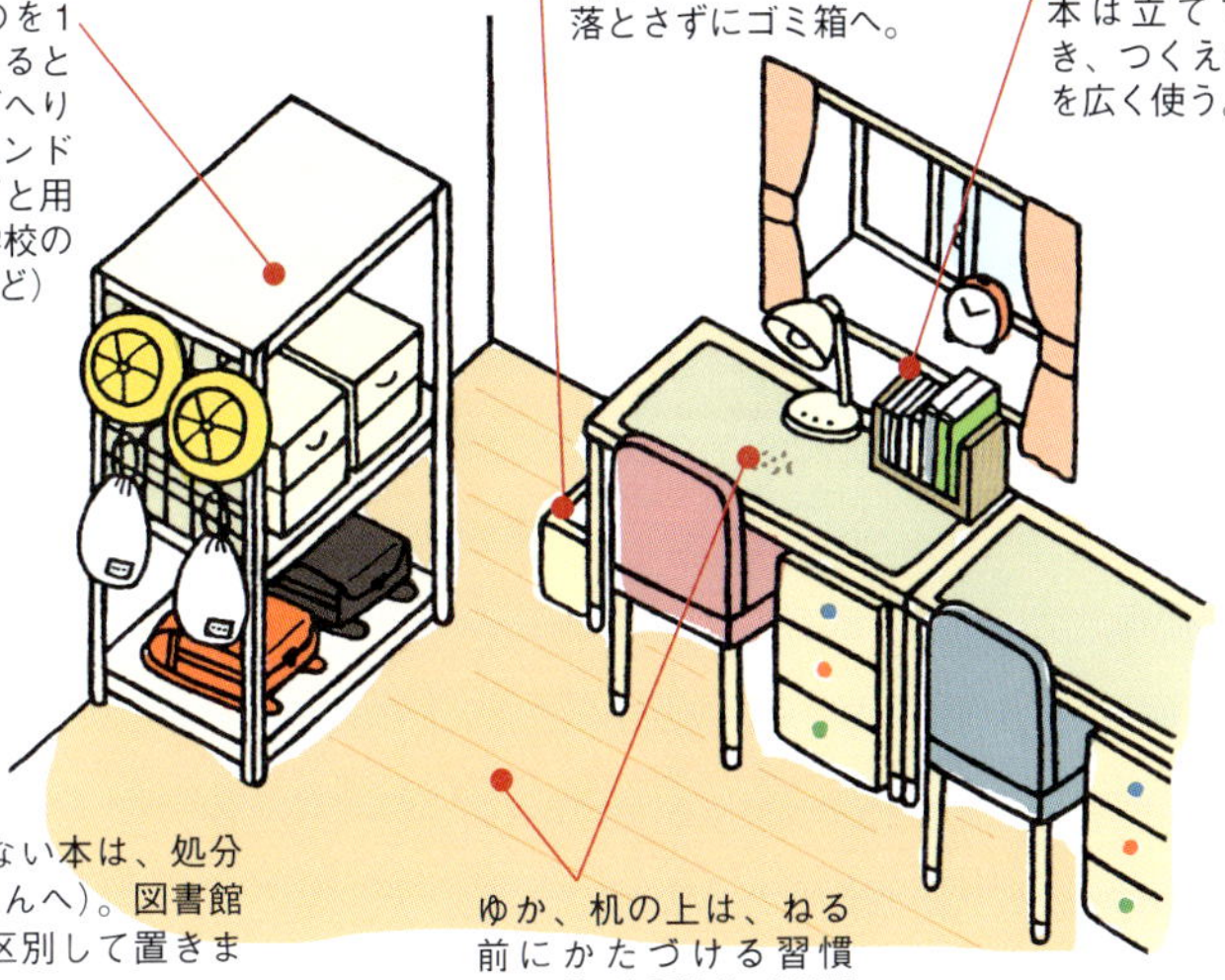
毎日使うものを1カ所にまとめるとわすれものがへりますよ。（ランドセル、習いごと用のカバン、学校の服、ぼうしなど）

消しクズは、ゆかに落とさずにゴミ箱へ。

教科書、ノート、本は立てて置き、つくえの上を広く使う。

もう読まない本は、処分（古本屋さんへ）。図書館の本は、区別して置きましょう。

ゆか、机の上は、ねる前にかたづける習慣を！ “3分間” “5分間” などきめるといいね。

### ぞうきんをしぼれますか？

**1** ぞうきんは、2つ折りにして水に入れ、

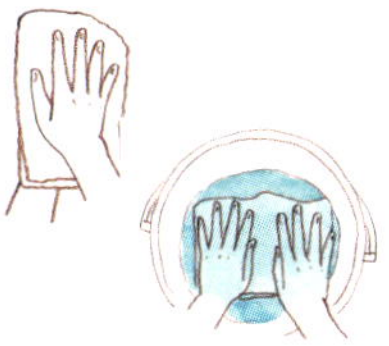

**2** ぬらした後もう1度たたんで（4つ折り）

**3** ぎゅっと力いっぱいしぼりましょう

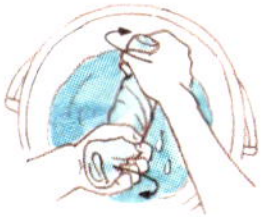

**4** よごれたぞうきんをすすぎます。水の中で、布と布をこすり合わせるように洗います。にごったらしぼり、水をかえてもう1度洗いましょう。
・終わったら、よくしぼって干しましょう。

## 2段ベッドのそうじ（土・日曜日の朝）

**1** ベッドの上を片づける
本、ぬいぐるみ、タオル、ティッシュなどが散らかっていませんか？　数や、おき方も考えましょう。

**2** ふとんをきれいに
かけぶとん、毛布、シーツの上は、ねん着テープのローラーを転がします。そうじ機をかける場合には、すいこみ口をしん具用にかえることもできます。

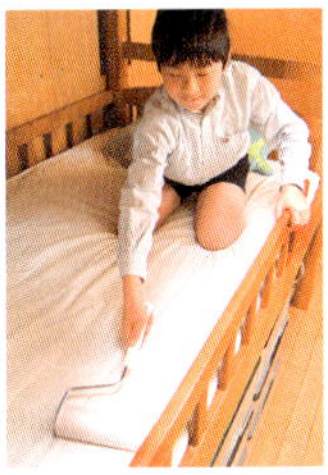

**3** かけぶとん類をのばします。

**4** ベッドカバーをのばして平らにととのえましょう。

＊子ども用のベッドカバーは、かんたんにぬえます。110cmはばの布、ベッドの長さ十20～40cm丈の生地を用意して、裁ち目を三つ折りでぬいます。

終わってみるとこんなにすっきり

## 学期末

ゴミは、そうじ機かけ、または、かわいた布ではらいます。

引き出しの中は、箱で仕切ると、そうじがしやすくなります。

けずりかす　紙に包んでからゴミ箱に捨てましょう。広告紙で折った箱を使ってみました。

## 月1回

川島　千明さん（6年生）、彰悟くん（4年生）に、
自分の部屋のそうじをしてもらいました。下記は2人の感想です。
● つくえの上をふいてみると…、けっこうよごれていたんだね。
● 教科書、ドリルなどを背の順に並べてみると、つくえの上が明るくなった。
● おねえちゃんのように、引き出しの中のものを箱で仕切ってみようかな？　…など、うれしい発見がいっぱい。

# 玄関

**家族や来客を迎える家の顔。ここでホコリを食い止めることも、家中のきれいをキープのポイントです。季節の入れ替えのついでに年に2回はくつ入れそうじを!**

玄関そうじには古来から浄めの意味があり、毎日そうじをする習慣の人も多いようです。汚れのほとんどは、内外のホコリとくつ底から落ちる土ボコリ。周囲に空き地や畑があったり、周囲が舗装道路でないとき、子どもの出入りが激しいと泥が上がりやすくなります。新聞とりやゴミ出し、送り迎えのついでにさっと掃くなど、そうじのリズムに組み入れて。

汚れの少ない場合は週に1度、ハタキをていねいにかけ、ほうきかそうじ機でホコリや土ボコリをとるだけで充分でしょう。

ハタキかけは2分ですみますよー

拭きそうじでサッパリ

きれいをキープ ガイドライン

**週1回**

汚れの少ない場合

●**ハタキかけ**
ドアクローザーの上や蝶つがいのまわりも忘れずに。

●**掃きそうじまたはそうじ機かけ**
ハタキをかけたあと、ホコリが落ち着いたら、たたきの砂やホコリを掃き出すか、そうじ機で吸いとります。

**月1回**

●**たたきのから拭きまたは流し洗い**

●**ドアや棚などの半乾き拭き**
隅の土ボコリや手アカが「かたい汚れ」にならず、さっぱりします。

くつ入れの上も土ボコリがたまりやすい。

### 土ボコリにもハタキかけ

収納棚の扉や窓まわり。

幅木も意外に汚れます。壁にもさっとかけておきましょう。

### 掃きそうじ

ほうきは短い方が小まわりがきいてラク。くつ入れ用の小ぼうきを代用するのも、さっととり出せて便利です。しぼった茶殻をまくと、ホコリがたちません。

### たたきを拭く

から拭き、または半乾き拭きでさっぱりと。

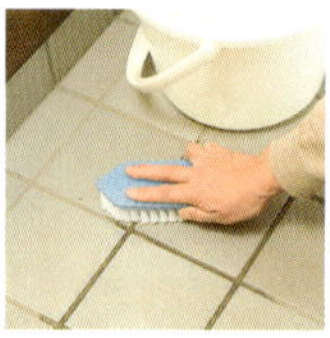

### こびりついた泥汚れ

たわしかタイル用ブラシに水をつけてこすり、流し洗いを。汚れがひどいときは、石けん水をふきかけてこすります。

### そうじ機でスピーディーに

そうじ機の筒先に薄めのボール紙でつくった筒をつけると、汚れが気になりません。

**主な用具と洗浄剤**
- 化繊バタキ
- ほうき　チリトリ（またはそうじ機）
- たわしかタイル用ブラシ
- 半乾きぞうきん
- 使い捨て布
- つやだし布
- 石けん水
- オイル水または専用ワックス

## シンプルそうじのポイント

ノブやとっ手が光っていると気持ちいい
飾りすぎず、小ものは少なめに
ハタキかけでホコリをためない
たたきはワックス（オセダー）をぬって汚れをつきにくく
くつ拭きマットで泥をシャットアウト

### ■たたきの材質別手入れ法

**天然石（大理石、御影石など）** 薬品のついたモップや酸性洗剤は使用しない。半乾きぞうきんで拭くのを基本に。ワックスは専用ワックスを。

**石材タイル（陶器質、磁器質、せっき質など）** うわ薬のかかったものはワックスがけ不要。

**化学タイル（樹脂タイル）** 汚れがひどいときは石けん水をつけてブラシか布でこすり、水拭きを。

**人造大理石・模造石** 水拭きしすぎると白っぽくなるので、から拭きを基本に。半乾き拭きしたあともから拭きを。

**コンクリート** 汚れがたまったときは、たわしかブラシで流し洗いし、水けを拭きとってよく乾かす。

＊ワックスがけについて……コンクリート以外はどれも専用ワックスが市販されている。長もちして光沢も強いが、次回から剥離剤が必要になることも。レモンやオレンジのオイルは床や家具にも使え、気軽にできる。どちらも子どもやお年寄りのいる家庭では、滑りすぎて危なくないか、また色がつかないか、隅の方で試し拭きを。

くつ入れのそうじはブーツorサンダルをしまう季節に

### 2〜3カ月に1回

専用ワックスは年2回ていど

●**オイル水《すい》拭き**
玄関のたたきも定期的にオイル水で拭いて油膜をつくっておくと、汚れが落ちやすく、傷も目立たなくなります。

●**ドアや棚のつやだし布拭き**

### 年2回

●**くつ入れの整理とそうじ**
4月頃（ブーツなど冬ぐつをしまう）と10月頃（サンダルなど夏ぐつをしまう）、くつの手入れや点検を兼ねて、くつ入れをそうじしましょう。

**半乾き拭きでさっぱりと**
蝶つがいやドアの側面も。

ドアの凹凸部分。隅の方は指にぞうきんを巻きつけて。

**たたきはオイル水で**
掃きそうじ、半乾き拭きで、たたきをきれいにします。オイル水（水200㎖にレモンオイルなど小さじ1）をスプレーしながら、タイル面にも目地にもすり込むように、使い捨て布で拭きのばします。

**ドアや棚はつやだし布で**
ドア、ドアノブ、棚の上、収納棚の扉なども、つやだし布で拭き込んでおきます。金属のドアなども、つやが出て美しさがよみがえります。

**くつ入れのそうじ**
くつをすべて出し、敷き紙があれば、はずします。

小ぼうきとチリトリ、またはそうじ機で、土ボコリをのぞきます。（汚れがひどいときはさらに半乾き拭きを）

扉をあけ放してよく乾かしてから、敷き紙（カレンダーの裏など）を新しくし、くつを並べます。

# 外まわり

玄関ポーチ、カーポートや前庭、そして門扉から道路へのスペースは、公私の接点としてたいせつな場所。通る人、訪れる人の目線も意識して、心を配りましょう。

外まわりのそうじは家の点検を兼ねたハタキかけと、アプローチ部分の掃きそうじ、草とりなど。家族を送り出しがてら…ゴミ出しのときにさっと…など、暮らしのリズムに組み込むのがいちばんです。

**掃きそうじ**
ハタキかけのあと、玄関から門扉へのアプローチ部分、外の道までを掃き清めます。

外からハタキでぬぐっておくと、ガラス拭きもラク

落ち葉はぬれると滑って危険

インターホンはお客様がいちばんに目にするところ

きれいをキープ ガイドライン

**落ち葉の季節 毎日～**
●掃きそうじ
ゴミ出しや家族を送るついでにさっと。

**月1回**
●家のまわりのハタキかけ
点検を兼ね、雨樋や排水パイプ、窓まわり、門扉にハタキをかけると、外観はいつもすっきり。

●掃きそうじ

**落ち葉掃き**
落ち葉は雨が降ると掃きにくくなる上、通行人ばかりでなく、自転車や車もスリップして危険。秋はこまめに掃き、風で飛ばないように、ふたつきのポリバケツなどにためておき、堆肥にするか指定の袋でゴミの日に出します。

**長短2本のハタキで**
外まわり用のハタキを持って、玄関先からスタート。表札、門灯、ドアの外側、軒下、窓まわり、門扉などもかけていきます。

**インターホン・表札**
外の表札周辺は目立つところ。忘れずに。

雨樋に傷みはないかもチェックしながら。

格子の汚れがひどいときは、軍手で拭くとすっきり。

**面格子**
防犯用の面格子も土ボコリがたまりやすいところ。ポリバタキではたき出します。

■主な用具
外用ハタキ
（ポリバタキ）
長いほうき
外用チリトリ
デッキブラシ
バケツ　軍手

### 雨と雨樋

樋で集められた雨水は、雨水マスに流れ込むようになっているが、地球温暖化を考えれば雨水を庭に流れるようにした方がよい。ところが現実にはこの方法はまだ広く採用されていない。

樋は中国や韓国の寺院や住宅には使われていない。軒先の屋根瓦の先端がとがっており、雨水はここに集められて庭先に落ちる。アメリカのカリフォルニアの住宅でも樋はなく、雨水は直接、屋根から地面に落下する。降水量が少ないこともあるが、日本の雨樋が落ち葉の季節にとくべつに手がかかることを思うと、いったい誰が樋をつくったのか、樋はなければならないものか…、考え込むことになる。

### 建物を守る木を植える

西日のあたる窓の前に、自然できれいな樹木を植えて日射量を調整する方法がある。夏の陽射しの強いときにはたくさんの葉を繁らせて陽射しをカットして室内にはやわらかな風を送り込み、冬には葉を落として陽射しをとりこめる落葉樹がよい。一例をあげればミノカクシという樹である。比較的成長が早く、葉の形が手のひらに似ている。高さは3～4mくらいに成長する。この樹を西側に植えると自然のカーテンをつけているようで、暑苦しい西日の部屋は一変する。また、樹は火災から建物を守る役割もする。ナナカマドは7回かまどに入れても燃えないほど火に強く、バショウは火災時にたくさんの水分を体にもっているので延焼速度を遅らせるというもの。

木は、葉の間にかかえた空気も空気を冷やしたり断熱もしてくれるすぐれものである。

### 庭木の高さと根の大きさ

木が根もとから根を張り出す直径と木の高さはほぼ比例する。5mの高さの桜は、根もとから半径5mの円で根を張っていると思ってよい。たとえば、桜は寿命が60年くらいであり、根の破壊力は大きく岩を割ったり、ブロックを押し倒す力をもつ。一方、樹齢40年を超えたものは移植をすると枯れやすいということを思うと、建物のそばに大きくなる樹木を植えるのには注意が必要である。ちなみに竹は地下茎が発達するので、遮根《しゃこん》処理をしておかないと近隣の家にまで侵入していくので注意が必要。

（杉本賢司）

### シンプルそうじのポイント

ハタキをかけることで補修すべき箇所にも早めに気づきます
お隣の家の境界より少し先まで掃くつもりで
花やグリーンで道行く人の目を楽しませましょう

ポーチに
ときどき水を
流すとさっぱり

年に1～2回

●ポーチの流し洗い

バケツ1杯の水でできます。

●門扉・外壁タイルの拭きそうじ
または流し洗い

来客の前や玄関そうじの延長で。

**表札、門灯**
半乾きぞうきんで拭きます。

**塀のタイル**
門扉に続く塀のタイルなども、水洗いすると美しさがよみがえります。洗車ブラシが便利。

**ポーチをさっぱりと**
デッキブラシにバケツの水をつけながら、タイル、目地部分の汚れをこすり落とし、最後に水を流します。水けをぞうきんで拭きとると、さらにさっぱりします。

# ベランダ

**夏は暑く、冬は寒くてとどこおりがちなベランダそうじ。洗たくものを干すとき、植物の世話などをきっかけに、いつも窓外をすっきりと！**

窓の向こうに花や緑がたっぷり…のベランダは楽しいけれど、枯れ葉や花がらが落ちてふきだまりになったり、排水溝に詰まりやすいので要注意。そのほか風が運ぶ土ボコリや、洗たくものを干すときに落ちる繊維くずなどが汚れの原因に。水やりや洗たくもの干しの際に、ちょっと花がらを摘んでおく、さっと床面を掃くなどの「ついでそうじ」が有効です。

集合住宅では、そうじの際に周囲に土ボコリを飛ばさないように、ハタキはぬぐうように使う、掃きそうじは水をまきながら…などの心づかいもたいせつですね。

排気口は長柄のハタキにぞうきんを輪ゴムでセットしてぬぐうとよい。

ベランダに出たら
ちょこちょこ
そうじ
へ～！
ベランダも
ハタキ！

きれいをキープ ガイドライン

**ふだんそうじ 洗たくもの干し／水やりのときに**

- 手すり、室外機などの半乾き拭き
- 花がら摘み
- 気づいたところをさっと掃く

**月1回**

- ハタキかけ

排気口、網戸、フェンス、壁面、エアコン室外機など、上から下へ、ハタキでさっさっとぬぐいます（バタバタかけてホコリをまき散らさない）。

- 掃きそうじ　溝・排水溝のゴミをとる

（植物が多い場合は週1度）

排水溝が詰まらないように、月に1度は点検を兼ねて、溝・排水溝そうじを。

- 拭きそうじ

**拭きそうじ**

洗たくものやふとんを干す前に、半乾きぞうきんでさおやフェンスなどを拭きます。植物があれば水をやるときに枯れた葉や花がらをまめに摘んでおくと、元気に育つ上、下に落ちるゴミも減って一石二鳥！

**ベランダもハタキかけ**

外まわり用のハタキを用意し、月に1度くらいホコリのたまりやすいところをぬぐいます。紙のハンディモップやレンタルモップを使っている人は、最後にベランダや網戸の汚れをぬぐって捨てる（返す）のもラク。

**掃きそうじ**

小型のほうきとチリトリを用意しておいて、洗たくもの干し場の下や植物の周囲などはとくに気をつけて掃いておきます。

**溝・排水溝**

牛乳パックを斜めに切り、チリトリにするとゴミがとりやすい。排水溝に詰まったゴミは割り箸でとってしまいましょう。

**■主な用具**

化繊バタキ
小型のほうき
チリトリ
割り箸
半乾きぞうきん
捨ててもいいぞうきん

## シンプルそうじのポイント

洗たくものやふとん干しのついでにまわりをさっと掃いたり拭いたり
洗たくものを汚さないためにも半乾き拭きを
花がら摘みをまめに
床が汚れず、植物も元気
排水溝にゴミをためない

### 私のくふう

●お風呂の残り湯はムダにせず、ベランダそうじや菜園の水やりに使用。洗たく機用ポンプにホースを継ぎ足してベランダへひいている。エアコン室外機の水もためておき、水やりや夏の打ち水に。

北澤悠子（相模原）

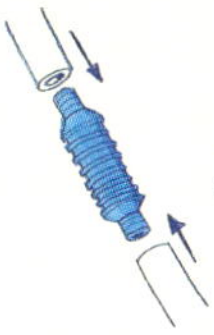

こんな継ぎ手でホースをつなぐ

### すのこをしいたベランダそうじ
**山﨑美津江**

スリッパで気軽に出られるデッキ風のベランダ。すのこは敷きっ放しだと土ボコリもたまり、裏にゴキブリの巣がついたりするので、2～3カ月に1度、すのこをあげてのそうじは欠かせません。

マンションのベランダは長年たつと劣化して水もれすることがあるので、流す水を最小限度にするため、乾湿両用そうじ機を使います。

**手順**

1 すのこをあげ、小さなハタキやハンディそうじ機でゴミをとる。

床面は、ほうきで大きなゴミを掃きとるか乾湿両用そうじ機のブラシつきで吸いとる。

2 バケツの水を少しずつ流しながら、デッキブラシをかける。ごしごしやると、しぶきがガラスや壁にかかってかえって汚れる。排水溝に向かって押し出す感じで。

3 そうじ機のヘッドを吸い込み用に替え、ゆーっくり動かしながら、水と泥とごみを吸いとる。

＊木製すのこはクエン酸水のスプレーをかけながら拭くと、少しずつきれいに。カビ予防にも。

たまには水を流すと気持ちいい！

### 年に1～2回

●床面に水を流してこすり洗い
春や秋の花の植え替えの時期などには、床面に水を流してこすり洗いをするとさっぱりします。

### 床面の水洗い

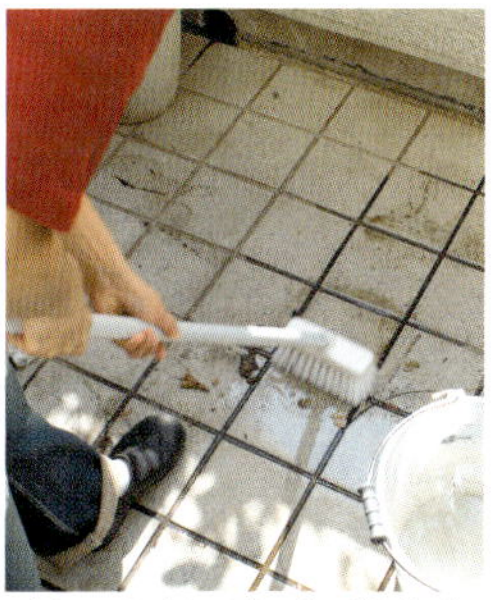

バケツの水にデッキブラシをつけてこすり、最後にホースかバケツで流します。ぞうきんで拭きとるとさらに汚れがよく落ちます。

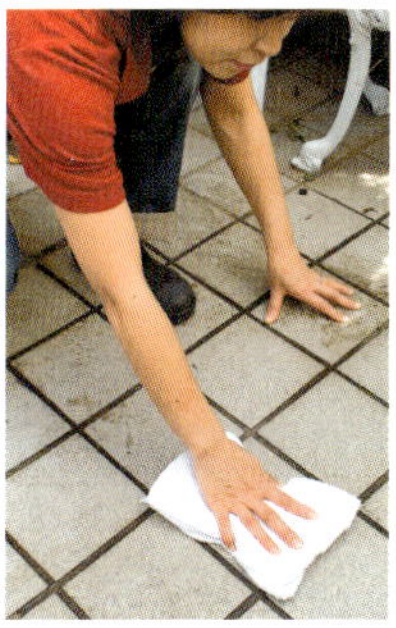

集合住宅で、水を流しにくいときは、ブラシに水をつけてこすり、捨ててもよいぞうきんで拭きとります。雨の日の方が湿気で汚れがゆるみますし、階下の洗たくものなどを気にせずにできるでしょう。

**土ボコリ対策は**
乾燥していて土ボコリがまき上がるような日は、水をスプレーしたり、ぬらした新聞紙をちぎってまいて掃くとよいでしょう。

庭の手入れをらくにする

# 草とりの知恵

木下　久子

フッキソウ（富貴草）を玄関に

## グランドカバー（下草）で雑草を防ぐ

草とりは、早めにする。これは長年心がけてきました。しかし、草をとってもすぐまた生えるのは、植物が育つ条件が備わっているからでしょう。地面を裸にすれば、また生えてくる草は繁殖力の強いものです。そこでわが家の庭を適当な緑で覆ってしまうことを考えるのはどうでしょう。

日本では昔から下草として、リュウノヒゲ、フッキソウ、セキショウ、シャガなどが植えられています。暑さにも、寒さにも強い宿根草、ミヤコワスレ、ホトトギス、シラン、ユキノシタ、センリョウ、マンリョウ、キチジョウソウなど、草姿や開花期を考えて植え込んでいくと、楽しみでもあり、はじめは手がかかっても、だんだんに草が少なくなってきます。通路や植え込みの中などに生えてきた草を、種子をつけないうちにとることはもちろんです。

また、裸の地面をつくらないためにもなるのがタツナミソウ、サギゴケ（白花）、タマスダレ、ダイコンドラ、アジュガ（ジュウニヒトエの仲間）などで、地を這って広がり、洋風な庭にも映える植物です。ドクダミ、ヘビイチゴも場所によってはよいグランドカバーになります。

## 大きく育つ前にとるのがコツ

2月になったら、秋に生えて年越しした雑草をとりはじめると、あとが楽です。3月末から4月初めにかけ、荒い竹ぼうきで地面を勢いよく掃くと、雑草の発芽がずいぶん抑えられます。その後、春にでたものは、6月に種子をつけるまでにとり終えるように気をつけましょう。種子をつけたあとでは、ぬきとる反動で種子がはじけ、今まで以上に生えてしまいます。

梅雨後、生え広がる草もありますが、このように先手を打てば、夏の暑い時期の草とりの手間が少なくてすむでしょう。

## 芝生の雑草は？

まめに芝刈りをすると雑草の生長が抑えられ、健康な芝自身が雑草の繁殖を抑えます。それでも種子をつける9月すぎまでは、つとめて小さいうちにぬくようにしましょう。

## わが家の雑草を知る

地域によって、雑草の種類も違いますから、種類をしらべ、適したとり方や除草時期を知ることで、能率があがります。全国的に見られる雑草の一部をあげてみました。

**ハルジオン**　キク科の多年草。種子のほかに、根の先からも発芽して群生します。花芽が伸びるころがぬきやすいので、根を残さないようにとります。蕾のときは茎の頭が下を向いているのでヒメジョオンと区別できます。

**ヒメジョオン**　キク科の多年草。花は夏から秋まで咲き、種子を散らします。ハルジオンより根はよくぬけます。

**カタバミ**　カタバミ科の多年草。根は地中に深く伸び、茎は地面に広がって節々から根を出します。5月ころから花をつけるので、種子がつかないうちに直根（ゴボウ根）をとりのぞきます。

**ドクダミ**　ドクダミ科の多年草。日のあたらない家の裏側や植え込みの中でもよく育ち、地下茎を掘りとらないとすぐに生えてしまいます。グランドカバーにするにも庭中に広がらないように注意がいります。

**スズメノカタビラ**　イネ科の1年草。開花期は3～9月ですが、多くは秋に発芽し、冬にはびこります。春に白い穂をつける前にとります。

**イヌワラビ**　シダの仲間。胞子で繁殖し、日陰でよく育ちます。除草フォークや鎌で、丈夫でしっかり張った根をとります。

**ゼニゴケ**　日陰の湿地や石垣の上一面に広がる陰気な草。鉢植えの中に生えると通気がわるくなり、草花に影響します。道具を使ってこそげとり、深めの穴を掘って埋めます。

（元自由学園教諭）

知恵と設備とプロの力で

# あなたのそうじを賢く合理化！

賢く上手にまかせたい

# プロにおそうじを頼むとき

奥本民代（82歳　横浜）

## まかせるとき必要になったのは？

40代から足に故障があり、60代後半に「やがて車椅子の生活になる」と宣告されました。そのころから、そうじがだんだんつらくなり「大そうじをしなくてもよい生活」にしたいと考え、月1回、業者に「ていねいそうじ」を依頼するようになりました。

はじめてのそうじが終わったとき、私は「アッ」と思いました。家の中は全体的にきれいになりましたが、レンジの仕上がりは思っていたようではありませんでしたし、出しっぱなしのものはこれまでと違う場所に片づけられ、必要のたびに探すようになってしまったのです。私の頼み方が不充分だったことと、依頼するにはそれなりに暮らし方を変えなければと気づきました。

次からは業者に「水まわりを重点的に」とこちらの要望をはっきり伝え、「空いたところに何気なくものを置く」自分のくせを徹底的に見直しました。

台の上には原則的にはものを置かない、必要なものは戸棚の中などに場所を指定しておき、いらないものは処分する。これらをしているうちに、読みかけだった本や雑誌がなくなり、戸棚や部屋の中もすっきりしてきました。もちろんいろいろ失敗はありましたが、いつもの生活のままでお願いしても、業者の方が「そうじ機をすぐ使える状態」にすることができ、家の中もプロの力で清潔になりました。

## 「たすけのいる暮らし」こそ賢く合理的に

私の足の状態も進み、昨年夏からは「お使い」など、ほかの家事もできなくなりました。すべての買いものは宅配か通信販売を頼むことになりました。

宅配されたものを過不足なく使って次の宅配を待つ在庫管理、また、家事を手伝ってくれる夫に「物置のどの場所に何があるから持ってきて」と、ものの位置を正確に示すことのたいせつさをしみじみ感じました。家事を今までしなかった夫には「ものの位置」があいまいでは、常に探してもらうことになってしまいます。今は私の口と手と夫の足でなんとか家事をこなして老夫婦で楽しく自立しています。

近所には私たちと同年齢の人も多く「私も業者にそうじしてもらいたい」と言う人は多いのですが、いざ頼むとなると「片づけてからでないと人には頼めない。業者のためにまず私がそうじすることになる」と嘆きますし、宅配も「奥本さんのマネをしてみるのだけれど、いつも、ものが余ってしまったり、途中で足りなくなってスーパーに走ったりで役に立たない」と言われます。

年老いて家事ができなくなってから、「さあ、お使いにいけないから在庫管理しよう」といってもなかなかできません。在庫管理も部屋の片づけ方も、『婦人之友』で習ったことですが、若いときに身についた生活の習慣のたいせつさを感じ、感謝する毎日です。

「おそうじしていただくあいだは2階にいるんです」と話す奥本さん（左）と、おそうじ代行業者「ミニメイドサービス」の舟木さん。

**窓**
外と内に別れ、網戸は同じ場所を両側から拭いていくのでたわまない。鏡像のように動きがぴったり合っているところはさすがプロ！

ハタキはかけず、障子のさんの1本1本まで拭きそうじ（から拭き）。人手がかけられるから可能なていねいさ。

## 「ミニメイドサービス」のそうじの基本方針

床はしぼったタオルで水拭き後、から拭き。椅子はサッシブラシでホコリを出し、から拭き。

## 「プロのおそうじ」密着2時間

そうじを依頼するのは月に1回、1階と外まわり部分を2時間です。この日は3人のスタッフで最初にリビングをし、次に、水まわり、外まわり、玄関をそれぞれが分担して、あっという間にスッキリしました。

**カーペット**
そうじ機だけでとりきれない場合は、サッシブラシでホコリをかき出しながら、そうじ機で吸っていく。

**玄関たたき・ポーチ**
水が流せるところはデッキブラシでみがき、水を流し、拭き上げる。水が流せないマンションの場合は、ぞうきんで2回拭いて仕上げる。

**台所**
五徳類は熱いお湯に粉石けんを溶かしてつけおくと汚れが浮いてくる。ひどいところは金だわしでこする。

**お風呂**
入り口にシートをしいて、小ものはすべて外に出し、ひとつひとつ拭いて、もとにもどす。

窓はタオルを下に敷いて、柄つきスポンジでさっとぬらし、スクイジー。拭き残りがあれば不織布で仕上げる。サッシレールはサッシブラシでかき出してからそうじ機で吸いとり、水拭きする。

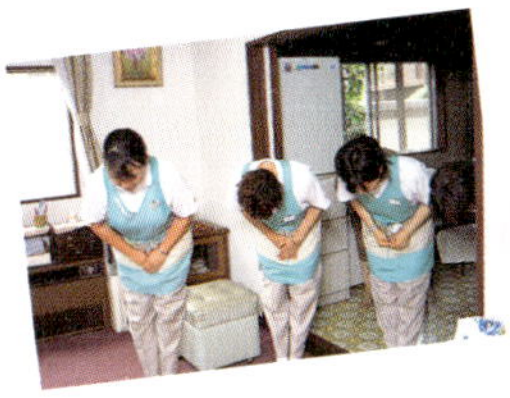

終わりました、
おつかれさまです！

### プロのおそうじ「ミニメイドサービス」舟木靖子さん（新横浜店店長）に聞く

ご縁あって奥本さま宅のおそうじをお手伝いさせていただくようになり、16年になります。

質の高いおそうじを実現するための技術はもちろん、はじめておそうじを頼んでくださるお客さまが、不要な警戒感を感じないよう、「誠実・正直・素直」であることを一貫して心がけています。

スタッフは主婦が中心で、活動的な人が多いです。スタッフ養成は研修用のマンションの一室で行い、さらに実地訓練。いろいろなスタッフと組みながら技術向上を目指しています。

奥本さまは私たちが店舗をはじめた最初の頃からのお客さまの一人です。開店当時はご要望を伺う点で不慣れなところもあり、「きれいにしてほしいところ」「手をつけられては困るところ」など、さまざまなニーズがあるのだということをお客さまから教わり、育てていただいたと感謝しています。

忙しい方や体力的に厳しい方でも、プロが定期的に伺い、ていねいなそうじをすることで、きれいさが保たれます。とり返しのつかなくなる前にきれいな状態に回復する、つまり予防医学と同じと言えるでしょう。

家のそうじは家族みんなで

# 4人兄妹のおそうじ分担

増田聖子（39歳・横浜）

## 子どももりっぱな「生活共同者」

育ち盛りで元気な4人兄妹のいるわが家では、子どもたちもみなりっぱな生活共同者であり、家族全員が少しでも何か家や家族のために力を出して欲しい、助けて欲しいという切実な願いから、子どもたちはいろいろなお手伝いを分担しています。

そうじに関しては、小学生の3人には、毎朝床の拭きそうじ、夜は入浴時のお風呂そうじ、週末は窓またはベランダのそうじを任せています。年齢や、性格（こちらの方がウエイトが大きい）に応じて、相談しながら担当を決めています。

基本的にそうじは、毎日や毎週末しますが、窓そうじは外出してできないこともよくあります。そんな週が続くと当然汚れはたまり、次のときに大変な思いをするので、毎日しておけばそうじは楽ということが体験的に、子どもたちにも一目瞭然です。また、少しこすると汚れがとれるというのは、子どもにとって面白いことのようです。狭いすき間は子どもの細い手の方が奥まで入り、中に入ったものをとってもらったり、そうじしやすいことがよくあります。

## 「生活している実感」をたいせつにしたい

気候のよい5月の連休は混雑する外出を避け、毎年わが家は大そうじのときとなります。たたみを上げると子どもたちはなぜか大喜び。ふだんと違う家のようすが彼らにはとても面白いことのようですし、換気扇をそうじできたり!! 網戸をはずせる!! お父さんの手もとには、尊敬の眼差しを向けます。まずはすべてができなくても、そうして少しでも興味をもってくれるだけでいいと思っています。

今は、次から次に安価で便利なものが手に入る世の中ですが、身のまわりにあるものを長く使い込んでいくことがまずたいせつだと思っています。ふだん自分たちが使っている場所や道具は、そうじすることによって愛着が増し、注意深い使い方を心がけることもできるのではないでしょうか。そうじをすると気持ちよいし、そうした気分になることで頭の中もサッと切り替わり、次にすること（遊びなど）に充分集中できるようです。そうじ以外でも、お使いなどをすることで地域の人との接点も増え、自信を持って社会に出て行けるのではないでしょうか。

子どもたちに、「生活している実感」を少しでも多く感じて欲しいと思っています。

**お風呂のそうじ**
長男が壁、次男が扉と小もの、三男は床、私が浴槽、父親が高い所と決め、それぞれお風呂を出る前にゴシゴシします。毎日と決めているのですが、よく忘れているようです。でもときに、担当場所以外をとても念入りにしてくれることがあります。

増田さん、夫の建《たつる》さんと4人兄妹。左から次男啓《けい》君（小3）、愛《めぐみ》ちゃん（4歳）、三男晶《あきら》君（小1）、長男望《のぞみ》君（小5）。

子どもも思いっきり手ぬきをするときと
妙にきれいにするときがあり、
押したりひいたりするやりとりが、
子育ての醍醐味と感じます。

長男・食卓の床

次男・台所の床

三男・居間の床や家具など

**男の子3人の朝のぞうきんがけ**
登校前、時間にするとわずか数分ですが、それでも、フローリングの床はそうじ機だけではスッキリしないので有り難いです。途中で遊んでいたり、一応ひとまわりして終わりというときもよくあります。もちろん忘れていて、声をかけて頼む事もしょっちゅうです。

**週末は兄妹全員で窓拭き**
必ず共同作業となるのが窓そうじ。季節や汚れ具合によって、サッシ、溝をていねいそうじするか、窓ガラスだけかどちらかにし、やり方、分担は子どもたちに任せます。まず自分たちで道具を用意し、とりかかりはじめます。
ここからが面白いのです。最初はいかに自分が楽をするかで、場所のとり合いになります。ただそれだといつまでも終わりません。そのうち、誰かが、「よし！」と、積極的になります。すると自然に、みな熱が入りはじめます。早く終わる子はまだの子の所を手伝わなくてはならないし、上の子は下の子が届かない所をしないといけない。協力しない訳にはいかなくなります。喧嘩しながら、ああでもない、こうでもないと言いつつ、ときには下の子が適切なことを言ったりしているようすは、見ていてほんとうに微笑ましいもの。年を経るごとに多少スムーズにできるようになってきているようで、これも貴重な家庭教育の一つだと感じています。

### 子どもがそうじをしやすいように
### ―増田さんが心がけていること―

1. 道具は子どもが扱いやすい小ぶりのものを（子どもたちといっしょに選ぶ）
2. 子どもが出し入れしやすい場所に道具を置く
3. 最初は大人もいっしょに分担する
4. あまりこだわり過ぎないことも必要（少々汚くても見逃すことも）

子どもに使いやすいよう選んだ、小ぶりの道具。スポンジは半分に切って片方ずつ使います。

ぞうきんはハンガーを低い位置につけて、干しやすくしました。

集って、学び合いながら

# 共同でするそうじをスムーズに

地域センターや教会など、みなで使ってみなでそうじをする場所をきれいに保つには？

岡部聰子（東京第三友の会）

## 活動の拠点「友の家」

２００４年10月に竣工した「東京第三友の家」（会員２００名）は鉄筋コンクリート３階建て、２６６㎡、明るいクリーム色で通りに面して大きな窓が開いています。１階の玄関を入るとすぐに小さなエントランスホール、共同購入コーナー、階段、エレベーターホールへと続きます。通りからよく見える調理室は奥に生産室もあり明るく機能的、ピカピカの調理台が３台並んでいます。

２階は大ホール。非常口を兼ねたバルコニーと天井までのガラスブロックの壁面から光がよく射し込み明るく暖かです。

３階に上がると子どもたちが大好きな託児室と委員室が並んでいます。広いベランダから街路樹に手が届きそうです。この階は靴をぬいで上がります。

私たちはこの恵まれた友の家で学び合ったことを、社会に発信していきたいと心から願っています。「よい社会はよい家庭から」と。

## きれいに使うために

新しい友の家をいつまでもきれいに気持ちよく使うために、みなで使い方やそうじ方法を考えました。

１、使ったあとはかならず後片づけ・そうじをしてチェック表に記入する。

２、月１回当番方面（地区）が全館をそうじする。

３、方面ごとにそうじの受け持ち区域を決め、いつも心にかけ、目配りをすることで月当番の負担を減らす。

４、年３回、みなで全館ていねいそうじ。

＊そうじマニュアルは左ページの表のように場所・材質に合わせた方法を考え一覧にして全員に渡し、そうじの日にはホールに貼り出します。トイレそうじの方法はトイレの壁にいつも貼っています。

## 一斉そうじの方法

各方面とも当番の月は午前中に友の家を使って方面会や調理実習をしたあとにみなでそうじにとり組んでいます。約10〜15名ほどが集まり、きりっと身支度をして、まずハタキかけからそうじ機かけ、モップかけなど上から下への手順や半乾きぞうきんの使い方など、先輩から後輩へそうじの基本を伝達する機会でもあります。所要時間は約１時間、窓ガラスが大きいのできれいにそうじするのは時間と労力がかかりますが、みなで力を合わせて終わったときのすがすがしさは格別、友の家への愛着も深まります。方面の月当番は年に２回まわってきます。

「まずハタキかけから」全員に浸透しています。

**そうじ機かけ** 丈夫で排気のクリーンなものを。

**モップがけ** 半乾き布をつけて拭きます。

定例会・講習会、その他さまざまな活動の拠点として使われる「友の家」。現在、北海道から沖縄まで、120カ所にあり、会員の協力で運営される。

**高いところは脚立で**
日あたりのよい2階ホールのガラス拭き。

**一斉にガラスみがき**
ハタキかけ→水拭き→スクイジー→仕上げ拭き……と分担して。

**トイレのそうじ**
備えつけの極細繊維布で鏡、手洗いシンクを拭き、使い捨て布で便座まわりを。床は廊下の延長と考え、そうじ機、モップでそうじします。

**ぞうきん**
外の洗たく機でまとめて洗って干して終了。
次に来た人がとり込んで、そうじ道具置き場に。

使い捨て布は極細繊維布にはさんでしぼると、ちょうどいい湿りぐあいに。

## ■「みんなでそうじ」しやすい工夫

**そうじ道具置き場**
羽根バタキ2、ほうき2、モップ2、化繊バタキロング1、そうじ機1、ぞうきんなど。1〜3の各階と外まわりごとに必要なものが備えてあります。

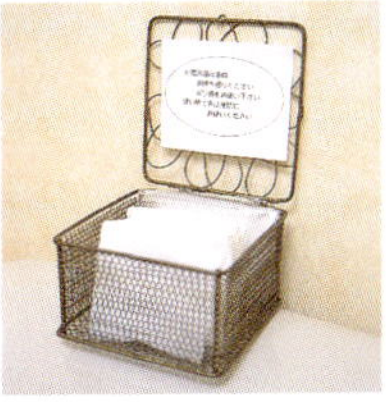

**トイレの工夫**
衛生品を持ち帰るためのポリ袋と、気づいたときに使える使い捨て布をそろえてタンクの上に。

**各場所のそうじ方法**
床の材質と、おおまかなそうじ方法を一覧にして、ホールに貼り出します。

| | 場所 | 床の材質 | そうじ方法 |
|---|---|---|---|
| | 玄関ホール | 磁器タイル | マットの砂・土を落とし、干す |
| | 廊下 | 強化リノリウム | ハタキをかけそうじ機をかける。モップで拭く（半乾き布）<br>窓まわりはハタキかけのあと、窓棚部分をから拭きする<br>下足箱をそうじし　紙を替える |
| 1階 | EVホール | 強化リノリウム | ハタキをかけそうじ機をかける。モップで拭く（半乾き布） |
| | エレベーター | | ハタキをかけそうじ機をかける。モップで拭く（半乾き布） |
| | トイレ | クッションフロア | （トイレに掲示） |
| | 共同購入コーナー | 強化リノリウム | ハタキをかけそうじ機をかける。モップで拭く（半乾き布） |
| | 調理室 | クッションフロア | ハタキをかけそうじ機をかける。ぞうきんがけ |
| | 生産室 | クッションフロア | ハタキをかけそうじ機をかける。ぞうきんがけ |
| | 階段 | 強化リノリウム | ハタキをかけそうじ機をかける。モップで拭く（半乾き布）<br>窓まわりはハタキかけのあと、窓棚部分をから拭きする |
| | 廊下 | 強化リノリウム | ハタキをかけそうじ機をかける。モップで拭く（半乾き布）<br>窓まわりハタキかけのあと、窓棚部分をから拭きする。 |
| 2階 | EVホール | 強化リノリウム | ハタキをかけそうじ機をかける。モップで拭く（半乾き布） |
| | トイレ2カ所 | クッションフロア | （トイレに掲示） |
| | 倉庫 | クッションフロア | 椅子・机ほかの整理 |

# 設備がかわって こんなにラクになりました

毎日使われている住まいの設備とおそうじは表裏一体の間柄。その仕組みや形の違いが、ダイレクトにおそうじを助けます。リフォームや建て替え、転居などが導入のよい機会です。

## キッチン

### 強力換気扇「ハイキエース」

炒めものなど中華料理を大勢で楽しむことが多いわが家では、高カロリーバーナーとセットでハイキエースをつけました。排気口までの距離が短く、調理中の油煙がすーっと外に出ていくので、壁や天井の汚れ方が減りました。ちょっと失敗したと思うのは、吸気口と空気の流れを重要視しなかったこと。吸気の具合がわるいと当然排気量も落ちてしまうので、設置の際には吸気口の位置を収納棚よりも優先にした方がよいようです。

そうじはだいたい年に１度。外壁に水平についているプロペラが重いので、夫と２人がかりになります。でもこれだけの働き者ですから、業者に頼んでもよいのではないでしょうか。

小林由美子（静岡）

「負圧換気扇システム」。吸気口と屋外側壁のファンとの間をつなぐダクト（写真）内部が、ファンの高速回転で低圧になり、高い吸引力が出る。外に直接面する壁にとりつける。

ハイキエースの
プロペラファンは
こんなところ

### ホコリがのらない「垂直ファンフード」

新築する際に「ホコリがたまるところを極力減らす設計に」と頼みました。その一つが板金屋さん手づくりの換気扇フード。斜めにせり出している市販品よりずっと安価で、〝垂直〟ゆえにホコリと無縁のすぐれものです。

近藤 澄子（東京）

### 実質メンテナンスフリーの「フラット・レンジトップ」

わが家の真っ平なクックトップ（ハロゲンヒーター）は、さっと一拭きするのがラク。これまで苦労だったレンジの吹きこぼれそうじが、心理的にも体力的にもゼロになったよう、「いつもきれい」がしぜんにできるのでうれしい。

林　春菜（神奈川）

電気のレンジトップは、ガスより熱効率がよく、仕事量当たりの電気代は「少々割高」ていど。ガス器具ではまだ完全にフラットなものはない。

## バスルーム

### カビ知らずの「カラリ床」

集合住宅真ん中の窓なしユニットバス、中高生の息子たちが、眠気覚ましにシャワー、汗をかいてはシャワーと、時を選ばず使うので、以前は床が乾く間がなく、天井や床の隅に黒カビが出ていた。3年前、カラリ床タイプにリフォーム。

床の水がすすすっと引くので浴室全体の湿度が抑えられるのか、カビとカビの心配が減ったのがうれしい。床には細かいひびのようなきざみが入っていて、そこが汚れやすいともいえるが、茶色っぽいのを見つけたときに、丸ブラシに石けんで、こするていどですんでいる。

宮田ゆき（東京）

水滴はカビの発生源。カラリ床は水の表面張力が壊れるようにつけた特殊な溝（写真）が、排水を確実にする。

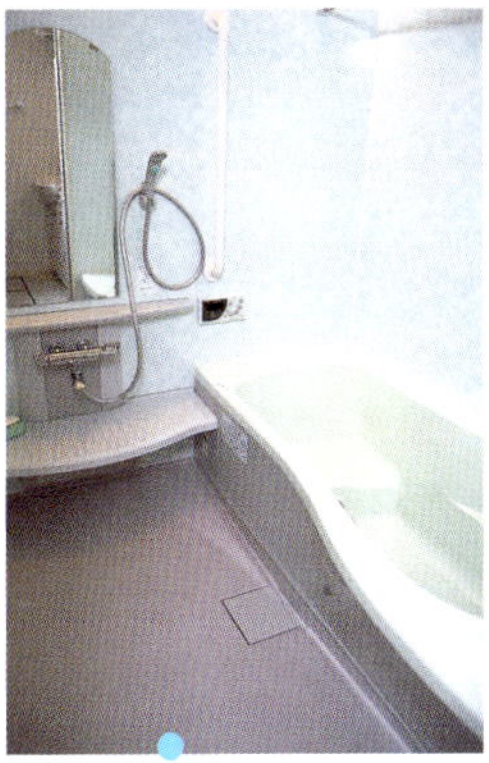

### 建材も進歩…を実感

3年前の建て替えで、「建材の進歩で汚れがつきにくくなった」と実感しました。お風呂場の壁も、昔と違って大理石様大型タイルになって目地がなく、カビが発生しない、お湯で流すだけで汚れがとれてしまうようです。

廣本 孝子（東京）

## トイレ

### ブラシいらずの「トルネード」

玄関脇のメインのトイレを〝縁なし〟で〝トルネード洗浄〟タイプに変更しました。汚れがつきやすい影の部分がなく、その上、水道管に直結型なのでタンク式より水流が強く、洗浄効果大。元のままの2階トイレと比べると差ははっきりします。トイレブラシがいらなくなり、今では片づけてしまいました。　中沢邦代（川口）

汚れがつきにくい縁なし形状、タンクなし。一つの吐水口から出る旋回水流で洗浄力が強い。水の流れ方をそうじモードに切り替えることもできる。便器が黒ずむカビの繁殖を抑える加工（セフィオンテクト）がされている。設置場所の給水圧力16.5～20ℓ／分以上が条件。

## 結露対策

### 「居室にも換気扇」

リビングにも換気扇をつけてこまめにスイッチを入れています。サッシなどに結露するのは目に見えますが、壁や天井などは結露していても見えにくいので、とくに気をつけています。

牧野恵美子（飯田）

＊ペアグラス、二重窓のリフォーム例についてはp.126をご覧ください。

■このほかにもメンテナンスフリーのエアコンやシロッコファン、カビの生えないタイル目地やタイル…など新商品も誕生しています。具合のよい点、わるい点をつかんで意志表示をしていきましょう。

あなたはどうしていますか？

# 来客前・30分のポイントそうじ

お客さまが見えるとわかってから、30分もあれば玄関、リビングの整頓と、トイレの点検はできます。そのくらいで整うよう、心がけることも大切です。アンケートから、みなさんの声をまとめました。

## 玄関・外まわり

- 玄関ドア、門扉などを拭く。
- さっと庭の掃きそうじをし、夏は水を打つ。
- お客さんになったつもりで、いったん外に出て、ドアをあけて気になるところをチェックする。
- 玄関から門の間を歩いてみる。下駄箱の上を点検。
- 玄関のタイルをさっと拭く。雨上がりなどは、ぞうきんが真っ黒になって始末がたいへんなので、ストッキングを2cmの輪に切ってつないだ、フワフワの自作のそうじ道具を使う。

## リビング

- 室内に出ているものを、所定の場所にもどす。（急な場合、やりかけの仕事は風呂敷に包む。再開がかんたん）
- ぞうきんで拭きそうじ。（ときどきオセダーポリシュを使用）
- 座敷、床の間のホコリを拭き、掛け軸などもそのときにふさわしいかどうか見はからっておく。

## 書類・学用品

- カウンターの上に学校からの手紙があったりする具合なので、そういうものを決まったところにしまう。

## サニタリースペース

- 洗面所の清潔度チェック。
- 花を一輪でも飾るようにする。
- 洗面台のカウンタートップ、洗面ボウル、蛇口、鏡をきれいに。

## 香り

- 自分では気づかないにおいがあるので、部屋のにおいとりを。
- 窓をあけ、換気する。
- お香をたく。

はじめておじゃまする家で、お香やアロマの香りがすると、おもてなしの心を感じます。（写真はアロマポット）

## その他

- はじめていらっしゃる方は景色を見られることが多いので、ベランダや窓をきれいに。
- 居間から見えるカウンター越しの台所が、どう見えているか確認する。
- 幼児連れのお客さまの場合、危険なもの、こわれやすいものは片づける。おもちゃ、絵本を準備しておく。
- チェックしているのは大まかに3カ所。
1、玄関（余計なものを片づける）
2、トイレ（タオルを交換する）
3、リビング（ホコリをとる。とくにテーブルの下やテレビ台）
- 突然のお客さまには、テーブル上のものをワゴンに移して、スッキリ平らにするよう心がけています。
- ガラス部分（サイドボード、食器棚）、玄関にある鏡、部屋の中の鏡、洗面台の鏡のいわゆる光らせるものの汚れをチェック。みがきあげることくらいです。
- お客さまが帰ったあとにもざっとそうじする。

# メンテナンスで快適長もち

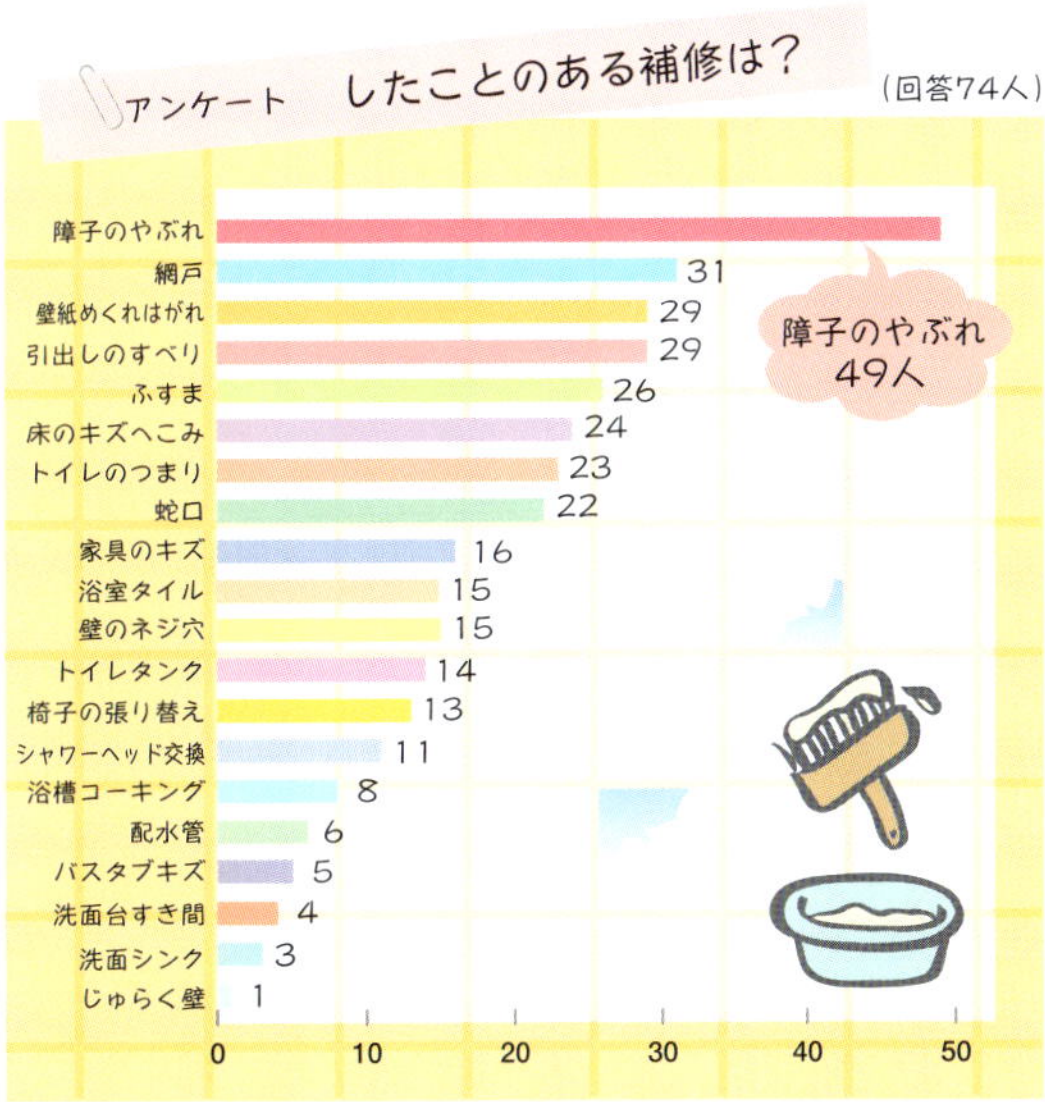
アンケート　したことのある補修は？
（回答74人）
障子のやぶれ
網戸 31
壁紙めくれはがれ 29
引出しのすべり 29
ふすま 26
床のキズへこみ 24
トイレのつまり 23
蛇口 22
家具のキズ 16
浴室タイル 15
壁のネジ穴 15
トイレタンク 14
椅子の張り替え 13
シャワーヘッド交換 11
浴槽コーキング 8
配水管 6
バスタブキズ 5
洗面台すき間 4
洗面シンク 3
じゅらく壁 1
0
10
20
30
40
50
障子のやぶれ
49人

# メンテナンスと建物の寿命

## 世界遺産から学ぶ

杉本賢司

建物を長もちさせるにはどうしたらよいか。それは世界文化遺産で残っている建物の材料を調べるのがもっとも信頼できるのではないだろうか。

17世紀半ばに建てられたタージマハール(インド)の構造躯体は煉瓦であることを知る人は少ない。ローマの水道橋に似た地下構造物の上に1万2千トンの建物がのっている。その大理石、煉瓦、ガラス、タイル、硬質砂岩、ブロンズといった材料は500年以上の耐久性をもつ。法隆寺の木造は世界最古であるが、ヒノキを使ったこと、劣化した部分を継ぎ木によってとり替えていること、匠による高度な技術によって支えられた事例である。パルテノン宮殿(ギリシア)は、白大理石の上に天然材料からとった塗料と着色材で極彩色の絵が設けられていた。木造の大型トラスは抜け落ち、今では列柱が残っているだけである。スチールは錆びやすく、世界遺産の中ではクトゥブ・ミナール(インド)の鉄柱があるものの一般的ではない。この鉄の純度は100%近い。

世界遺産の建物が教えてくれるのが、地中のマグマや変成力によってエネルギーを与えられた花崗岩や大理石、ブルーモスクのブルータイルのように焼成されたものは耐久性がある。高温焼成するほどタイルは耐久年数が高くなり、千年の時を経ても耐える。

耐久性で大切なものはアーチ構造や三角形のトラス構造である。この二つの構造は、部材どうしがお互いにもたれかかっていることから、多少変形しても脱落しない。たとえば世界最古の建築家であるイムヘテブによって設計されたピラミッド。それは重さ4トンもある石を積み上げ、その上に雪花石膏《アラバスタ》を厚さ6cmに加工して貼りつけた。半透明の白色で覆われたピラミッドは、朝日にはブルーがかり、夕日には真っ赤に染まった。ほかにも白川郷の合掌造りやローマのコロッセアム、水道橋、中国の客家《はっか》などがあげられる。歴史の中に建材と構造の耐久性ははっきりと示されている。

### 形あるものを守るには

アンコールワットの東洋のモナリザと呼ばれる女神像は、硬質のバラ色砂岩に刻まれ、今なお完全な形で残されている。メインの建

アンコールワットはクメール王国最大の墳墓寺院。(カンボジア・12世紀)

スルタン・アフメット・モスクは、青と白の美しいイズニックタイルで飾られ、「ブルーモスク」の愛称で親しまれている。(イスタンブール・17世紀)

筆者撮影

物構造はラテライトと石材であるが、密林で覆われてしまい数百年の眠りについた。このとき、ガジュマロの種を鳥が運び、50mもの巨木となり建物を根の中に埋め込んでしまった。根によって破壊されつつあった石造の建物は守られた。しかし、ガジュマロの根はさらに成長し、こんどは根の力が建物を破壊していく。結局は形あるものは守られ、そして崩れ去っていく。

世界遺産の中でも永遠ということはない。法隆寺はでき上がったものを匠たちの力で延命させ、伊勢神宮は20年ごとの式年遷宮という方法で新しく造り替えながらその形を残す。人間が子孫によってＤＮＡを引き継ぐのと同じやり方である。しっかりつくって守り通すか、建て替えをして形を残すか。ものづくりの基本スタンスをどこにおくかを考えることが、住まいづくりを支配する。

## 海外の住宅寿命が長いわけは

日本の住宅の平均寿命は26年、アメリカが44年、イギリスが75年である。なぜ日本の住宅の寿命だけが短いのか。それは１０５㎜角の細い柱を使っており、繊細な加工は多いものの、全体に部材が細いことによる。

アメリカは木と煉瓦を使うことで地面からの湿気をカットしていることが効いている。イギリスは煉瓦の耐久性を活かした石との組み合わせのために寿命は長くなる。煉瓦はモヘンジョダロの時代からあり、千年を超えてくると煉瓦の角は丸くなるもののしっかりと残っているのが特長で、長寿命建築をつくるには、煉瓦はコンクリートよりも耐久性は高い。

## 柱の太さがきめて

同じ木造建築でも、お寺が長もちをして小住宅が長もちしないのはなぜか。

それは柱や梁の太さがお寺の方がずっと太いからである。木をいためる腐朽菌もシロアリも、組織のやわらかい木材の周辺部分（辺材）を好んで食べていく。お寺では木材の辺材部分を削りとった、芯材の部分をメインにしてつくる。また、梁のように大きな力がかかる部分はアーチ状に曲がったマツを使うと大きな屋根や瓦の重さを柱や壁にうまく伝えることができる。

柱の太さを変えると、一軒の家の費用はどのぐらい変わるだろうか。１０５㎜角から１２０㎜角にしてもたかだか30万円程度のアップですむ。また、樹木の耐久性は木目の緻密さによって変化する。ヒノキを使えば60年から１００年以上は耐え、孫子の代まで伝えられる丈夫な家になる。構造は人間の骨と同じ、緻密で強いのが何よりである。

これからの住宅は１００年の耐久性をベースにするべきであり、たかだか26年しかもたないようであれば、スクラップ＆ビルドをはげしくくり返さなければならない。構造と素材を吟味することと、いたわり慈しみあうようなよいメンテナンスを併せて、住まいが長もちするのだろう。

＊モヘンジョダロ　インダス文明の代名詞ともなっている遺跡。パキスタン南部シンド地方。

**日本の建設廃棄物は1年間に1億トン**

| | |
|---|---|
| コンクリート塊 | ………37％ |
| アスファルト | …………36％ |
| 建設汚泥 | ………………10％ |
| 混合廃棄物 | ……………10％ |
| 廃木材 | ……………… 6％ |

＊長寿命化とリサイクルにより減量化を至急行わなければならない。

**柱の太さと耐久年数**

| | | |
|---|---|---|
| 100㎜角 | 20年 | 以上は保証できる |
| 105㎜角 | 40年 | |
| 120㎜角 | 60年 | |
| 130㎜角 | 80年 | |

＊釘を打ったら曲がるほどのケヤキやヒノキは腐りにくく、強い材料である。湿気の多いところではクスノキやクリが強い。

## カビと戦う――
## カビが住みやすいところは？

カビは科学的には菌体類という分類に入り、5万種類もある。建築で発生するカビは黒カビ、ピンク菌などの7種類で、浴室のカーテンの成分である可塑剤にも住みついてしまう。カビを撃退するためには、どうしたらカビが繁殖できるかを考えるとわかりやすい。

カビが繁殖するには、高い湿度、あたたかい無風条件下、暗いこと、栄養源があることが必要だ。このカビの発生条件を2つくらいもぎとってやれば、カビはストップする。

対策としては、まずは浴室の最後の利用者がシャワーの冷水を壁面に吹きつけて室温を下げること、扉を少しあけて換気する。できれば浴室自体が洗濯ものの乾燥室として使える装置をとりつければ、乾燥状態になるのでカビの繁殖はピタリと止まる。また、カビはアルコールが大嫌いでアルコールを使うとカビの菌子のつながりがこわされて死滅する。

カビとり剤を使って浴室をクリーニングする人がいるが、主成分の次亜塩素酸ソーダや苛性ソーダでタイルの目地がボロボロになってしまうので要注意。

## 結露防止に――
## 簡単「二重サッシ」

外気温が下がる冬場、結露で困っている人は多い。これを解決する方法がある。サッシの内側に新しくもう1枚サッシを設けるのがよい。マンションでは外装のデザインを統一するためにサッシの交換は許可されない。そこで、サッシの室内側の木枠を利用してダブルサッシの形に似せてつくる。古いサッシと新しいサッシのすき間は2.0～2.5㎝に仕上げる。この空気層が今まであったガラスの表面結露をなくし、冷暖房費用を大幅に改善することができる。すき間が3㎝を超えると、2枚のサッシの間で空気が対流してしまい、断熱効果は著しく低下することになる。

工事費用は2枚で8～10万円程度、2重になったことで断熱・遮音だけでなく、防犯性能も向上する。1枚のガラスで結露に悩む住宅へぜひおすすめしたいワザである。

## 空気清浄機の選び方と配置

生活空間の中で空気が汚染されている。自動車の排気ガスや花粉、たばこの煙などの他に、エアコンの排気、砂塵、アスベストの浮遊物などを完全に浄化することはできない。きれいな空気をつくる技術がもっとも進んでいるのが、コンピューターの集積回路をつくる工場や新薬の開発研究所、遺伝子交換、手術室などである。住宅で使う空気清浄機の基本技術はこうしたクリーンルームの技術から生まれたものである。その一つ、HEPAフィルター（除塵フィルター）は非常に緻密な繊維の集合体だが、性能はよいものの小さなゴミまでキャッチするので詰まりやすいのが欠点である。性能をとるか耐久性をとるかが機種を選ぶときのポイントになる。

花粉は衣服に付着して室内に持ち込まれ

### 私のくふう

**■カビ・結露防止に**

**●水シャワーをかける**
お風呂場のカビ対策として、最後の人が床面と壁の下半分に水シャワーをかけて、温度を下げます。
福原周子（高松）

**●押し入れは詰め込まない**
物と物の間をあけておくとよいようです。天気のよい乾燥した日は襖を開け放します。
大保直子（宮崎）

**●具合よい床下換気扇**
床下換気扇を使いはじめてからは、湿気はまったく気にならなくなりました。
金井智子（三木）

**●収納は家の内側に**
家の設計の際、押し入れや造りつけ洋服ダンスなど収納部分を、外壁に面しないようにデザインしました。思った通り、湿気や結露の心配はありません。
柴田洋子（函館）

**●思いきってペアグラスに！**
居間のガラス戸を3年前にペアグラスに替えたら、水滴がつかなくなった。思いきって実行してよかったと思っています。
山県史子（多摩）

る。マンションの場合、室内が気密なことから外に出にくいのが欠点。窓を開けたからといってきれいな空気が入ってくるとは限らないが。

　とくに室内の空気層で汚いのは床面から30cmの高さまであることをご存知だろうか。ホコリは時間とともに沈んでいき、約30cmの空間に滞留している。だから空気清浄機を置くならば、この汚れた空間に置かないと効果が薄れる。赤ちゃんや寝たきりの病人は床面から持ち上げてベッドを使うのがよい。さらには、窓を3cmほど開けて空気をまわすことだ。空気も水も動かないと汚くなってしまう。浴室、ゴミ箱、地下室などが臭くなりやすいのは空気がよどんでいるから。

　空気清浄機に活性炭が含まれているものは悪臭をとり除く効果がある。匂いは清浄度をあらわす大切なセンサーであり、活性炭にたよりすぎるとものが腐っているのがわからなくなる。

　空気清浄機は、汚れたフィルターを交換するときが危ない。ビニールの大きめな袋を用意し汚れたフィルターを素早く廃棄する。交換がしにくいものはホコリを室内にばら撒くことになるので、機種選びのときにはここをチェックすること。

　生活空間の周囲に森や湖、土のある道があるとホコリはキャッチされる。自然が豊かなことはきれいな空気をつくってくれる。東京都心にある新宿御苑の空気も道路から苑内に数十メートル入るだけで大幅にきれいなものに変わる。

## 香りと臭気

　暮らしの中に存在する匂いは、快適なものを「香り」と呼び、不快なものを「臭気」と区別する。匂いの化合物の種類は40万種類もあるといわれ、あらゆる組み合わせをすると200万種類にもなる。

　匂いは大きく分けて、①植物の臭気　②焦げ臭　③溶剤臭気　④腐敗臭気　⑤カビ臭気がある。これらの匂いはワインのソムリエのように匂いの敏感な人ではすぐに判定することができる。ただ、匂いは慣れてしまうと気にならなくなることから、最初にその部屋に入ったときが匂い判定の勝負となる。

　私たちの生活の中で、知らずに悪臭をやっつけているのが洗たくに使う粉石けんだ。粉石けんの粉は、ゼオライトという鉱物で粉石けんのおよそ半分を占める。ゼオライトはミクロな穴がたくさんあることから、汚れや臭気をとり除いてくれる。大谷石もゼオライトを多く含んでいることから、アレルギーや花粉症で悩む人には内装に大谷石を使うことをおすすめする。ちなみに大谷石は帝国ホテルや明日館を設計したフランク・ロイド・ライトがこよなく愛した石材である。

●サッシを二重に

国道沿いのマンションの4階に住んでいます。騒音対策として、道沿いの2カ所の窓を二重窓にしたところ、静かになったばかりでなく、冬に暖房器具を使用しないで18～20℃の室温を保つことができました（とくに寒い日は衣類で調節）。したがって結露は全くなし。あまり具合がいいので、残り2カ所の窓にも工事をしたほどです。

室温の変化も少なく、空気も汚れず、経済的。何より冬でも風邪ひとつひかずに健康に過ごせました。

安藤陽子（横浜）

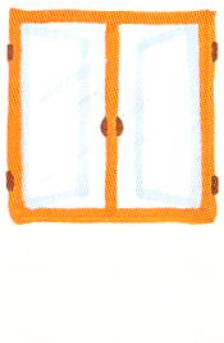

●「強力結露吸水テープ」が有効でした

11月くらいから桜が咲く3月末頃まで、居間の大窓の結露で、うっかりすると床までぬらしていました。幅3cmの結露吸水テープを試しに貼ったところ、下まで流れることがなくなり、ずいぶん気分が楽になりました。そうじのたびにから拭きして、一冬使います。

飯田雪子（鎌倉）

●グリーンも一役

観葉植物を窓際に並べていると結露が少ないと思います。

新井良子（大和）

厳島神社の大鳥居の主柱もクスノキで、水・塩害・フナムシにも強いことから御神木となっている。

## ゴキブリの嫌いなもの——ヒノキ

ヒノキの成分の中にはヒノキチオールという忌避成分が入っており、ゴキブリはこれが苦手。ヒノキ材で床を貼ると、ゴキブリホイホイはいらなくなる。

この忌避成分は樹木が自分の体を守るためにもつもので、クスノキの樟脳はもっとも有名な忌避成分である。法隆寺を支えた木もヒノキであり、スギの3倍の緻密な年輪をもっていることと相まって、千年を経過してもその強度は4％しか低下していない。

シロアリもヒノキは苦手である。シロアリは約3億年前に木に登るゴキブリが進化したもの、ルーツは同じ。

## シロアリの診断と改修方法

シロアリはゆっくりと音もなく家を浸食していく。シロアリには家白蟻《イエシロアリ》、大和白蟻《ヤマトシロアリ》と、沖縄・鹿児島などあたたかい地方に棲む大黒《ダイコク》白蟻《シロアリ》がいる。戦後すぐの北限は静岡県だったが、地球温暖化により現在は霞ヶ浦までのびた。東北以北の地方の住宅はシロアリ対策は必要ない。シロアリの皮膚は抜けるように白く、太陽光と風に弱い。体に風があたると脱水して干からびて死んでしまう。そのためシロアリを撃退するには何といっても床下の通風を確保し、地面からの湿気をカットすることだ。

シロアリの被害にあったら、木部を千枚通しでつきさしてみよう。ズボッと入る深さまでが腐っている。

被害がかるいときは、シロアリ用の細い金属針のついたスプレー缶で薬液をすき間に注入する。大きく柱がえぐれるように食べられているときは、やわらかくなった部分をとりのぞき、ステンレスの5～10㎝長さの長ネジ釘を3㎝ピッチで木材にねじ込む。長ネジがしっかり固定され、頭の部分をすき間にニョキニョキと出したままにする。ここをよく水で練ったインスタントモルタルで塗り込めて、金ゴテで表面を仕上げれば完成である。

## ネズミはヒョウロウ攻め

ネズミは土を掘ったり、壁に穴をあけて自分の専用道路をつくる傾向がある。この通路をまず発見することがネズミ攻略の第一歩である。一般には、この通路にホウ酸団子をおいてネズミをダウンさせるのが手っとり早い。つぎにはヒョウロウ攻めにする。

ネズミがくるのは、おいしいエサがその家にあるからで、入りきらないほどの買いだめをしない、食品は必ず冷蔵庫や缶などにしまう、下水に野菜などが流れないようにしっかりと管理することが大切。米びつも密閉型でないとネズミにねらわれてしまう。

しかし、ネズミ、ゴキブリ、コオロギといろいろな動物と出くわす家は、虫たちにとっ

ひと頃は大きなドブネズミが幅をきかせていたが、人間によって捕獲されて、今では小型で頭のよいクマネズミが支配している。

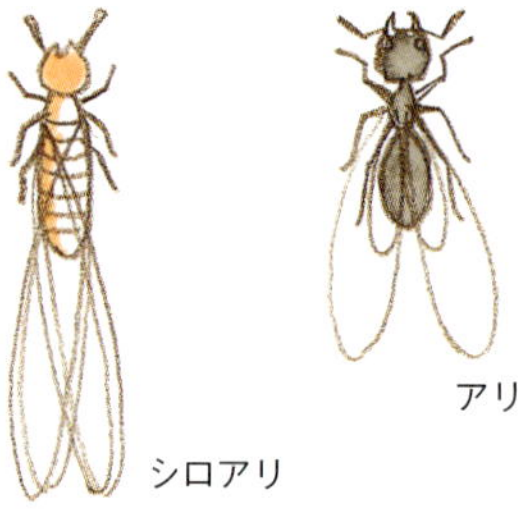


シロアリはウェストが太く羽が４枚ともに同じ寸法なのが特徴、羽蟻とはちがう。

ても居住性のよい自然の住まいで、体にもよい住宅であるのは確かだろう。

## 古くなった屋上防水をどうするか

古くなった屋上防水（層）は、撤去費用だけでもたいへんな費用がかかる。これを解決するよい方法がある。

ＦＲＰ（ガラス繊維強化プラスチック）の弁当箱のような形をしたパネル（１ｍ角で厚さ約６㎝。下記参照）を、古い屋上防水層の上から敷きつめ、接合部にはアンカーを打ち込み、その上からシール材を打つ。この方法だと古い防水層も万一のときには二重の安全装置となる上、この断熱性の高いパネルを貼ることによって、夏場、直射日光で屋上が加熱されて暑くなる最上階の部屋にも効果がある。

## 知っておきたい アスベストのこと

アスベストは、カナダケベック州のアスベストという町で採石している天然石に含まれる鉱物繊維のこと。蛇紋《じゃもん》岩という緑の石で、原石の山では約４％がアスベスト繊維である。全世界の採掘量の75％がこの町で生産された。不燃性、耐熱性、絶縁性、耐久性など多くの特長をもち、さらに経済性にも優れていた。また、セメントと相性がよく、一時はＪＩＳ規格の建材をはじめ、身のまわりの商品の３千種類にも使われる勢いだった。屋根材のカラーベスト、コロニアルや外壁のサイジング材、押出し成形板にも15〜25％のアスベストが含まれている。

このアスベストがなぜこわいのか。１㎜の幅の中に髪の毛は８本、ロックウールやグラスウールは１３５〜１５０本も入る細いものだが、アスベストは何と５万本も入る。おまけに単繊維にすると、わずか１ｍの高さから落として床に着地するまでに５時間もかかる超微細な繊維。したがって鼻、口から肺へとすり抜けて入り、長い潜伏期間を経て、人間の呼吸器系に障害を起こすことがわかってきたからだ。

## 有効な早めの手入れ

アスベストから身を守るには、ミクロな繊維を重くしてやることだ。

たとえばコロニアルなどの屋根材は、古くなるとカビや苔がはえてくる。こうなるとセメント劣化が促進されてセメントの肉やせ部分からアスベストが露出してしまう。これを防止するには、早めに塗装をしなおすことが最も有効である。新築から10年経過したら塗り直し、つぎからは7年サイクルでするのがよい。アスベストを塗料で封じ込め、体重を重くしてやれば呼吸器には入ってこない。飛散しない正しい対策を打てばおそれることはない。

国は２００６年2月のアスベスト新法によって、吹きつけアスベストの禁止内容を強化し、全面的に禁止することを決めた。今後の新築には問題はないが、これまでのアスベストを使用した製品やその使用部位については、インターネットで企業検索すると、年代と商品名等が詳しく記載されている。また法規等については下記のホームページも役に立つことだろう。

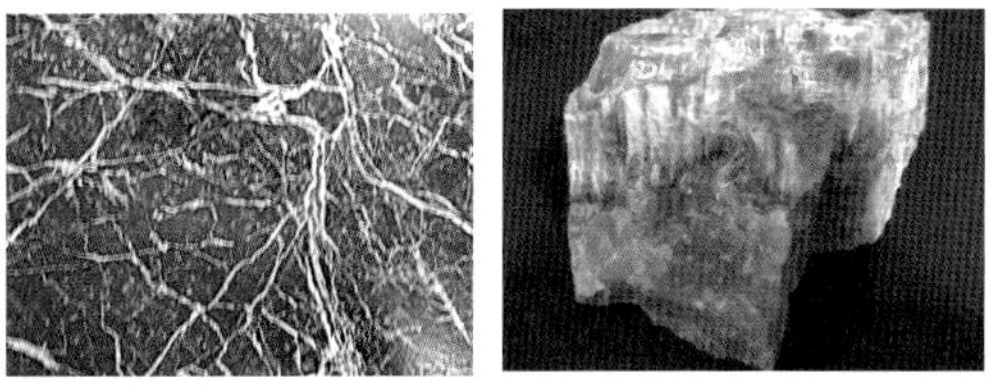

アスベストと蛇紋岩

杉本賢司《すぎもとけんじ》　1949年広島生まれ。タイセイ総合研究所主任研究員、工博・一級建築士。“使い捨て”をただして“質”を問う時代にするために、歴史に学びハイテクを駆使して、千年後までも残る建築をめざす。『千年住宅を建てる』著者。

アスベスト関連ホームページ
経済産業省 http://www.meti.go.jp/
厚生労働省 http://www.mhlw.go.jp/
（社）日本石綿協会 http://www.jaasc.or.jp/

FRP = Fiber Reinforced Plastics
＊エイペックスボードという商品名で販売され、帝国ホテルの改修でも使用された実績を持つ。

# 自分でできるチョット直し

## 壁紙がはがれたら

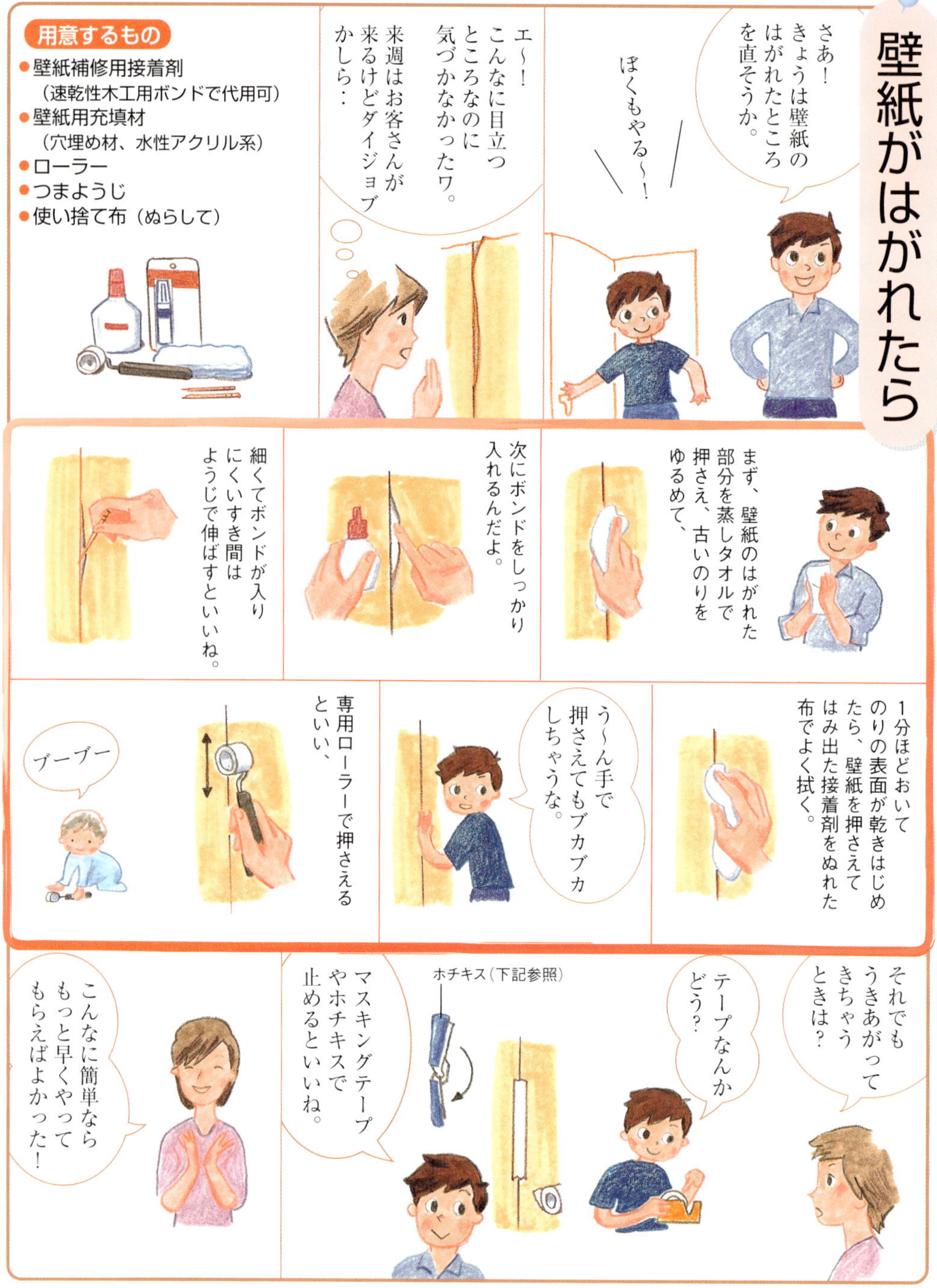

さあ！きょうは壁紙のはがれたところを直そうか。
ぼくもやる〜！
エ〜！こんなに目立つところなのに気づかなかったワ。来週はお客さんが来るけどダイジョブかしら…
用意するもの
●壁紙補修用接着剤（速乾性木工用ボンドで代用可）
●壁紙用充填材（穴埋め材、水性アクリル系）
●ローラー
●つまようじ
●使い捨て布（ぬらして）
まず、壁紙のはがれた部分を蒸しタオルで押さえ、古いのりをゆるめて、
次にボンドをしっかり入れるんだよ。
細くてボンドが入りにくいすき間はようじで伸ばすといいね。
1分ほどおいてのりの表面が乾きはじめたら、壁紙を押さえてはみ出た接着剤をぬれた布でよく拭く。
う〜ん手で押さえてもブカブカしちゃうな。
専用ローラーで押さえるといい、
ブーブー
それでもうきあがってきちゃうときは？
テープなんかどう？
ホチキス（下記参照）
マスキングテープやホチキスで止めるといいね。
こんなに簡単ならもっと早くやってもらえばよかった！


マメ知識

### 上手にはるポイント「蒸す」「押さえる」

壁紙が古くなるとつなぎ目の部分が必ずめくれてくる。これをきれいに貼るポイントは、まず、カチカチになった古いのりに壁紙の上から蒸しタオルを押しあてて、やわらかくなるまで蒸す。これで古いのりがなじみやすくなる。

次に壁紙の補修専用の接着剤（サンスター技研社製など）を、壁紙の裏面と基材に薄く均一に塗って押し、貼り合わせる。ここでローラーを使うと、手で押さえるより均一に押さえられ、具合がよい。それでも反り返るような場合には、ホッチキスを拡げて針が出るようにし壁にあてて押し、壁紙を固定する。1ヵ月ぐらいそのままにしておき、完全に接着剤が硬化するのを待って針を外すとよい。

（杉本賢司）

## 壁の穴をふさぐ

・壁紙の画びょう穴
・木部のクギ穴

もようがえしたら画びょうの穴が目立っちゃったわ。
明日、家庭訪問なのよね。
ティッシュをつめてから修正液でもぬっておけば？
手品みた〜い。でもビミョーに色がちがうかも。

そういうときは色の種類が選べる穴埋め用の充填材を使ったらいいよ。

穴うめ材
穴のふちが盛り上がっているときは、つめで押さえるか、ローラーをかけるようにして…

空いた穴に充填材を注入して、ぬれた布ではみ出たのを拭けばいいんだ。

このチョット大きなクギの穴は？

穴の大きさに合わせてようじや割り箸を削って埋めたり、
差し込んで切る
パテで埋めて、色がちがう時はクレヨンや絵の具で色をぬってもいいね。

翌日…

先生どうぞあがってください。

イエ、玄関先でダイジョウブデス…

## シールはがし

ねえ、僕の大事なシール知らない？

エヘヘ、あそこにはっちゃったぁ。

大切にしてたのに
アラアラ、どうしたの。シールならヘアドライヤーで温めながら端からすこしずつはがせばいいのよ。

よかったー、たまにはママもやるねー。

## 落書き

ああ〜、こんなところに落書きして…
プンプン
ダレカシラ…
落とし方は、基本的には使った筆記用具で違うんだよ。水性マジックなら石けんやクレンザーで、油性インクやクレヨンならシンナーで拭きとったり、古歯ブラシでこするといいよ。

# 木部の塗装

色合わせ → キズを埋める → 塗装する

**用意するもの**

- キズを埋める
  - ウッドパテ
    （またはようじ、割り箸）
  - サンドペーパー（300番前後）
- 塗装
  - 水性ペイント
  - コテバケ（筆、ハケなど）

木工パテ

シマッタ！ペンキがはがれちゃった。
ガツン
じゃーん マジックペン！これでぬってみたら？でもチョット色がちがうかな？

すぐに直すからシィーッ。

ペンキでぬり直そう。ペンキの色に合わせるときは色紙や印刷物、パソコンでプリントアウトした色などから近いものを探して、ホームセンターに行って実物とくらべるといいね。

最近は小さな缶ならたくさんの色があるし、使いやすいペンタイプもあるよ。

前に買ったこの茶色が近い色だなあ。白をまぜれば似た色になるかも。まぜるときは同じ種類のペンキがいいね。

やるやるー！色ぬるの大すきー。

ぶつけた場所が、へこんでいたらまずウッドパテを盛ってからだな。

クギなどの深い穴なら、ようじや割り箸などで埋めることもできるよ。

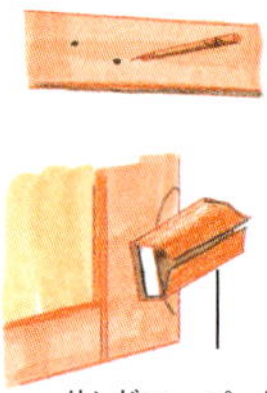
サンドペーパーは木片に巻いて

パテは少し多めに盛って、乾いたらサンドペーパーで削って平らにするんだ。

試しに少量をつくって色を合わせて、それから必要な量を用意する。薄い色に濃い色を足すのが基本だよ。

小さい場所なら細めの筆で部分的に、面積が広い場合はマスキングテープでまわりをカバーしてハケやコテバケでぬるよ。コテバケはムラになりにくくていいね。

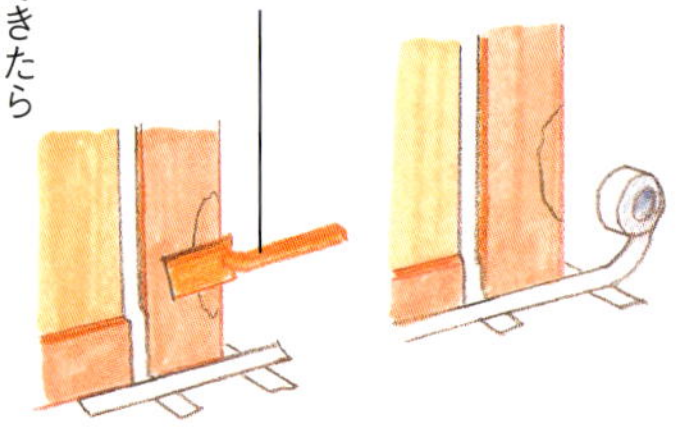
コテバケ

乾いてきたらもう1度ぬる。重ねぬりするとキレイに仕上がるんだ。ペンキが乾く前にマスキングテープをはがすと完成！

これでそうじ機がぶつかっても、もうダイジョウブだね！

マメ知識

## 水性と油性——どちらがよいか？

油性ペイント
水性ペイント

耐久性では油性ペイントがすぐれ、安全性においては水性がよい。建物を長もちさせようという立場からは、とくに金属塗装においては油性がよいのはいたしかたない。

水性ペイントはトルエンやシンナーなどの有機溶剤を含まないことから人体には安全であり、ハケやスプレーも水洗いすることができる。

水性ペイントで困るのは、塗装工事中に雨に降られるときだ。雨粒がぬり上げたペンキに無数についてしまうと、すべてがぬりなおしになってしまう。

屋根や壁以外なら、お天気のよい日に家族の共同作業でぬり替えることは楽しく、大切なことと思う。

（杉本賢司）

# フローリングのキズやへこみ

実はパパに相談があるの…。
どこかキズつけたんでしょう？
せいかーい！お鍋落っことして、フローリングに傷つけちゃった！

**用意するもの**

- 浅いキズ
  - 補修材（クレヨンタイプ）
  - ドライヤー
- 深いキズ
  - 補修材（ねんどパテ）
  - ヘラ（カッター）
  - 水性マーカー
  - 透明ニス（マニキュア）

## 浅いキズ

浅いキズにはクレヨンのようなスティックタイプのキズ補修材がいいよ。

ドライヤーであたためてやわらかくなったらぬりこむだけだし、色もたくさんあるから色合わせの手間いらずだよ。

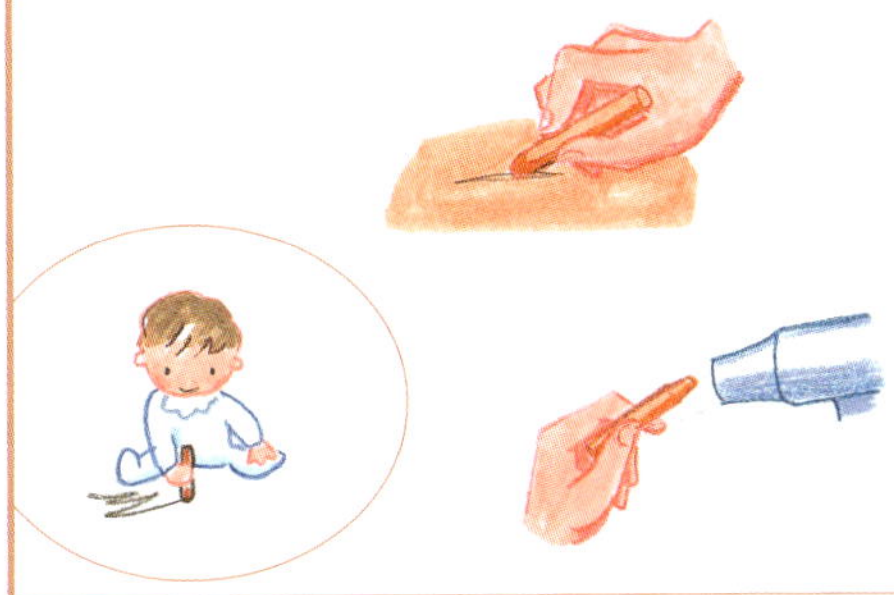

## 深いキズ

キズが深い場合はエポキシ系のねんどパテが便利だね。

必要な分だけ切って練り合わせて埋めるだけなんだ。これは木部全般に使えるそうだよ。

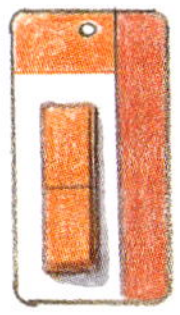

よく練ったパテを穴に埋め、ヘラをつかって余分を削りとり、表面を平らにして固まれば完成。

広くて浅い、パテの埋めにくいキズなら、わざとカッターなどで穴を深めに切っておくといいね。

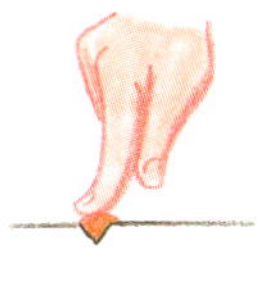

このねんどパテは色数が少ないから、マーカーなどで色の調整が必要かな。

パテの上に木と同じ地色をぬり、その上に黒や茶色のマーカーなどで木目を描くんだ。薄い色から始めて濃い色を指でボカシながらぬる。

最後に表面に透明ニスか透明マニキュアなどぬればカンペキさ。

マニキュアある？

# 障子張り

巻きものタイプにかわって、最近は1枚張りタイプやアイロンタイプの障子紙が普及しており、初めての人にも簡単に張り替えができるようになった。

**用意するもの**

- 障子紙（1枚張り）
- のり
- カッター
- ぞうきん
- ハケ
- スプレー
- セロテープ
- 定規
- 浅い容器（のり用）

## のりで張る

❶ ホコリを払う。さんののりのついた部分に、ハケやスプレーで水を含ませ、5分おき、下の方から古い障子紙をゆっくりはがす。

❷ さんに残ったのりを割箸などでとり、ぬれたぞうきんで拭きとって、陰干しする。

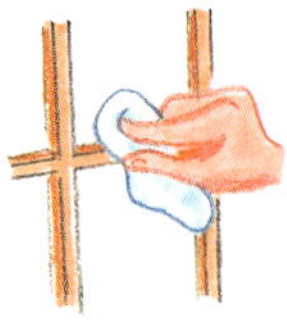

❸ 新聞紙やシートを敷いた上に障子を寝かせる。のりをつける前にロールの障子紙を開いてのせ、曲がっていないか確かめたら、ロールの端をセロテープで仮止めする。（左右に余裕をもたせておく）

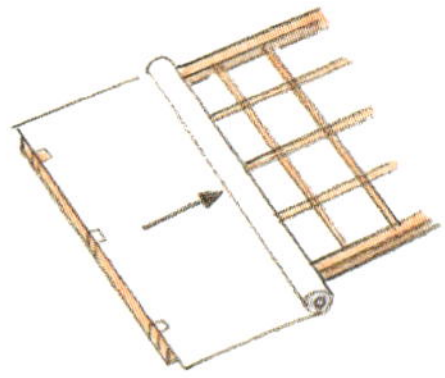

❹ いったんロールを巻き戻し、障子の外に出す。

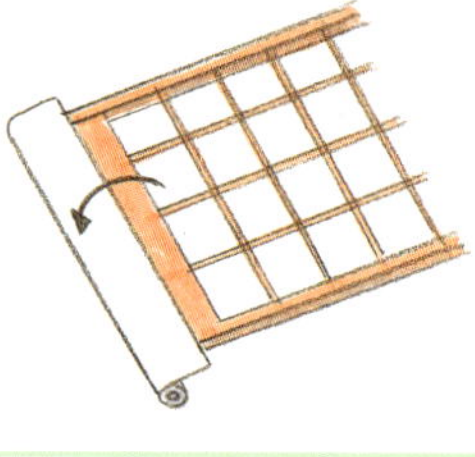

❺ のりはぬりやすい濃さに水で溶き、さんと枠にハケでつけていく。（チューブ入りのワンタッチタイプもある）つけ忘れがないように。

❻ 障子紙を障子の上に戻し、さんの上をころがしながらいっきに張っていく。

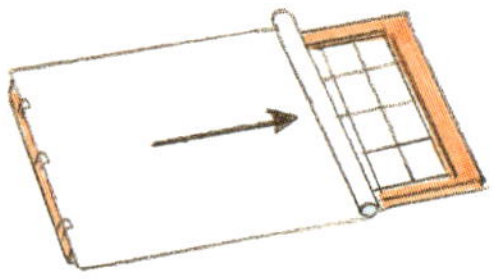

❼ 定規をあてながらカッターで余分な紙を切る。枠に「紙じゃくり」という段差がある場合は、それに合わせて。なければ枠の内側から9㎜くらいのところで切る。（よく切れるカッターをねかして使うとよい）

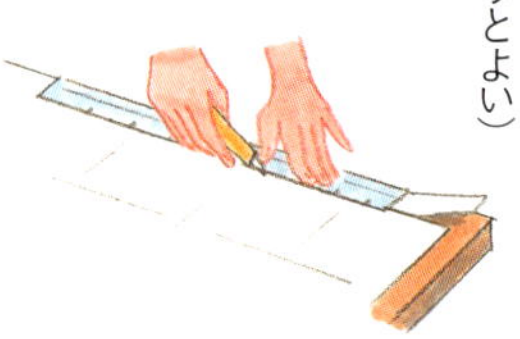

❽ 全体にかるくスプレーしておく。

## アイロンで張る

❶ 接着面を下にして、障子の上に広げる。

❷ アイロンをドライの中温にセットし四隅を仮止めする。

❸ 中央から周囲に向かってさんと枠をかるく押さえるようにあてながら張っていく。

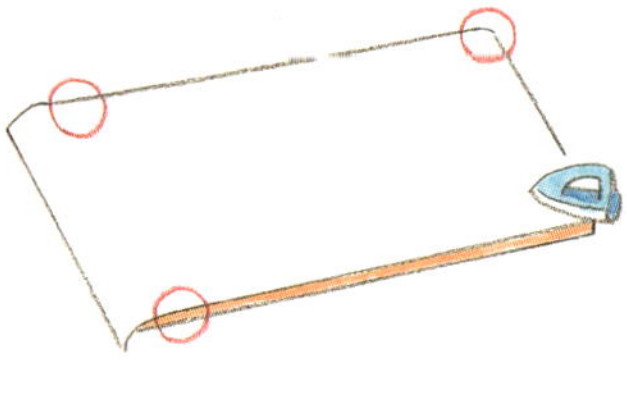

❹ 余分な紙をカットする。切りとった紙が枠についたり曲がったようなら、アイロンを再度あてればはがれる。

❺ 全体にかるくスプレーしておく。

## 障子紙の部分補修

障子紙に小さな穴をあけてしまうことはよくあること。かといって全体の張り替えまでほったらかしておくのは見苦しいものです。

### 小さな穴は

花模様などの形に切った2枚の和紙にのりをつけ、表と裏から張って補修。（市販の補修用シールを利用するのも簡単）

### 1マスごと張り替える

大きな穴はさんの1マス全部をカッターナイフで切りとり、その部分だけ障子紙を張り替える。

## 障子の立て付けを直す

### よくはずれる

障子の枠の下がすり減っているため。スライダーピンを打ちつけてみる。

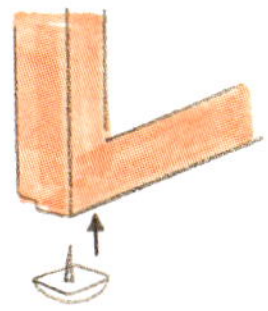

### 「開け閉め」が重くなったら

ロウをぬるか、敷居すべりを張る。

## ふすまの補修

そのままではみっともないので、応急処置として…

### 小さな破れははがきで補修する

1 破れた部分をスプレーで湿らせる。破れが深ければ、下ばりの紙と上ばりの紙をていねいに離しておく。

2 古いはがきを破れより少し大きめに切り、両面に障子・ふすま用のりをつける。

3 のりをつけた古はがきをそっとふすま紙の上ばりと下ばりの間に差し込む。

4 上ばりの紙の破れ目を合わせ、タオルでしわをのばしながら張り合わせる。上から好きな形に切った紙を張ってもよい。

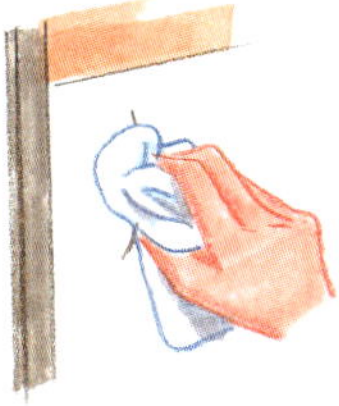

マメ知識

### 接着剤の種類

接着の方法には大きく分けて二通りある。一つは、二つの金属を限りなく平滑にしたあとに、これを合わせると分子と分子が重なり合うような形をとり、真空になって数トンという力がかかっても剥がれなくなる。もう一つは、二つの材料の表面に接着剤を塗って接合するものである。瞬間接着剤は空気中の水分と反応して硬化する。いちばん接着力の強いのは二つの材料をまぜ合わせて化学反応をおこさせて硬化するエポキシ樹脂である。

きれいに仕上げるには、用途と材料に合わせた接着剤の選定、下地をいかに適度な粗さにつくるか、そして貼りつける面のゴミや油分などをきちんととり除く、この3つがポイント。

（杉本賢司）

# 網戸の張り替え

**用意するもの**

- 網（網戸の外枠プラス上下左右5センチ以上）
- 押さえゴム（実寸プラス30センチくらい）
- 押さえローラー
- カッター
- はさみ
- ドライバー
- クリップ（仮止め用）
- ブラシ（歯ブラシなど）

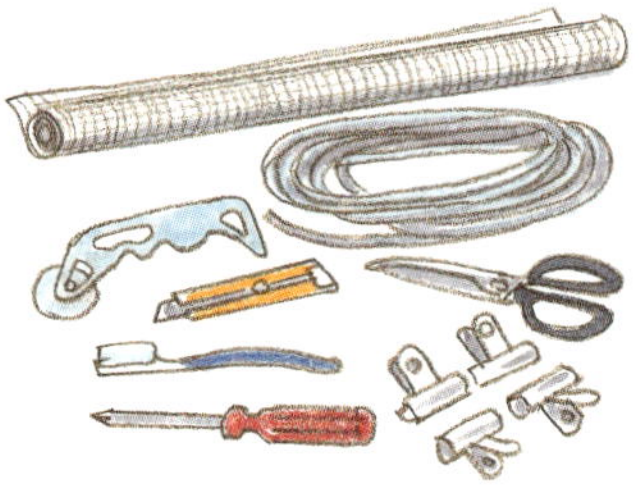

**1** サッシの網戸は、横さんにネジどめしてあるので、ドライバーでゆるめてはずす。

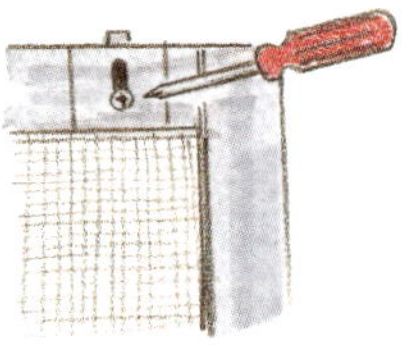

**2** 網を止めている押さえゴムをはずす。ゴムの端を探してドライバーを差し込み、ゴムを引っ張りはずす。

ゴムの劣化がひどい場合は、溝の脇の網に穴をあけて網ごと引っ張りながらはずすか、ドライバーを溝に差し込んで少しずつゴムをはずす。

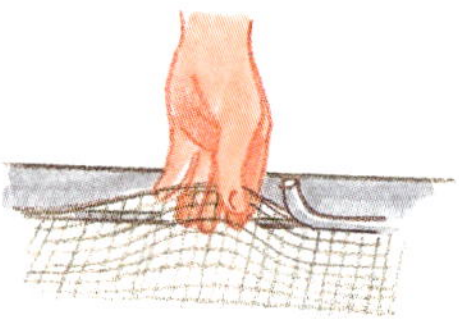

溝やさんのホコリをぞうきん・ブラシなどできれいにそうじする。

**3** 溝のある面を上にして新しい網をのせ、上下左右ともふちから5センチ以上余分があるように置く。クリップで四辺を仮止めをする。

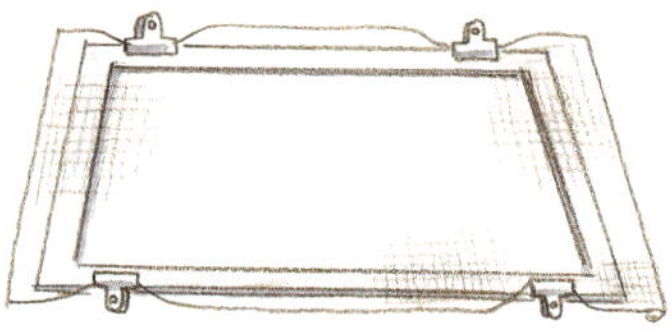

**4** 1辺目の角から3～4センチのところから、ローラーで押さえ込みながらゴムをはめ込んでいく。

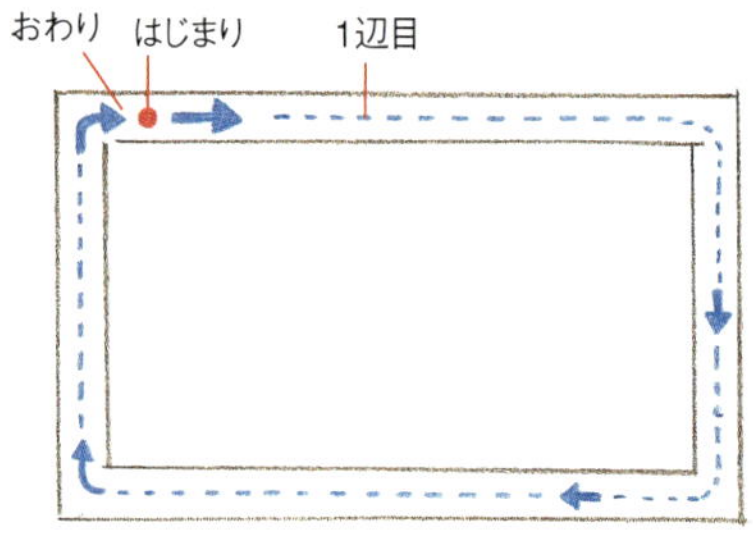


**5** 角はゴムを押し入れにくいので、ローラーの頭を使って押し込む。

**6** 2辺目の角から3～4センチ押し込んだら、1辺目が網目と平行にしっかりはまっているか確認し、仮止めクリップをはずす。

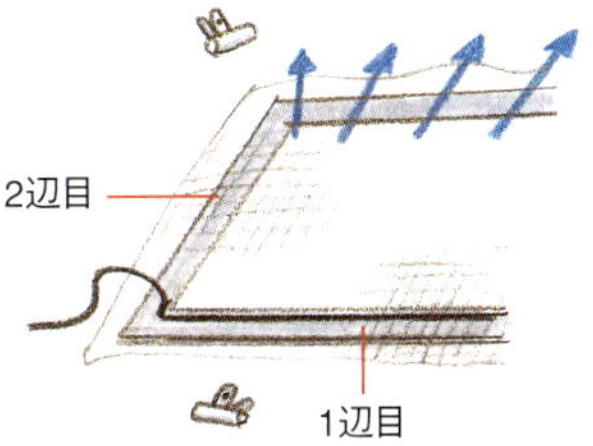


**7** 2辺目も網目と溝が平行になるよう入れ、斜めからも横からも引っ張りながら、あらためてⒶ、Ⓑ2カ所をクリップで止める。

3辺目、4辺目はきれいに張るための一番の難所。10～15センチごとに網を引っ張り、ゆるんでいないかを確認しながら押さえゴムを入れる。

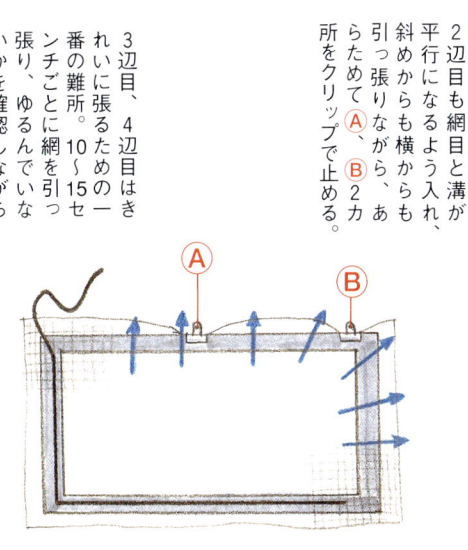

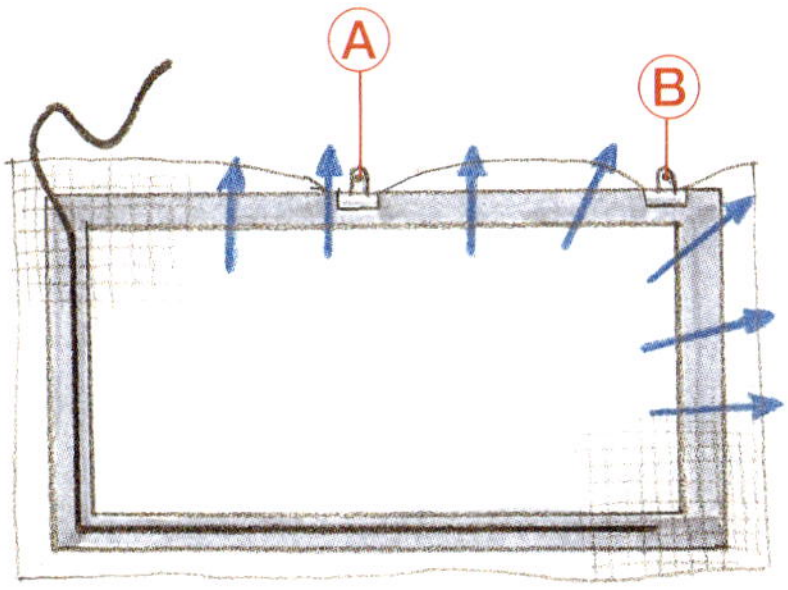


**8** ゆるみが気になる部分は、そこだけ網を引き上げて、ゴムをはずし、網を引いて張り直す。

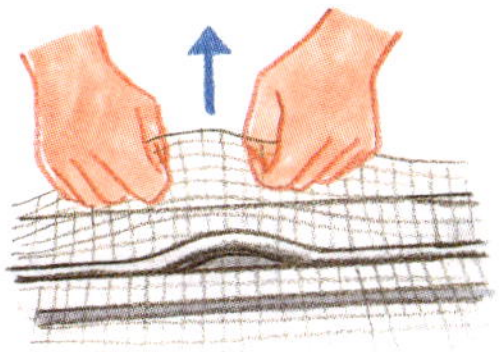

**9** 網戸のサッシ部分にカッターの刃を平らにのせて余分の網を切る。

## 小さな穴が開いてしまった時の応急処置

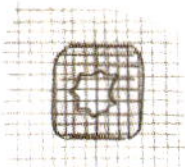

透明で網の目が印刷された、網戸補修シートをホームセンターなどで入手できる。

## 網戸がはずれやすい、閉まりにくい時

網戸をはずし、側面下部にある戸車の高さ調整ネジをドライバーでまわす。ネジをゆるめたり、しめたりして、戸車の高低を調節する。

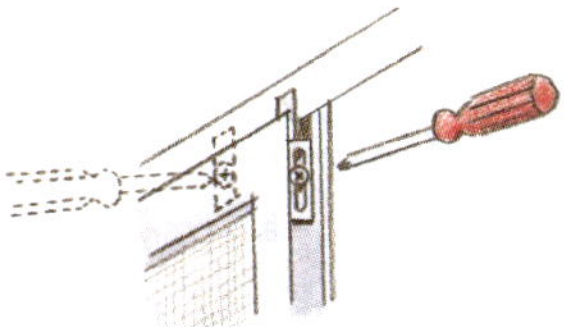

はずれ止めをゆるめて網戸をはずす

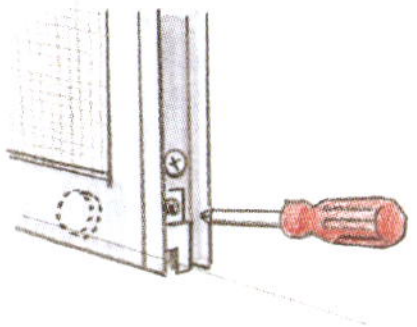

調整ねじ

マメ知識

## 錆止め塗料

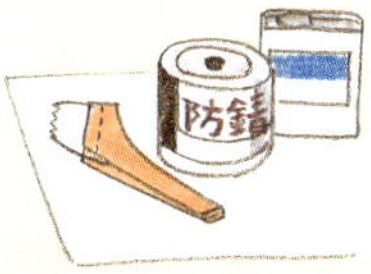


スチールでつくられたベランダや外部階段が錆びてしまうと落下事故にもつながる危険なもの。ベランダを支えるスチールのポールなども下部が錆びやすい。水平と垂直な部材の交点に雨水や砂などがたまり、砂は保水力が高いことから錆を呼びやすい。塗装をし直すときは、面倒でも下地に防錆ペイント（鉛丹または光明丹と呼ばれる朱色の塗料）を塗ることが重要である。

＊金属工事では、アルミと鉄、銅と鉄など異種金属を触れさせると電位差が生じて電気腐食することがある。

（杉本賢司）

# 水のトラブル 蛇口の水もれ

水栓は単水栓と混合水栓の2種類に分類される。もっとも一般的なのは単水栓の中の横水栓（左図）。工具があれば比較的容易に修理可能。

**用意する工具**

- ウォーターポンププライヤー（カランプライヤー）またはモンキーレンチ
- 布（プライヤーを使うとき蛇口にキズがつかないように）

※蛇口修理の工具とゴムパッキンの入ったセットがホームセンターで600円くらいで手に入る。

**用意する部品**

1. 新しいコマパッキン
2. 三角パッキン
3. パイプパッキン

**蛇口のしくみ**

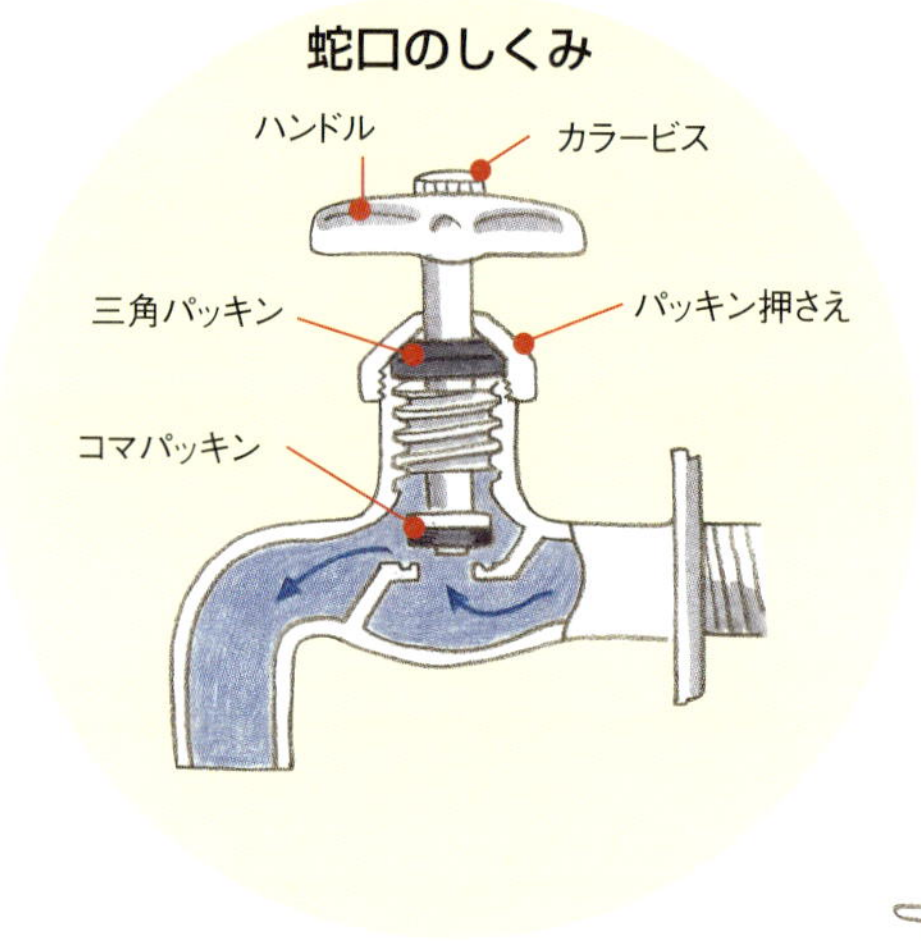
ハンドル
カラービス
三角パッキン
パッキン押さえ
コマパッキン

※最近多いシングルレバーの混合水栓の水もれは、中のカートリッジが傷んでいることが主な原因。その場合は、メーカーや、修理専門店に問い合わせる。

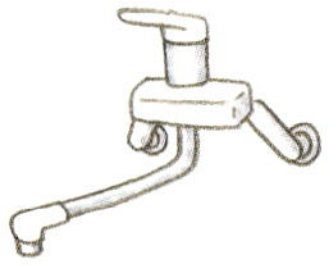

混合水栓

**ポイント**

**❶ まず止水栓を閉じる。**

**❷ 分解したとおりに部品を置くことが大切。**

忘れると元に戻らない

水が大量にもれて止まらないときや、水まわりの作業前には、まず水を止めます。

洗面台下

屋外の止水栓

**水もれはおもに次の3カ所。**
**原因の大半は蛇口内のゴムパッキンの磨耗や劣化です。**

## ① 吐水口から

最も多いケースで、コマパッキンの劣化が原因。

### コマパッキンの交換

1. パッキン押さえをプライヤーで左にまわしてゆるめる。
2. パッキン押さえをはずしコマパッキンをピンセットか割り箸などでつまみ出す。
3. コマの先端のナットをゆるめ古いパッキンを交換する。（またはコマごと交換）
4. スピンドルにコマをはめて本体に戻し、パッキン押さえをしめる。（強くしめすぎるとハンドルが重くなる）

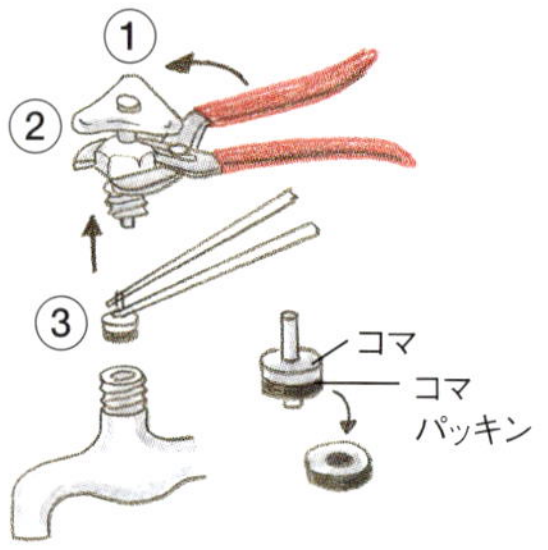
①
②
③
コマ
コマパッキン

## ② ハンドル下のパッキン押さえから

水を流している時、パッキン押さえのすき間からもれるのは三角パッキンの劣化が原因。

### 三角パッキンの交換

1. カラービスを左にまわしてゆるめ、ハンドルを上に抜きとる。
2. パッキン押さえをプライヤーではずし、三角パッキンと、パッキン受けを新品に交換。
3. パッキン押さえとハンドル、カラービスを元に戻す。

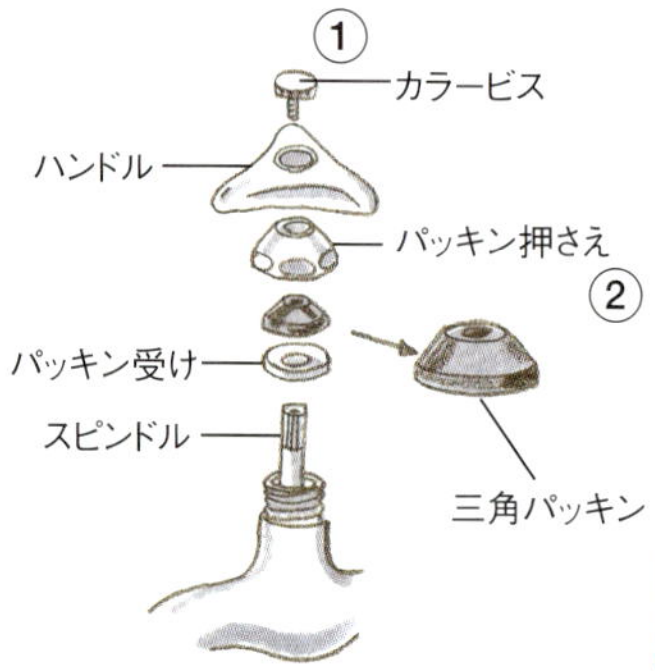
①
カラービス
ハンドル
パッキン押さえ
②
パッキン受け
スピンドル
三角パッキン

## ③ 自在水栓のパイプのすき間から

ナットのゆるみか、パッキンの劣化が原因。ナットを締めてももれるなら、パイプパッキンを交換。

### パイプパッキンの交換

1. プライヤーでパイプナットをはずす。
2. パイプパッキンとリングを新品と交換。パッキンは溝のある方を上に。
3. パイプを元に戻し、ナットをしめる。

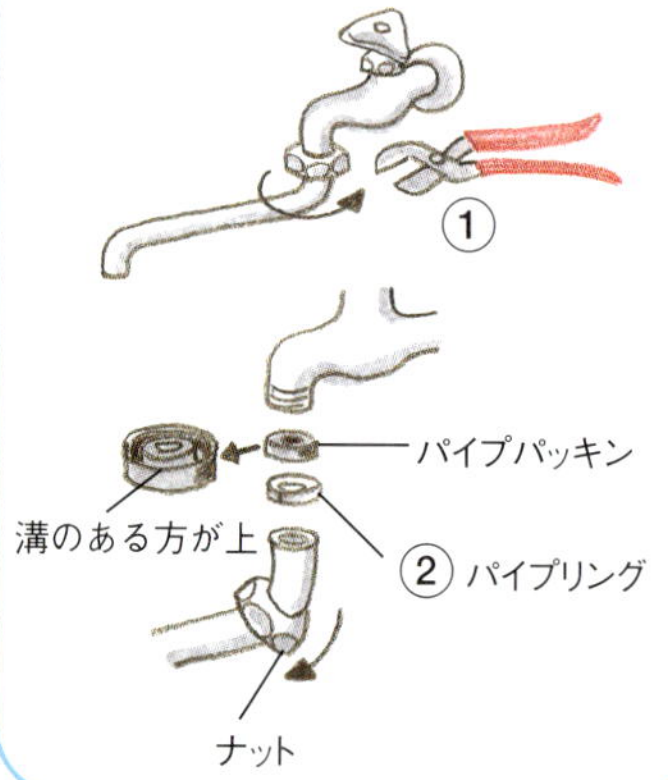
①
パイプパッキン
溝のある方が上
② パイプリング
ナット

# 水洗トイレの故障

水洗トイレはロータンクのついているのが一般的。ロータンクの基本的な構造は同じで、トラブルの原因をつかめば修理が可能です。

## 水が流れるしくみ

① 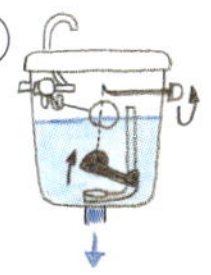

レバーをまわすとゴムフロートが引き上げられ、便器に水が流れ出す

② 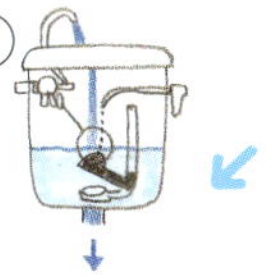

水に浮いている浮き玉がタンクの水位とともに下に下がり、ボールタップの弁が開き給水がはじまる。

③ 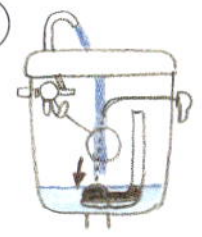

水位が下がるとゴムフロートが閉じ、排水が止まる。

④ 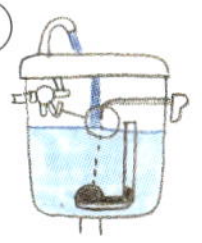

タンクの水が増え水位が上がると浮き玉も上がって、ボールタップの弁が閉じ給水が止まる。

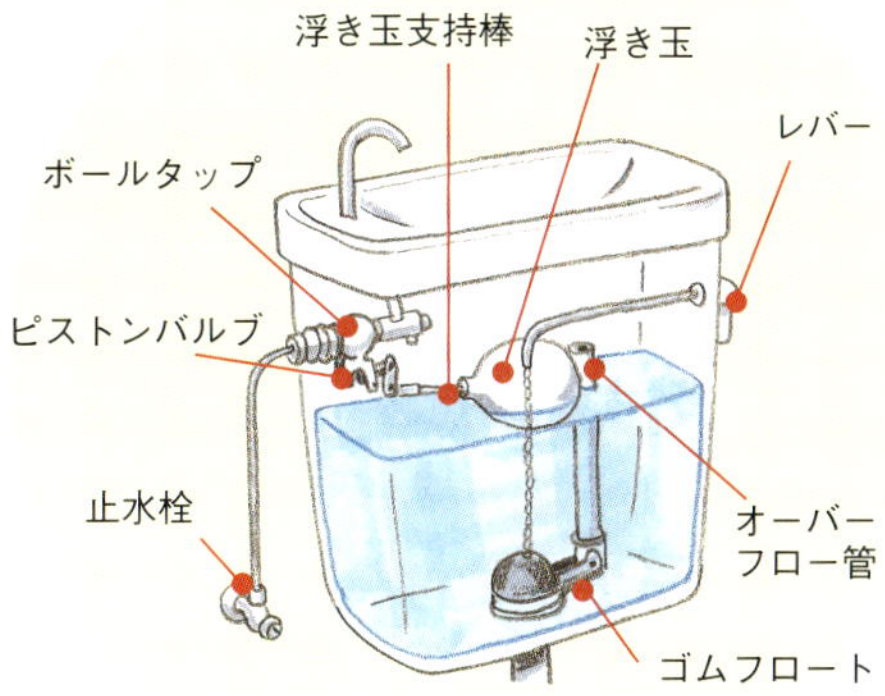
浮き玉支持棒
浮き玉
レバー
ボールタップ
ピストンバルブ
止水栓
オーバーフロー管
ゴムフロート

●まずタンク内ではなく単にレバーの回転不良（レバーが元に戻らない）ではないかチェックする。

**修理をする前に必ず止水栓を閉める。**

### 水が止まらない場合

タンク内の水が、オーバーフロー管を越えて、上まできているとき

↓

**浮き玉の破損、浮き玉支持棒の損傷。**

浮き玉がはずれていないか、あるいは支持棒の角度がわるく弁が閉まらないのか点検。支持棒の角度を直す時には、本体からはずして。

タンクの水が標準水位までたまらずに、タンク排水溝から流れつづけているとき

↓

**ゴムフロートにゴミや糸クズなどが詰まっているか、ゴムフロートの劣化が原因。**

ゴムフロートにゴミなど詰まっていないか点検する。ゴムフロート裏面が磨耗していたら要交換。（自分で交換する際は同一の部品を確認）

浮き玉支持棒

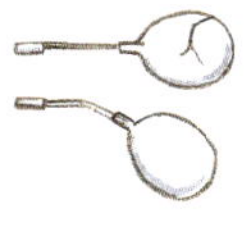

→ 浮き玉に問題がない場合は、ボールタップ本体の問題と思われるので、専門業者を呼ぶ方が無難。

### 水が出ない場合

タンクに水がたまらないとき

↓

**止水栓が閉じているか、浮き玉が壁に接触している。**

まず止水栓が閉じていないか確かめる。浮き玉が壁に接触していたら、支持棒ごとはずし、ペンチなどで支持棒の曲がりをスムーズに動く位置に調整して元に戻す。

タンクに水がたまっているのに出ないとき

↓

**ゴムフロートの鎖がはずれたり、切れたりしているのが原因。**

鎖がはずれていたらレバー先端にとり付ける。鎖が切れていたら、新しい鎖に交換する。（鎖は少し余裕のある長さに）

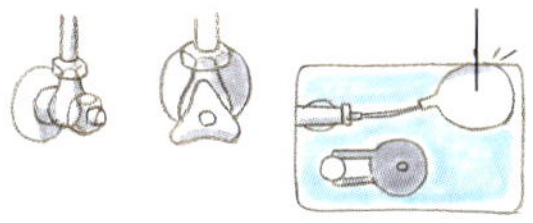
ドライバー式
ハンドル式
浮き玉

→ 止水栓や浮き玉に異常がないときは、ボールタップに異常があるので、専門業者に頼む。

**メーターで漏水発見**
水道を使用していない状態でパイロットが回転しているときは、メータから蛇口までのどこかで漏水していることを意味します。

**漏水を１ヵ月放置した場合の料金の目安**（下水道料金を含む）

| 漏水箇所 | | 漏水の状態 | 漏水量 | 料金 |
|---|---|---|---|---|
| 蛇口 | | 糸状（1ミリ位） | 約6$m^3$ | 約1900円 |
| | | 糸状（2ミリ位、マッチ棒程度） | 約16$m^3$ | 約5800円 |
| トイレ | 洋式A | 便器前部から、箸の先程度の水が流れている | 約20$m^3$ | 約7400円 |
| | 洋式B | 便器内の水面がわずかに動いている | 約150$m^3$ | 約72400円 |

口径20ミリ／１ヵ月の使用水量24$m^3$の場合（東京都水道局HPより）

## トイレ排水口のつまり

・吸引カップを排水口にあて、引っぱる圧力でつまりを直す
・ポンプ式パイプクリーナー、ワイヤーでゴミをとり除く

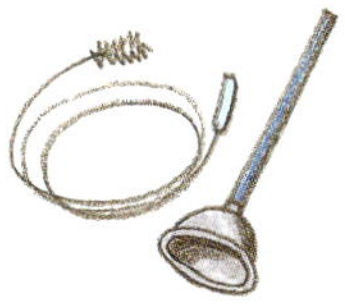

# 住まいの保守管理

人と同じように住まいも呼吸し生きています。毎日そこに暮らし、適切な手入れ（清掃と修理）を行えば、快適な状態を長く保つことができます。また、ふだんから注意深く見ていれば、小さな変化にも早く気づき、自分で修理できるか専門家に依頼した方がよいか、判断しやすくなります。年数はおよその目安です。

## 外部

### 屋根

雨漏りによるしみが天井や壁にないか、室内から点検する。屋根にのぼって点検することは、屋根葺材を傷める上、危険がともなうことなので素人はひかえたい。とくに二階の屋根や勾配のきつい屋根の点検修理は専門家に依頼を。

**瓦**（10年ごと）棟の歪み、並び方の乱れ、割れ、谷部分の鉄板のサビ、漆喰の欠落をみる。

**カラーベストコロニアル**（新築時は10年、それ以降は7年）厚さが薄く、年とともにもろくなるので不必要にのらない。板のそりや割れ、棟や軒先、谷など鉄板部分のサビをみる。

**アスファルト防水屋根**（コンクリート建物）（5年ごと）床や立ち上がり部分のふくれ、割れ。目地のはがれをみる。

**カラー鉄板**（2〜3年ごと）傷みが早いのは、乾きのおそい軒先、瓦棒など鉄板を折りまげた部分。ぬりかえは最初5年、その後3年ごとを目安に。

**樋**（毎年）軒樋の流れの勾配、つなぎ部分のはずれ、受金物のサビと樋を固定する針金の欠落、集水器部分のつまりなどをみる。樋から水があふれるときは、縦樋とのバランスがよいか検討する。点検時期は、梅雨前や木々が葉を落とした晩秋がよい。

**ルーフドレイン**（毎年）コンクリート建物屋上の排水溝のつまり、格子の破損、排水金物周囲の亀裂、浮きをみる。

**シート防水屋根**（5年ごと）コンクリート建物屋根は合成ゴムなどを主材にした厚さ２㎜ほどのシートで防水。鋭いものを落とすと穴があきやすい。つなぎめの溶接部分、水きりの金物、シーリング材のはがれなどをみる。

**軒裏**（2〜3年ごと）ふくらみ、しみ、亀裂がないかみる。一部分だけ傷みが激しいときは、その原因が、雨漏りや樋の不良にないかもたしかめる。

**屋根裏換気口**（2〜3年ごと）網のそうじをし、破損がないかをみる。夏、天井が熱い場合は、換気口の大きさや位置が適当かを調べる。

### 外壁

**モルタル壁**（5年ごと）亀裂があると雨が下地にしみこみ、モルタルを支えている金網を腐食させる。塗装は7年でぬりかえるのが理想。

**板ばり**（2〜3年ごと）板の割れ、はがれ、腐れがないかをみる。とくに雨のあと乾きの遅いところは注意。また塗装のはがれ、変色もチェック。変色が一部分だけの場合は、湿気や加熱が原因のときがある。

＊塗装（オイルステンやペンキ）のぬりかえは、ホコリを払い、古い塗料をサンドペーパーでよく落としてから行う。

**石綿セメントケイ酸カルシウム板ばり**（2〜3年ごと）割れ。水切り、隅部分に使われているカラー鉄板や釘が出ていないか、シーリング材が落ちていないかチェック。塗装する場合は下地の処理が必要なことがあるので、専門家に問い合わせること。１２９ページ、アスベスト参照。

**コンクリート壁**（5年ごと）亀裂、剥離。露出した鉄筋にサビが出ると、コンクリートが剥離しやすくなるので、専門家に調査と補修を依頼する。とくに打ち放しの仕上げでは注意。

**ALCパネル**（軽量気泡コンクリート板）（5年ごと）このパネルは防水性に欠ける素材なので、定期的な防水塗装が必要。とくに寒冷地では板に水分がしみこむと、凍結融解で割れることがある。板に重いものを固定しない。固定するときは下地の鉄骨に。シーリング材の欠落がないかみる。ＡＬＣは北欧で生まれた無機の断熱材なので、寒冷地では外側にもう一層仕上げ材が必要となる。

**門扉**（毎年）扉、蝶つがいに腐食はないか、戸車、錠の具合はどうかをみる。子どもが扉や門柱にのって遊ぶことがあるので、倒れる危険がないかも重要チェック事項。

**塀**（毎年）金網など金属製では腐食がないか、石塀やブロック塀では亀裂や傾きがないか点検。

## 窓・バルコニー

**サッシ**（毎年）腐食やサッシと壁との間のシーリング材の欠落がないかをみる。腐食が出たら細かいサンドペーパーでこすり、水で洗って乾燥させ、サッシ用スプレー塗料をぬる（サッシの結露がひどくて水滴が壁にしみこむと、石膏ボード壁の場合は溶けるので注意)。

*クレッセント錠　かかりがわるいときは、ネジをゆるめて左右上下に調節してみる。

*戸車　動きがわるいときは潤滑スプレー（KURE550）、ミシン油をさす。戸車自体がすりへったり、傷んだら交換する。戸車の高さは下枠の調整穴にドライバーをさして調整できる。戸のゆがみや枠と戸のすき間なども、戸車の高さ、ネジ締りの位置をかえて調整する。

*レール　きちんと止まっているかをみる。木製雨戸で敷居の滑りがわるいときは、紙やすりで少し削ってロウやワックスをぬる。敷居の溝がへりすぎている場合は、敷居用テープをはるか、専門家に修理をたのむ。

**面格子**（毎年）格子に腐りはないか、釘、溶接部分、取付ネジの具合を確認。

**バルコニー**（毎年）支柱、手すり、格子、床板、根太《ねだ》に腐りやネジのゆるみはないか。建物によく固定されているか。手すりの高さなど子どもに危険はないか点検。

## 室内

**木部**

壁・床・幅木などの板ばり部分に、はがれがあるときは、板の裏のホコリをのぞき、木工用ボンドをつけてとめる。細い釘で仮止めするといい。それでもだめなときは、エポキシ系の接着剤がいい。しみ、汚れがひどい場合は、紙やすりをかけ、ぬりかえるときれいになる。（小修繕 p.132）

床や階段、歩くと音がしたり床板が下がるようなときは、根太《ねだ》、大引《おおびき》、束《つか》などがゆるんでいる場合が多い。安くあげるには、きしむすき間に市販のシーリング材を注入すると効果がある。床下工事なので点検修理は専門家にたのむ。

建具は表面の仕上げ材に破損がないか、蝶つがいや錠、引手、戸車、枠、溝なども点検。

**クロス・ビニールクロス（シート）・化粧合板**

天井、壁、床などにさまざまな素材が使われているが、しみが出たときは雨漏りや結露など、その原因をさがして（屋根の項参照）対処する。

端からのはがれはホコリをのぞき、それぞれの材料にあった接着剤で（後述）補修、テープや細い釘または重しをしてとめる。切れ、すき間、ピンホールはシーリング材で充填する。

*布・ビニールシート　木工用ボンドを使用。

*長尺塩化ビニールシート　専用系接着剤を使用。熱に弱いので注意。

*メラミン化粧板・ポリエステル化粧板　合成ゴム系接着剤を使用。汚れ落としのシンナーやベンジンはかるく拭くこと。強く拭くと表面のつやが消えたり変色することがある。

**陶・磁器質タイル**

割れ、はがれ、目地の欠落、傷みなどをみる。補修はタイル用モルタル、目地セメントなどでこまめに修理。水のかからない場所なら、コンクリートボンドで接着してもよい。線状に数枚つづいて割れている場合は下地に問題がないか、原因を工務店はじめ専門家に調べてもらう。

*Pタイル　以前はアスベストを含んでいた建材。割れ、はがれが出てきたものは、貼り替えを考えたい。専門家に相談する。

**その他**

**畳**　畳替えは「5年で裏返し、その後7年で交換」を目安に。歩くと下がったり音がする場合は「木部」の項参照。カビが出るときは床下の防湿、部屋の換気に注意。

**新京壁　繊維壁**（珪藻土、じゅらく）表面が粉のようになって落ちるときは、壁用塗料をぬり、押さえることもできるが、できれば表面の薄い仕上げ部分だけをぬりかえたい。

## 設備

**電気**

分電盤　故障の際の連絡先と、遮断器または安全器に、どの部屋、どのコンセントの回路かを明記しておく。

**停電**　家全体が停電のときは、漏電ブレーカーをみて、契約電力を超えた使用でないか調べる。異常がなければ、メーターから電柱までの線、隣家のようすなどをみる。街が停電のときは電力会社に確認する。復旧後は一通り機器を点検する。一つの器具の停電は、電球、ソケット、スイッチなど使用器具を点検。複数のときは、どこかでショートをしていないか、その回路の使用量を超えていないかをチェック。

**コード**　使用中のコードやコンセントが熱くなるときは、その器具にあった容量のコードにとりかえる。古くて固くなったコードもとりかえる。タコ足配線は容量オーバーなど事故のもと。コンセントにたまったホコリから発火する場合があるので注意。

**照明器具**　器具の許容ワット数を超える電球を使用しないこと。吊り下げ型の器具のコードは、ソケットとの接続部分が早くいたむので、そうじでこの部分に力がかからないように注意。また部屋の明るさや器具の位置は適当か、白熱灯を電球型の蛍光灯にかえるなど、つねに暮らし方に合わせて検討するとよい。

**ドアホーン**　防水型とはいえ雨に濡れるところにある器具は傷みやすいので、年に1度点検し、音量など充分か確かめる。

**テレビアンテナ**　映りがわるくなったら、接続不良はじめ、アンテナの方向のブレ、近くに高い建物ができていないかなど点検する。アンテナは屋根の棟にとりつけるより、専用の支柱を立てる方が点検しやすい。

**エアコン**　フィルターの汚れは効率を落とす。ヒートポンプ式の場合は、室外機の近くにものを置くと通風がわるくなり能力が低下する。

## ガス

ひび割れが入ったり、弾力が落ちたゴム管はとりかえる。浴室内に湯沸かし器がある場合はとくに傷みが早いので注意。

ガスもれに気がついたら元栓を閉め、窓を開ける（換気扇をつけると爆発の危険がある）。ガスもれ警報器などの設置もよいが、定期的なチェックで安全を確かめたい。

転居のときはガスの種類と器具が合っているか確かめる。

## 給排水　衛生

**給水**　メーターと止水栓の位置、水道本管から蛇口までの経路を確かめておく（直結方式、高架水槽方式、加圧タンク方式などがある）。蛇口の水漏れはパッキンの交換（p.138）で直る場合がある。サビが出たり水が臭いときは、専門家に調べてもらう。冬季凍結によって管が破裂しないよう保護をしておく。

**給湯**　湯が出ない、湯温が上がらないなど故障と思われるときは、機器の説明書をみて、スイッチ、止水栓、安全装置などを調べる。原因がわからないときは、専門家へ修理を依頼する。とくに熱源がガスの場合は器具の調子がわるいまま使用しない。

**排水**　管がつまらないよう、ふだんの注意が大切。流れがわるくなったら早めに点検する。

**トイレ**　つまった場合は、吸引カップを排水口にあて「静かに押して、強く引く」要領で上下させる（異物を落としたときはできれば先にとり除く）。流れたようなら、バケツで水を少しずつ入れ確かめる。

便器まわりの床に水がしみているときは、床下の排便管としっかり接続されているか専門家に調べてもらう。タンクへの給水が止まらないときは、テコの部分の可動部が錆びているので、グリスか油をさす。また浮玉の柄をほんの少し下へ曲げてみる。タンクの底のフロートバルブがはずれたり、老朽化で欠けている場合もあるので点検する。

**浄化槽**　ばっ気式の場合は送風ポンプ、汚泥の清掃、消毒剤の補充など専門の業者による定期的な管理が必要。臭気が強かったり、浄化されないまま下水に汚物が流れているときは、水の量や、使用人数と浄化槽の大きさのバランスなどもチェック。浄化槽はバクテリアの働きで汚物を分解・浄化するので、トイレ用洗剤を使用するときは、使ってよい種類か確認。また、糖尿病の患者の使う抗生物質で、浄化槽の分解菌が死んでしまうことがあるので注意。

# その他

**基礎**（毎年）

換気口がふさがれていないか、網は破れてないか、亀裂がないか。雨でもないのに濡れていないか。亀裂が入ったときは専門家に原因を調べてもらう。ふつうは建築当初より建物のまわりの地盤が高くなる場合が多いので、床下への雨水の流入にも注意。最近は一戸建ても湿気防止にも効果があるベタ基礎を使うことが増えた。

**擁壁**《ようへき》（毎年）

亀裂、水抜穴、擁壁と地盤とのすき間などに注意。大雨や地震のときに思わぬ力を受けて崩壊することがある。とくに盛土した場所で雨水が擁壁側に流れるところは注意。

＊擁壁、ブロック塀、石塀については、基礎、高さ、控壁、鉄筋による補強等、建築基準法施行令で定められた規定がある。市役所などの建築課に問い合わせるとよい。危険な塀や擁壁の改良に資金を融資してくれる市もある。

# 集合住宅

一戸建て住居とちがって集合住宅の場合は、建物全体の点検、小修理、大修理など、計画的に行う必要があります。これら全体的なことは全員参加の管理組合で対処します。

ここでは個々の居住者がふだん気をつけておきたい点についてあげます。

＊水漏れ・ガス漏れ　異常に気づいたら、すぐ元栓を止め、階下や管理人に知らせる。

＊浴室・洗面・トイレ　合成樹脂や鋼板など比較的薄い材料で全体を成形するユニットタイプが多い。一部の破損でも漏水をおこし大修理となることがあるので、鋭利なものをぶつけないよう気をつける。

＊換気　窓が少なく通風がわるいと、結露やカビが発生しやすい。ひどいときは換気扇のとりつけ、壁や天井に断熱材を入れるなど、結露防止工事を行うとよい。

＊バルコニー　雨が降り込むところだが、床は完全防水をしていない場合が多いので、水を流すときは注意。管理を怠るとすぐ樋がつまったり雉鳩が棲みついたりする。

＊避難ハッチ　すぐ開けることができるよう、上に物を置かない。

＊コンクリート建物のシート防水屋根についてはp.129参照。

＊管理についての疑問があるときは、国民生活センターや都道府県の消費者センターが相談先を教えてくれます。

＊管理規約については国土交通省の「中高層共同住宅標準管理規約」、管理会社への委託については、同省の「中高層共同住宅標準管理委託契約書」が参考になります。

●協力
全国友の会

前　みち
山﨑美津江

杉本賢司（タイセイ総合研究所）

●アートディレクション
池口直子

●デザイン
久保田祐子

●表紙イラスト
信濃八太郎

●イラスト
Yuzuko
松村達男

●撮影
玉置　雄
境野真知子（本社）
明石多佳人（本社）

**シンプルライフをめざす**
**基本のそうじ＋住まいの手入れ**

2006年 5月15日 第1刷発行
2019年12月 1 日 第14刷発行

編者　婦人之友社編集部
発行所　婦人之友社
〒171-8510　東京都豊島区西池袋2-20-16
電話　03-3971-0101
振替　00130-5-11600
印刷　大日本印刷株式会社
製本　株式会社若林製本工場

乱丁・落丁はおとりかえいたします

ISBN978-4-8292-0502-0

# 婦人之友社の本

**魔法の鍋帽子®**　レシピ85
かぶせておくだけ！ ふっくら保温調理
婦人之友社編　本体1500円

おいしくできる きちんとわかる **基本の家庭料理**　**和食篇**　**洋食篇**
婦人之友社編 本谷恵津子監修 本体各1900円

**帰りたくなる家**
家の整理は心の整理
山﨑美津江著　本体1300円

**手しおにかけた私の料理**
辰巳芳子がつたえる母の味
辰巳芳子編　本体1500円

おいしくてヘルシー！
**わが家のからだにいい料理**
石原洋子著　本体1600円

すぐできる・あってよかった
**今夜のおかず 110**
婦人之友社編　本体1600円

**婦人之友社のお菓子の本**
ケーキから和菓子まで70種
指導・監修　福島登美子　本体1500円

**こねて たたいて**
**焼きたてパン**
島津睦子著　本体1300円

**男の独《ひと》り料理**
健康もおいしさも自分でつくる
婦人之友社編　本体1300円

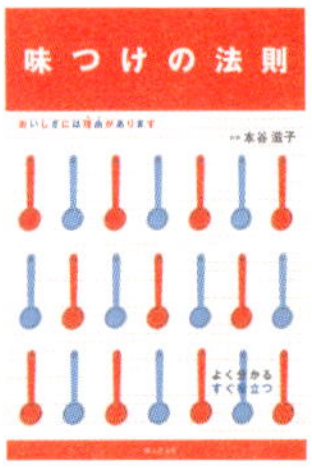


**味つけの法則**
おいしさには理由《わけ》があります
本谷滋子 指導　本体1400円

**着せたい 縫いたい 赤ちゃん服**
0～3歳・成長にあわせた衣服プランと
つくり方
婦人之友社編　本体1900円

**洗濯上手 こつのコツ**
婦人之友社編　本体1300円

お求めは書店又は直接小社（03-3971-0102）へご注文ください。　表示価格は本体価格です。消費税が加算されます。 2019年12月現在
ホームページ　婦人之友社　検索　E-mail:tomomail@fujinnotomo.co.jp